# 连锁零售企业精益物流供应链智能协同决策与优化研究

教育部人文社会科学研究项目（09YJA630003）和
北京市自然科学基金项目（9102005）基金资助

薛　红　著

北京大学出版社
PEKING UNIVERSITY PRESS

## 内 容 简 介

本书从连锁零售企业精益物流供应链管理和协同决策的着眼点出发，全面介绍复杂适应系统理论、智能协同决策理论和Agent技术及其在连锁零售企业精益物流供应链中的应用。本书内容包括连锁零售企业精益物流供应链管理理论及复杂适应系统理论、基于MAS的连锁零售企业精益物流供应链智能协同决策体系、精益物流供应链复杂适应系统中MAS的演化优化模型、基于MAS的连锁零售企业精益物流供应链协同管理综合绩效评价系统等。本书注重结合连锁零售企业精益物流供应链的实际需求，全面介绍连锁零售企业精益物流供应链智能协同决策管理模式中的技术难题。

本书内容翔实新颖，资料丰富，可作为从事物流管理与工程、管理科学与工程、信息管理与信息系统、电子商务、系统工程及商业自动化专业与领域的科研人员、高等院校的教师、工程技术人员、研究生和高年级本科生的参考资料。

**图书在版编目(CIP)数据**

连锁零售企业精益物流供应链智能协同决策与优化研究/薛红著. —北京：北京大学出版社，2013.1

(燕园科技学术文库)

ISBN 978-7-301-21683-5

Ⅰ. ①连… Ⅱ. ①薛… Ⅲ. ①连锁企业—物流—供应链管理—智能决策—研究 Ⅳ. ①F717.6

中国版本图书馆CIP数据核字(2012)第284995号

**书　　名：连锁零售企业精益物流供应链智能协同决策与优化研究**
著作责任者：薛　红　著
策 划 编 辑：程志强
责 任 编 辑：程志强
标 准 书 号：ISBN 978-7-301-21683-5/TP・1260
出 版 发 行：北京大学出版社
地　　址：北京市海淀区成府路205号　100871
网　　址：http://www.pup.com　新浪官方微博：@北京大学出版社
电 子 信 箱：pup_6@163.com
电　　话：邮购部62752015　发行部62750672
　　　　　编辑部62750667　出版部62754962
印　刷　者：三河市北燕印装有限公司
经　销　者：新华书店
　　　　　787毫米×1092毫米　16开本　16印张　375千字
　　　　　2013年1月第1版　2013年1月第1次印刷
定　　价：38.00元

---

# 前　　言

零售业是商品流通和服务领域的重要组成部分。随着我国零售业的日益开放，国外零售巨头加快扩张步伐，国内零售企业面临的竞争压力与日俱增。通过精益物流供应链管理的实施不仅可以提升零售企业的运营效率，而且能够巩固供应链中上游和下游企业之间的关系，降低整个供应链的总成本。本书提出了连锁零售企业精益物流供应链复杂适应系统理论和连锁零售企业精益物流供应链管理理论，创建了连锁零售企业精益物流供应链智能协同决策管理模式。本书重点研究以下 4 个方面的内容。

1. 连锁零售企业精益物流供应链管理理论体系的研究

本书从连锁零售企业精益物流供应链复杂适应系统的界定、宏观特性、基本特征和机制等方面对连锁零售企业精益物流供应链复杂适应系统进行深入的分析，提出了连锁零售企业精益物流供应链复杂适应系统理论，结合连锁零售企业精益物流供应链的顾客需求拉动、强调协同本质思想，创建了连锁零售企业精益物流供应链智能协同决策管理模式，并提出了基于核心零售企业的精益物流供应链管理理论。

2. 基于多智能体系统(Multi-Agent System，MAS)的智能协同决策体系的研究

本书利用复杂适应系统的开放、动态、演化建模思想和基于 Multi-Agent理论与技术的复杂系统建模方法，并针对连锁零售企业精益物流供应链复杂适应系统多目标系统的特点，引入生物协同进化思想，建立了连锁零售企业精益物流供应链中 MAS 的理论和结构模型，创建了基于 MAS 的连锁零售企业精益物流供应链智能协同决策体系框架。

3. MAS 的演化优化模型的构建

本书从微观个体行为级、群体行为级和群体间行为级 3 个级别建立了连锁零售企业精益物流供应链中 MAS 的演化优化模型，创建了基于连锁零

售企业精益物流供应链复杂适应系统涌现机理的协同决策机制；在微观个体行为优化级，应用基于遗传算法的 Agent 行为优化算法，进行连锁零售企业分店独立需求库存量决策与库存优化控制；在微观个体交互作用级，应用基于细粒度模型遗传算法(Fine-Grained Genetic Algorithms，FGGA)的 Agent 群体行为优化算法，进行区域仓储独立需求库存量协同决策与库存优化控制；在群体间协同进化作用级，应用基于多目标共生型协同进化遗传算法的 Agent 群体间行为优化算法，进行供应商数量选择与订单分配联合多目标优化与协同决策。

4. 协同管理综合绩效评价系统的构建

本书依据连锁零售企业精益物流供应链管理理论，创建了基于 MAS 的连锁零售企业精益物流供应链协同管理综合绩效评价系统，建立了基于粗糙集的启发式属性约简和 BP 神经网络的连锁零售企业精益物流供应链协同管理综合绩效评价模型，从整体角度对连锁零售企业精益物流供应链智能协同决策管理模式的绩效进行综合评价。

本书由北京工商大学刘载文教授审定。同时，本书也参考了国内外有关研究成果，在此对所涉及文献的作者表示衷心感谢。同时，还要感谢教育部人文社会科学研究项目(09YJA630003)和北京市自然科学基金项目(9102005)的基金资助。

由于编写时间仓促及作者水平有限，书中难免有不足之处，敬请各位专家与读者批评指正。

薛　红

2012 年 8 月

# 目　　录

# 第1章 绪 论

零售业的发展是促进国民经济增长和人民生活水平提高的重要组成部分[1]。随着我国零售行业日益开放，外资零售巨头加快了扩张的步伐，国内连锁零售企业面临越来越大的竞争压力。通过对连锁零售企业实施精益物流供应链管理，不仅可以提高零售业务的运作效率，巩固供应链中上游和下游企业之间的关系，提高整个供应链管理信息化水平，而且还可以降低整个供应链的总成本，使整个供应链的利润最大化；同时既满足了企业运营的需求，也符合现代市场竞争的趋势。

供应链管理的研究起源于制造业领域[2]，但是随着市场力量的转移，以流通企业为主导的供应链管理研究也越来越受到科学研究者的重视[3]。连锁零售分店直接面向顾客，经营成千上万种商品。同时，以连锁零售企业为主导的供应链内部具有复杂的物流和营销网络，表现出十分独特的性质。这种跨区域、多分支、具有多主体的供应链，具有许多复杂适应系统的特性。如何应对成千上万种商品所对应的供应链运营，如何建立和维护不同的数千家供应商关系，如何协调外部合作和内部运作，这些问题有待进行深入的研究。我国人口众多，并且随着我国经济的不断发展和人民生活水平的不断提高，各个大、中型城市的连锁零售企业的数量和规模也在不断扩大。因此，本书的研究成果具有重要的理论意义和很实际的应用价值。

## 1.1 研究目的和意义

新经济时代具有显著的知识化特征。智能化、信息化和网络化等知识在商品和服务中创造了重要的价值。在新经济的巨大冲击面前，中国连锁零售企业要采用现代管理思想进行重新定位，通过消除空间和时间中的浪费创造利润，实现精益供应链的增值物流服务，提高连锁零售企业的竞争能力。精益物流供应链服务将成为中国连锁零售企业发展的主要动力[4]，也是现代物流的发展趋势。

### 1.1.1 研究的目的

连锁零售企业精益物流供应链（Lean Logistics Supply Chain in Chain Retail Enterprises，LLSCCRE）是精益思想在连锁零售企业物流供应链管理中的应用。其精益思想的核心[7]是以更少的投入（更少的空间、更少的时间、更少的人力、更少的设备）创造出尽可能多的价值，更贴近客户，提供给客户需要的商品。连锁零售企业精益物流供应链以客户需求为基础，运用多种现代管理方法与手段合理配置和利用供应链成员企业的资源，在供应链的每个环节上做到精确、高效，从而消除供应链上的一切浪费，使供应链的总成本减少到最小，为供应链成员企业最大限度地谋求经济效益。

现代物流系统由物流作业系统和物流信息系统两个部分组成。物流作业系统强调在运输、保管、搬运、包装、流通加工等作业中使用各种先进技能和技术，使生产据点、物流据点、输配送路线、运输手段等实现网络化，以提高物流活动的效率。物流信息系统则强调在保证订货、进货、库存、出货、配送等信息通畅的基础上，使通信据点、通信线路、通信手段实现网络化，以提高物流作业系统的效率。本书具体研究目的如下。

从系统工程的角度，对连锁零售企业精益物流供应链的物流活动及其影响进行整体、全面的分析，创建连锁零售企业精益物流供应链智能协同决策管理模式和协同管理综合绩效评价系统，并提出较完备的连锁零售企业精益物流供应链管理理论和连锁零售企业精益物流供应链复杂适应系统理论。

深入分析连锁零售企业精益物流供应链协同管理业务的各功能要素，创建基于 MAS 的连锁零售企业精益物流供应链智能协同决策体系框架。精心策划、构建基于 MAS 的整体协同决策模型，使组织机构平行化、扁平化，精简而充满活力。

以顾客需求作为价值流动力，并采用复杂适应系统管理思想对连锁零售企业精益物流供应链上物流活动环节的库存控制策略、供应商与订单协同决策等进行深入的理论和应用研究，指导连锁零售企业精益物流供应链中 MAS 的协同决策功能规划和设计等。在连锁零售企业精益物流供应链的每个物流活动环节上做到精确、高效，消除浪费，使连锁零售企业精益物流供应链的总成本最小化。

### 1.1.2 研究的意义

著名物流专家唐纳德 J. 鲍尔索克斯(Donald J. Bowersox)教授在对物流思想的演变过程做出的总结中指出，20 世纪 50 年代以前：强调运输效率；20 世纪 50 年代：强调物流成本和客户服务；20 世纪 60 年代：强调综合外包；20 世纪 70 年代：强调运作整合和质量；20 世纪 80 年代：强调财务表现和运作优化；20 世纪 90 年代：强调客户关系和企业延伸；而在 21 世纪的物流思想是强调供应链整合与协同管理[5]。进入 21 世纪，物流业必将迅猛发展。因此，采用复杂适应系统理论，对连锁零售企业精益物流供应链智能协同决策管理模式的研究具有重要的意义。

（1）连锁零售分店直接面向顾客，经营成千上万种商品。与此同时，以连锁零售企业为主导的供应链内部具有复杂的物流和营销网络。本书以顾客需求作为价值流动力，在资源合理配置和价值管理等方面，对连锁零售企业精益物流供应链系统及其组织结构进行物流业务流程优化，以提高连锁零售企业精益物流供应链的协同管理水平和物流服务的效率。有利于满足客户对物流服务一站式、精益化的需求。

（2）在现代物流管理中，降低成本、增进客户服务质量和提高营运效率的核心因素之一是电子化的信息流。在连锁零售企业精益物流供应链智能协同决策管理模式中，整个连锁零售企业精益物流供应链的运营水平取决于信息流的处理和利用水平。加强对连锁零售企业精益物流供应链智能协同决策系统中 MAS 的理论研究和结构模型的构建，连锁零售企业精益物流供应链智能协同决策过程中决策信息获取与共享机制的研究，数据仓库（Data Warehouse，DW）系统以及基于 Web 的分布式联机分析处理（ON-Line Analyticai Processing，OLAP）三层体系的构建等关键问题的研究，并整合连锁零售企业精益物流供应链系统中所有物流信息，有利于实现高水平的连锁零售企业精益物流供应链智能协同决策与优化信息管理系统。

（3）目前，在物流战略远见、标准化、安全性、可靠性、速度、个性化等方面，工业发达国家已经实现了高质量、低成本、高效率、无障碍的物资流动。相比之下，我国以连锁零售企业为主导的物流供应链运营与之对比还存在较大的差距。因此，充分利用连锁零售企业精益物流供应链复杂适应系统理论、连锁零售企业精益物流供应链管理理论、智能协同决策理论与技术、智能体技术和人工智能理论，并与连锁零售企业精益物流供应链智能协同决策与优化信息管理系统集成，研究连锁零售企业精益物流供应链物流活动环节上的库存控制策略、资源合理配置，以及连锁零售企业精益物流供应链协同管理综合绩效评价，有助于实现以连锁零售企业为主导的物流供应链的整体精益化管理。

（4）供应链是一种由多个相互独立的、作为利益主体的企业组成，这些企业之间的纽带并不是资金，而是在管理、技术、市场和知识等方面的竞争优势为组合所形成的网状结构的组织。这种“虚拟组织”给社会经济的发展带来了一次重大的革命，使社会经济得到了突飞猛进的发展，是 20 世纪乃至 21 世纪经济高速发展的主要贡献者之一，并将成为世界经济发展组织形态的主流。

供应链系统自身的耗散开放性、结构多样性、动态不确定性与多层次性、行为管理的不确定性与复杂性；加上供应链系统内成员为了敏捷地适应市场而在运行方式上选择的并行工程、柔性化生产、大批量定制、敏捷制造等现代化技术的多变性、多样性；以及供应链管理运作模式中所加入的各种制造、分销等缓冲区的不可控性等多层面、多因素的综合作用与交互影响，决定了供应链自身的复杂性。另外，由于社会、政治、经济、科技以及思维方式等种种外部因素的影响，许多人为的因素在系统运行中起着决定性作用，这必然在深度和广度上增加系统的混乱度和不确定性，加剧系统的复杂性和操作难度，使供应链管理面临很大的困境，也使供应链复杂系统的研究充满挑战性和创造性。然而，用传统的思维和方法所获得的成效非常有限。如何运用新思想、新理论、新方法对供应链复杂系统的规定、供应链系统复杂性原因进行分析和对供应链系统的复杂性建模是供应链复杂性研究所面临的关键性问题。

复杂性科学为供应链管理复杂性研究提供了有效的方法。它是由物理、经济、管理、军事、政治、社会、理论生物、计算机、数学、哲学等学科综合而成的一门边缘学科。对复杂系统及其复杂性的研究有助于人们洞悉其发展规律及动因，以便更好地进行调控与发展，其研究与应用正向各个领域渗透。把该复杂系统规定为一个什么类型的系统，是运用复杂性科学理论和基于主体的建模方法研究与解决供应链管理复杂系统问题中至关重要的一项内容。本书针对供应链管理组织的运行过程，按照“适者生存”的原则对众多的目标成员进行自然选择，并且在选择中会随着产品、市场、人力等资源的变化淘汰旧的、不符合要求的成员或增加一些更加能够与组织要求相吻合的成员。自然选择是一个动态的组织形式，其具有以下特点：①整个组织具有一个鲜明的基本目的——执行任务并且生存下去；②由大量的相互作用的行为主体构成；③与包含其他复杂系统的环境相互作用，并因此进行共同演化，具有很强的非线性(突现)；④发现，即通过反馈获取有关系统信息，包括运行环境方面的信息与其他系统相互作用表现出来的行为结果方面的信息；⑤选择，从其获得的反馈信息中辨识和选择有规律性的东西，并转化成为其正常或超常运行的模式或模型，从大量“解释”这些规律的互斥模型中有效地选择一种，制定出处理外部环境事务的有效行为规则，并按照与环境有关的模式、规则行动；⑥观察其行为带来的各种反应以及这些反应所产生的结果，根据这些信息调整自己的行为，并修订模式以便更好地适应环境，即进行复杂学习或双循环学习；⑦整个组织内部成员可以拥有自己独特的个体模式，还可以受到共享模式的制约；⑧模式包括简单反应规则，制定预期目标和预先采取的复杂行动规则和自身评价规则。以上各种特征正好与复杂适应系统的特点相吻合，所以本书将供应链系统视为复杂适应系统，在此基础上建立该复杂系统模型，对系统内各企业间的相互作用和依赖关系及其与外部环境相互作用的关系进行定性、定量的描述，分析该复杂系统的运行规律及其行为方式与本质，实现系统各成员间“无缝对接”，从而达到供应链管理组织“共赢”的目标。

供应链资源配置是否达到最优化，对于供应链的综合竞争力来说具有极其重要的意义。然而，在此复杂适应系统中，主体所携带的各种资源并不是独立存在的，而是相互影响的，它们之间可以相互转化，所以采用复杂适应系统的研究方法对其进行结构优化是可以成功的。通过自下而上的研究方法，分析供应链各个层次上主体携带资源随着主体行为规则的变化而发生的涌现现象，能够为正确进行供应链资源决策提供充实的基础。

## 1.2　国内外相关研究综述

本书围绕连锁零售企业精益物流供应链智能协同决策管理模式进行研究。因此，下面分供应链管理与精益物流、复杂性与复杂系统、供应链协同管理与决策、人工智能与 Agent 理论 4 个方面进行国内外相关研究综述。

### 1.2.1　供应链管理与精益物流研究综述

现代物流起源于美国，发展于日本，成熟于欧洲，拓展于中国，这是现代物流历史一条公认的发展轨迹。伴随着经济全球化的发展，社会分工日益深化，制造企业中产品的研发、采购、生产、销售、服务等模块在世界范围内重新布局，物流作为衔接各主体活动的纽带也必然要同步发展。物流的网络化、信息化、标准化、精益化将成为主要的发展趋势。

供应链管理(Supply Chain Management, SCM)研究起源于在哈佛商业评论上发表的两篇论文，即 Shapiro Roy D. 发表的 *Get Lever Age from Logistics* 和 Kraljic Peter 发表的 *Purchasing Must be Come Supply Management*[6]。1980 年，美国学者迈克尔·波特(Michael Porter)在出版的《竞争的优势》一书中提出了关于“价值链”的概念。菲·哥芬达拉加(V. Govindarajan)、沙恩克(John Shank)和约翰对价值链的概念进行了扩展。波特在专著《竞争战略：工业与竞争者分析技术》中又重新定义了价值链。供应链是价值链的一种主要表现形式。Dean strausl 总结并提出了供应链的 4 个发展阶段：①供应管理；②供应链管理；③供应链集成管理；④需求/供应网络协同(Demand-Supply Network Collaboration)。管理科学界著名学者 Erenguc 提出了供应链的 4 个发展方向：①供应、制造、销售是供应链中具有相当丰富研究内容的 3 个环节；②在供应链系统中，对所有物流活动环节进行库存集成化与协同决策管理的理论和方法；③供应链信息管理系统的信息共享及其作为生产运作标准的问题；④在供应链中，最重要的研究领域是建立供应、制造、销售 3 个环节的集成化模型问题。目前，人们仅做了一些初步工作。例如，研究生产销售模型和动态领域中的供应链模型等。著名供应链管理专家马丁·克里斯多夫(Martin Christopher)指出“在 21 世纪，企业之间的竞争是供应链与供应链之间的竞争，不再是企业与企业之间的竞争”，即企业之间的竞争上升到了更高层次的“扩展的企业”——供应链之间的竞争。

1983 年在西德举行的第四次国际物流大会上提出了物流一体化概念。1985 年在日本举行的第五次国际物流大会再一次重点强调了物流一体化的思想，强调了采购、需求、配送和库存管理的一体化，包括运输网络合理化、共同的物资代码和数据库的创新、配送和库存管理能力的集中安排等。1997 年在中国北京举行的亚太国际物流会议上，日本专家介绍了经济发达国家已经广泛采用的物流一体化管理的情况，强调原材料采购，加上生产、产品销售、售后服务直到回收等整个物流过程的管理，而不仅仅是从产品出厂开始的运输、保管、装卸和包装的过程的管理。20 世纪 80 年代后期以来，许多先进企业将物流一体化作为重要的战略。20 世纪 90 年代初期，一些物流专家先后探讨了物流一体化问题。概括而言，物流一体化是预测(Anticipating)顾客的愿望和需求，获得(Acquiring)满足顾客愿望和需求所必需的资金、物资、人员、技术和信息，优化(Optimizing)实现顾客需求的商品或服务的生产网络，利用(Utilizing)这些网络及时地满足顾客需求的整个过程。Crowston(1973 年)提出了通过生产—库存一体化提高物流敏捷化的问题，研究成果主要集中在如何对目标(总成本最小)进行优化的动态规划的方法。Lagodims 和 Anderson(1993 年)研究了 MRP 下安全库存的最优定位问题，结论认为，对于流水型网络，最优政策是将所有安全库存置于最终存货点(End Stock-Point)。该结果与需求的随机性、不确定性和采用的服务判别标准无关；对于扩散型(Divergent)网络，最优政策与安全库存的总量、需求变化、提前期、配额政策(Rationing policy)和采用的服务指标存在着紧密的关系。Cheng Fangruo 和 Zheng Yusheng(1994 年)着重探讨了随机需求下多级流水生产系统中的链库存政策，提出了可用于计算系统稳态链库存水平的递归程序，并给出了补充频率和启动成本的精确公式。他们的研究结果既可用于需求服从联合泊松分布时的连续检查系统，也可用于需求相互独立，但服从同一分布的定期检查系统。另有一些专家研究了通过库存配送一体化提高物流敏捷化的问题。在众多的库存/配送问题的研究中，一个仓库、多家零售商的情况受到了特别的关注。Dekker 等人(1998 年)讨论了“数量分割准则(Break Quantity Rule)”对库存成本的影响。Axsater 和 Zhang Wenfa(1999 年)分析了联合补充政策对多级库存控制的影响。他们假设仓库采用常规的点库存(Installation Stock)批量订货政策，同质(Identical)的零售商采用联合补充政策，即当所有零售商库存状态(Inventory Position)小于某一联合订货点时，库存状态最小的零售商发出订货通知。结果表明，该政策的成本较高，因而只能应用于特殊的情况。Donald J. Bowersox，Dvid J. Closs 和 M. Bixby Cooper(2002 年)立足于从当代商业的角度考察物流的运作方法，特别关注了物流在全球竞争战略中日益提高的重要性，揭示了供应链一体化物流管理所需的行动、商业流程与战略。Harrison(2002 年)提出了时间窗口的概念。他认为，时间竞争是对顾客需求的及时响应。由于在供应链中，物流支持着对时间和地点的承诺，所以在成功的物流中，至少有一半的功劳应属于提前期，其中运输时间窗口和服务时间窗口尤其重要。良好的物流运作应当是在接收到订单以后，供应链运作的累积时间周期不超过顾客服务时间窗口。另外一些专家从不同的角度对物流时间窗口进行了研究，主要涉及物流和供应链的局部作业环境的时间。例如，采购时间、内向运输时间、外向运输时间、设计制造时间、提前期和提前期整体时间。

在生产精益化时代，很多企业都在追求精益生产，精益生产的固有系统性也需要精益物流的支持。精益物流是精益思想在物流管理活动中的具体应用，而精益思想起源于20 世纪 70 年代日本丰田公司的精益生产模式和20 世纪 90 年代美国麻省理工学院 Daniel T. Jones 教授等人的研究和总结。

Womack & Jones 等提出“精益思想是针对 muda(浪费)的强有力的武器”。1992 年，理查德·拉明把精益供应描述为“是总装厂商和零部件供应商关系的战略模式”，提出了“精益供应”的概念。1996 年，理查德·威廷提出了精益物流的基本原则：①以价值为基点分析价值流，按整个价值流来确定所有物流流程中所必需的步骤和活动；②从顾客的角度而不是从企业和职能部门的角度来研究什么可以产生价值；③价值的创造，必须按用户的要求，由用户进行拉动，而且必须做到“恰值其时”；④不断对整个物流活动进行修正和完善，不断消除无效、损失和浪费，追求尽善尽美；⑤通过消灭无效和浪费，形成没有中断、没有对流和迂回、没有停滞等待、没有丢失和损毁的物流活动，让价值流实现有效的流动，这种活动必然为用户创造增值的条件。从 1994 年到 1997 年 Pter Hines 教授通过 Dantotsu 项目得出这样重要的结论："丰田公司的竞争优势主要来源于公司自身及其众多的部件供应商，而不是原材料的供应。"根据这一理论，公司开展了精益变革项目(Lean Processing Programme)，旨在从整个上游供应链进行全面的改善，而不仅限于一级供应商。

最先提出消灭浪费的是日本丰田汽车公司的经理大野耐一(Taiichi Ohno，Toyoto Production System，1988)。迈克·鲁斯和约翰·舒克(1998年)研究出发现存在浪费的价值流图析方法，提出了价值流分析工具。Daniel T. Jones 等曾总结了这方面的成果，认为目前行之有效的方法有 7 种，即过程活动图、供应链反应矩阵、产品漏斗图、质量过滤图、需求放大(扭曲)图、决策点分析图和实体结构图。而其中最常用的方法是过程活动图和实体结构图。Merli 认为"在选择供应商和对供应商作事后评价时，不能仅仅从供应商提供的商品的价格上来评判，还要从供应商给客户公司带来的总成本的角度来考察。"John Bicheno 在《改善和改革》一文中总结出了精益改造过程中的经验：①不要过于看重经营改善活动的直接成功，相比之下，企业文化的建设更为重要；②改进活动是需要时间的，整个方案应该逐步实施……；③不要低估潜在的抵制力量；④对所有提议给予回应，并且应该给予快速回应……。Dabid Taylor 在《并行增量转换策略：精益供应链的建设方法》一文中总结出了 4 个供应链改进过程中的障碍：①时间滞后；②部门职能化；③分层结构；④缺乏理解。D. Brunt 在《精益供应商的发展：LEAP 油漆项目》一文中总结出了精益网络采购模型。Jeffrey P. Wincel(2004 年)介绍了实施精益工具的前提条件——组织与文化的转移，危机环境中的供应链管理，标准环境中一体化的供应链管理，协调供应链管理与精益管理。Michel Baudin（2005 年）弥补了以往在一般物流著作中忽视精益理论和在精益生产中忽视讨论物流的缺陷，比较系统地单独介绍了精益物流。

我国引入物流概念比较晚，传统的供应链管理研究兴起并集中于生产制造领域，但是随着市场力量的转移，流通领域或者以流通企业为主导的供应链管理正逐渐吸引着更多研究者的关注。2002 年中国物流学会会长丁俊发在首届中国物流学会年会上的讲话中指出，供应链理论将成为今后经济发展的主导理论之一。华中科技大学的马士华、徐章一等对供应链一体化物流、基于时间的配送问题以及基于供应链的缩短多阶响应周期的敏捷反应问题进行了研究。马士华、申文、王健、周万森以及 Edward 等都对基于快速响应的供应链物流运作能力的研究进行了综述，指出绝大部分研究都是基于企业层面的，基于供应链层面的物流能力研究都集中在对供应链分销过程物流能力的研究上，且绝大部分是对实际调研数据的分析总结；并介绍了供应链物流运作能力诊断模型和平衡记分法在供应链绩效评价中的应用。刘伟华、刘松涛、刘松华等学者利用“大道定理”对供应链中的物流能力链进行主干道设计，研究了一种供应链物流能力的优化模型，但这种模型是在假设供应链节点数量及其节点关系保持不变的基础上进行的。武汉理工大学的李必强、胡浩、吴涛等学者对集成供应链运作和物流管理及其一体化物流信息平台、群决策和系统集成的有关理论进行了研究。武汉理工大学的张骏、王勇等学者对基于 .NET 的供应链物流管理信息系统进行了研究。吉林大学的霍明结合一汽车身厂介绍了 ABC 分类法在供应链模式下库存控制中的具体应用。王瑛和孙林岩重点研究了供应链物流供需平衡的三维结构体系、供应链伙伴间的信息共享、多级库存管理与控制、产销系统集成与优化、集成专业化的第三方物流、制造商需求预测等方面的内容。邹辉霞将企业供应链物流分为供应物流、生产物流和销售物流三大部分，并对其涉及的相关内容，如库存、运输、配送、物流需求预测、物流成本管理、电子商务物流、物流信息技术、第三方物流、全球物流等进行了研究。

我国著名物流学专家王之泰认为“精益物流是以精益思想指导的、能够全方位实现精益运作的物流活动”。并提出了精益物流的两大原则：①精益物流只有模式没有定势；②服务拉动原则。他总结出精益物流系统的

4 个特点，即拉动型、高质量、低成本、不断完善。田宇和朱道立对精益物流的概念和方法进行了初步介绍，指出“在我国，精益物流的应用还未正式展开，此时开展对精益物流思想内核的研究正是在实践中进一步有效推进物流管理的基础”。官绪明和魏景赋指出我国企业要走精益物流之路，首先要用 SWOT（SWOT 代表分析企业的优势 Strength、劣势 Weakness、机会 Opportunity 和威胁 Threats）进行分析，找出企业的优劣势和面临的机会与威胁；其次用 ABC 法则找出“关键的少数和一般的多数”，打造自己的核心竞争力；再次用 5W1H 法则挑出现存物流系统中需要精益的环节；最后运用取消、合并、改变、简化“4 种技巧”实现精益化物流系统。沈吉仁、刘鹤和刘长滨对精益物流进行了客户市场细分，指出其服务的对象一般是重要商品以及高附加值商品，在制造业产品中，如家用电器、电工产品、仪器仪表、医疗器械、汽车以及汽车配件、工具。此外，乌跃、潘爱华、仲波、沈寒友、麦云飞、周成波、刘秋生和陈书玉等学者也对精益物流系统进行了研究，指出了我国精益物流发展的现状以及存在的问题，并提出了相关的发展思路。施学良和肖劲松等学者对精益西格玛物流进行了研究。曹翠珍、郭传刚和马燕等学者对电子商务下的精益物流、精益成本管理、精益物流与敏捷物流进行了研究。杨波和谢科范等学者结合戴尔计算机公司对精益物流管理的理论和方法进行了研究，指出物流成本的投资—收益分析计算方法主要有现金收支折现法（Discount Cash Flow，DCF）和投资回报法（Return of Investment，ROI）。邓旭东和刘振兴对汽车制造企业整车精益物流的内涵、实施难点进行了分析。许渊研究了基于价值链理论的精益营销等。宣春霞和魏大鹏提出了“引进精益物流管理是降低制造业成本，克服生产过剩和推动我国制造业大发展的重要途径”的结论。李春富重新阐述了精益物流内涵：①满足顾客需求原则；②减少浪费原则；③逐步完善原则；④整体优化原则；⑤共享互联信息网络平台，实现物流产业整合，并且总结出引入精益物流的步骤。黄斌和周婉婷结合上海通用汽车公司对精益生产、精益原则、精益组织、精益现场、精益价值流、精益布局、精益设备和工装、精益物流等方面进行了解释和探讨。王炬香、于晓光和于明进定义了生产物流——生产物流是指生产过程中原材料、在制品、半成品、产成品等在企业内部的实体流动，并从供应、运输、生产设施规划、仓储和生产物流管理等几个方面系统全面地论述了精益思想在汽车企业物流中的应用。

目前，很多的企业把物流纳入销售部门或者采购部门的管理范畴，并且不断以物流业务为中心进行企业内、外部的流程重组，以物流管理来带动企业整体管理的创新。例如，国际知名的 P&G 公司，将其物流管理纳入客户服务职能中，由客户服务人员进行综合统筹管理，而生产和销售部门只需向客户服务部提出相关的服务水平，客户服务人员就会以此为依据，有效地进行物流规划，并对物流供应商进行整合。

目前已经有众多的国内外学者对连锁零售企业物流、供应链物流、精益物流理论[8-10]进行了理论与应用的探索，但是三者之间没有很好地融合，因为从系统工程的角度分析仍然缺乏系统性和可操作性，缺乏将理论研究成果转化为实际应用的研究，未能将先进理论与具体企业文化相结合提出完整的精益物流管理理论体系。目前，国内外大多数关于精益物流领域的研究还只处于精益物流基本理论与方法的研究阶段[11]，国内基本上以介绍国外的研究情况为主[12]。

### 1.2.2　复杂性与复杂系统研究综述

复杂性与复杂系统的研究作为当前科学研究的热点，是系统科学发展的新阶段，是跨学科的新兴领域的研究。

虽然复杂性科学研究从明确提出到逐渐得到人们的重视不过是近十年来的事，但复杂性科学所包含的系统和演化的思想早在两三千年前的东西方就已经出现了，尽管限于当时人类的认识水平，这些关于世界系统性和演化性的思想带有显著的直观性、模糊性和猜测性。近代自然科学的兴起和发展使得人类进入了以牛顿力学和微积分为科学纲领，还原论为统治思想的时期。人们开始从对自然界笼统的、模糊的认识发展到对于自然界进行深入的、细致的研究，也为现代系统科学的产生和发展奠定了强有力的理论和现实基础。

在20世纪中叶到20世纪70年代期间，逐步形成了以贝塔朗菲“一般系统论”为代表的由一系列理论构成的横断性学科——系统科学，包括贝塔朗菲(Bertalandffy L.)的一般系统论、维纳(Wiener N.)的控制论、香农(C. E. Shannon)的信息论、以普里高津(Progogine I.)为首的布鲁塞尔学派创立的耗散结构理论、哈肯(Hanken H.)的协同学、汤姆(Thom R.)的突变论、德国艾根(M. Eigen)的超循环理论(Hypercycle Theory)等。其中，一般系统论的创立，标志着系统科学的诞生，成为现代系统运动的起点。其后，在系统工程的大量实践和运筹学、控制论、信息论等学科的迅速发展推动下，20世纪60年代前后，耗散结构、协同学、超循环理论、突变论、混沌学等系统理论相继涌现。这些源于不同学科的系统演化理论，都力图从不同角度揭示系统演化的普遍规律。通常，一般系统论、控制论和信息论被称为现代系统论的“老三论”，它们共同构成了系统的整体性、系统行为的不确定性及其调控方式的描述；突变论、耗散结构理论和协同学被称为系统科学的“新三论”，它们代表了系统科学的最新发展。系统科学的建立和发展体现在系统哲学、系统方法、系统技术和系统实践的各个层次上，是一个对系统研究和认识逐步深入的过程，是一个对问题域不断深入、方法域不断拓展的过程。系统科学在我国的发展经历了运筹学、系统工程和软科学3个发展阶段。

复杂性科学实际上是现代系统科学发展的新阶段，是现代科学发展的前沿理论(非线性系统动力学、耗散结构理论、协同学、混沌理论、分形理论、人工生命、复杂适应系统理论等)大融合的产物，它强调从智能性和自适应性等系统生命特征出发研究系统复杂性的行为、特征、形成的原因。目前国内外对复杂性科学的研究已经拓展到物理、化学、生物、经济、生态、地理、环境、气象、神经科学、管理等科学研究的各个领域。

一般认为复杂性科学是在20世纪80年代中期发展起来的。1984年，美国的一批著名科学家，包括诺贝尔奖得主物理学家马瑞·盖尔曼(Murry Gell-mann)、菲利普·安德森(Philip Anderson)、经济学家阿罗(Kenneth Arrow)、遗传算法创始人霍兰(John Holland)、人工生命的创始人兰顿(C. Longton)、新经济论的倡导者阿瑟(Brian Arthur)等，创立了一个松散的研究团体——圣达菲研究所(SFI)，专门从事复杂性科学的研究。近年来，圣达菲研究所(SFI)的科学家们拓展了其研究范围，逐渐将目光转移到对混沌边界(Edge of Chaos)、经济复杂适应系统(Economy as An Complex Adaptive System，ECAS)，人工生命(Artificial Life)和系统进化(Evolution of System)的研究上。兰顿和霍兰等人对人工生命的研究直接导致了复杂性科学的出现。[13,14]在此后不到20年的时间里，复杂性科学成为一种新的科学思潮，飞速发展，被誉为“21世纪的科学”。但是，在近20年的研究中，SFI的科学家们虽然在复杂性科学研究中的各个领域取得了大量成果，但仍然没有实现其初衷。正如其批评者所说的那样，他们的复杂适应系统理论将复杂系统的组成单元过分简化，虽然这样有利于系统在计算机上进行仿真，解决了一些复杂性的问题，结果却是将复杂系统作为简单巨系统来对待了，如此一来复杂性变成了困惑型。另外乔治·梅森学派认为SFI排除了把人作为系统中的一个主动的部件，而直接以各种类型的数学系统(由微分方程组成)的模拟来描述人的推理，忽略了美国科学家Vickers所领悟的工作，在组织管理中不可能没有人包含在系统中。另外一点就是高举“复杂性科学”旗帜的SFI至今没有总结和提出处理复杂性的一般方法论。

在此前后，还有一些学者也在进行复杂性与复杂系统方面的探索。乔治·梅森大学的集成科学现代研究所致力于与组织管理有关的复杂性研究，该所的沃菲尔德教授已经围绕着组织管理复杂性进行了30年的研究，他把复杂性科学研究的内容归结为：复杂性的20条定律(Law)，所描述定律类似于人工生命领域中所总结出来的定性结构定律；20条定律的分类

(Taxonomy)以及有关复杂性的5个指标(Index)，即LTI集。沃菲尔德认为这个集提出的目的是解决组织管理中的复杂性，进而作为发展复杂性科学的核心。沃菲尔德在组织管理方面具有丰富的实践经验，他提出“交互式管理”用以解决组织管理中的一些复杂性过程。这一学派在管理复杂性研究中取得了一定的研究成果，但是它的基本哲理“复杂性在人脑中”的观点具有唯心主义的成分，难以令人信服，而且研究面相对狭窄，其理论成果不能解决组织管理中遇到的所有复杂性问题。除了这两个有代表性的学派之外，美国还有其他从事复杂性研究的学派，据沃菲尔德的介绍，目前仅在美国就已经形成了5个学派。[15]复杂性科学作为新的科学思潮，被誉为“21世纪的科学”。[16]

我国学者对复杂性研究的起步几乎与国外同步。以钱学森为首的一批系统工程学者于1989年提出了“开放的复杂巨系统”(Open Complex Giant System , OCGS)的概念，并认为复杂性问题实际上是开放复杂巨系统的动力学特性问题。1992年他们又提出从定性到定量综合集成研讨厅体系，实现人机结合的大成智慧。我国学者顾基发教授在系统工程实践经验的总结基础上，纵观国际各类系统工程方法论，认为不少系统工程项目虽然对物理、事理有清晰的理解，但由于不懂人理而失败。国家自然科学基金重大项目“支持宏观经济决策的人机结合综合集成体系研究”以支持宏观经济决策为研究对象，以人机结合的综合集成体系为研究途径，旨在建立一个多功能的宏观经济研讨决策的人机结合的技术环境与工作空间，其长远目标是为决策科学化提供理论方法和现代化的支撑工具。该项目在实施中，以宏观经济决策问题作为对象，运用和完善开放的复杂巨系统理论及其方法论，充分综合利用Internet新技术，将网络技术、数据库技术与人工智能、控制工程、信息处理等技术相结合，人机结合、以人为主，从定性到定量的反复研讨中，构建基于网络的综合集成研讨厅网络系统支撑环境。此外，中国人民大学现代经济实验室借鉴SFI的复杂适应系统理论，将其应用到经济复杂性研究之中，也取得了一定的成果。[17]

关于复杂系统和复杂性的定义，目前在学术界并不统一。不同的专家学者基于不同的学科背景和研究对象，给出了不同的定义。据麻省理工学院的物理学家洛伊德(Seth Loyd)统计，当前在理论界至少存在45种复杂性的定义。圣塔菲学派提出的复杂系统的描述性定义是：复杂系统是具有中等数目基于局部信息做出行动的智能性、自适应性主体的系统。根据这个定义，复杂系统的主要特点是：智能性、适应性、非线性和涌现性。以兰顿、诺尔曼·派卡德(Norman Packard)为代表的复杂系统科学家则提出了“混沌的边缘(The Edge of the Chaos)”的概念，认为复杂是存在于秩序和混沌之间的边缘状态。钱学森、戴汝为等人也对复杂系统和复杂性进行了探讨，认为：凡是不能用还原论方法处理的或不宜用还原论方法处理的，而要用或宜用新的科学方法处理的问题，都是复杂性问题；复杂性就是开放复杂巨系统的动力学特性。

尽管目前对复杂系统的研究还局限在各个不同的领域，但是不同领域的专家学者对复杂系统的理解还是有一定共性的。总结这些共同点，可以知道复杂系统除了具有一般系统所具有的特点外，在系统与子系统之间、子系统相互之间以及系统与环境之间还具有如下突出的特点：层次性、开放性和适应性。复杂系统的适应性与开放性具有密切的关系，开放性是适应性的必要条件，适应性是开放性得以延续的基础。而复杂系统的适应性和开放性都是建立在一定的层次结构基础上的。所以说，复杂系统的上述3个性质是相辅相成缺一不可的整体，是复杂系统的本质属性。

复杂系统的研究方法将定性与定量相结合、微观与宏观相结合、还原论与本体论相结合、科学推理与哲学思辨相结合。尽管需要重视对系统复杂性、动力学特征及其运行规律的理解，但是对复杂系统的研究只停留在哲学思辨的层次上是没有太大意义的。仿真是科学研究的第三条途径。由于复杂系统所具有的涌现性、非线性和复杂关联性等特点，很难自上而下建立传统的数学分析模型；而且复杂系统具有的本质不可计算性，使得数学分析方法无能为力，所以只有通过仿真这个重要的手段来进行研究。基于 Agent 的建模与仿真方法为复杂系统的研究提供了有效的手段，开拓了巨大的空间。

我国的复杂性与复杂系统研究与国外的差距主要表现在以下几个方面[18]：一是在复杂性与复杂系统研究的主体构成上，我国缺乏像圣达菲研究所这样的多学科交叉的研究中心，缺乏学科融合的物质基础，中科院自动化研究所系统复杂性研究中心在这方面只是一个尝试。二是我国对复杂系统进行研究量化方法有限，缺乏定量研究成果，对复杂系统的量化手段有限，虽然很早就提出了定性与定量相结合的研究方法，但是理论和方法上仍没有大的突破。三是缺乏应用实践，和国外复杂性与复杂系统研究在现实中的应用相比，我国的复杂性与复杂系统研究主要集中在理论分析方面[19-23]，缺乏复杂性理论在现实实践中的应用成果。

### 1.2.3 供应链协同管理与决策研究综述

#### 1. 供应链协同管理

供应链协同管理作为供应链管理的崭新的和最为现实的模式，尽管提出的时间不长，但是从提出开始，就受到理论界和企业界的广泛重视，并取得了一定的研究成果。从国内外大量相关文献来看，目前，对供应链协同管理的研究主要涉及 3 个方面[24-26]：战略层协同、战术层协同和执行层协同。

1）战略层协同

战略层协同以概念模型和协同管理思想为基础，对供应链协同进行定性或定量分析[27-30]，包括供应链协同管理的关键要素、预期协同价值收益、协同机制等方面的建模分析。

对于供应链协同管理关键要素和协同价值收益问题，Anderson 和 Lee (1999 年)曾分析协同供应链应具备的基础条件、面临的诸多挑战和价值收益等问题。在战略层，Sabria 和 Beamonb(2000 年)研究了物流决策与优化和供应链节点资源合理配置问题。Ito 和 Salleh(2000 年)指出供应链成员间的协同是实现供应链有效管理的关键，提出了协同供应链系统基于电子黑板的协商问题。Zimmer（2002 年）建立了奖励和惩罚协同机制，研究了在具有不确定准时制交货条件下供应商和生产商之间的供应链协同决策问题。McIvor(2003 年)等人研究了电子商务对供应链协同管理的支持。Manthou 等人(2004 年)建立了供应链协同的虚拟电子链，对虚拟环境下的供应链协同框架进行研究，对链中协作伙伴的角色进行分级，对构成协同关系的关键能力进行区分，对预期的协同进行评估。Akkermans 等人(2004 年)建立了供应链协同的理论模型，侧重研究了非技术因素对实现协同的重要影响；通过对计算机支持的高科技电子供应链的实证研究，证明了在技术支持下的供应链各节点企业的联合努力、信任和透明度是实现供应链协同的关键要素，指出合作伙伴努力建立信任、实现可视化的过程就是供应链协同成功的过程。Clifford 和 Stank(2005 年)提出了供应链的 SSP 战略，即供应链的战略(Strategy)、结构(Structure)、绩效(Performance)分析框架。研究结果表明，产生于外部环境诸多影响因素的企业战略引导着企业结构与绩效的发展，将 SSP 分析框架运用到供应链管理中，可使竞争优势产生于供应链成员的集群层面而非企业个体层面，且这种研究方法已经成为供应链理论研究的主流方法。

于海斌和朱云龙(2004 年)建立了网络企业的战略协同模型，分析了协同制造的业务特征，从协同的角度研究了制造业在全球化制造网络环境中所面临的战略问题和相关技术问题。宋加升和李柏洲(2005 年)针对传统管理模式易产生信息控制瓶颈的现象，基于协同理论建立了一个管理模式系统来研究管理模式变革因素的互动关系，所构造出的数学模型从理论上证明了该协同模式的有效性，解释了管理模式变革的基本规律，为定量研究管理模式变革因素的互动关系奠定了基础。

凌鸿等(2006 年)针对供应链协同管理内涵，从组织、环境、技术三大角度分析了供应链协同的关键影响因素，同时基于顾客—供应商关系提出了供应链协同影响因素的初步研究框架。张敏(2007年)认为供应链成员企业的战略目标就是与其利益相关的联合体间创造出一种供应链最大化效应的协同，构建了供应链柔性模型，分析了模型各变量间的关系及其竞争优势来源。传统的战略、结构和绩效分析框架体现了供应链柔性竞争力等方面，但要真正实现供应链柔性对于成员企业的价值，则必须从代表供应链柔性能力的柔性战略视角去审视供应链。

对供应链协同管理关键要素和协同价值收益的分析研究，为供应链如何实现协同提供了思路和方向，为协同管理的进一步研究奠定了基础。Sabria 和 Beamonb(2000年)研究了供应链中几个独立阶段中的供应商、工厂、分销中心、顾客模型，在战略层考虑了供应链节点资源配置和物流优化问题。Zimmer(2002年)研究了生产商和供应商之间具有不确定准时制交货条件下的供应链协同，具体方法是通过建立惩罚和奖励的协同机制，实现供应链成本在协同企业间的柔性分配。Lin 等人(2004年)建立了虚拟企业基于承诺的协同管理概念模型，研究了企业间如何通过承诺的建立和维持、任务的合作与协调、活动的相互作用来实现协同。

董进等人(2000年)针对供应链动态管理的复杂性，建立了基于多代理协同工作模型，对代理间的协调机制进行了深入的研究。徐琪等人(2003年)从供应链决策分析、决策支持技术及决策支持方法等方面探讨了供应链协同管理决策理论和方法，以生产商和销售商为例研究了双方共同获利、协同决策的建模方法。徐浩明和康姝丽(2003年)分析了敏捷制造意义下供应链管理纵向协同对策的耗散结构与协同机制。

对供应链战略层次的研究表明，供应链协同管理是供应链管理的新模式。在战略高度确定供应链协同管理思想，就可以按供应链协同模型进一步改进供应链管理、增强行业竞争能力、优化解决供应链协同中的各类问题。

2）战术层协同

供应链协同管理的中心问题是战术层协同问题[31]，包括具有直接供需关系的上下游企业间的需求协同策略、产品设计协同策略、库存协同策略、生产协同策略、物流协同策略、采购协同策略等。

对于供应链中需求的研究，Frank 等人(2000 年)分析证明了集中需求信息可以抑制牛鞭效应，但不能完全消除。Helo(2000 年)应用系统动态仿真方法分别研究了供应链中需求放大作用、能力波动作用的影响。研究结果表明各级同步能力是供应链响应能力的主要内容，供应链需求协同对提升供应链能力具有重要作用；需求计划包含预测，亦常被视为销售和运营计划；需求协同过程是需求计划过程中企业或企业各部门之间产生一致意见的协调性过程。协同规划、预测与补货(CPFR)为协同需求计划和预测提供了一个强健的、基于网络的框架，支持全部协同计划流程。

库存系统问题一直是供应链管理研究领域的经典性问题。Sahin 和 Robinson(2002 年)曾对供应链信息共享与协同的相关文献做了一个细致的搜索分析，他们发现几乎所有的研究都是针对库存而进行的，而少有按订单生产的供应链相关研究。Fu 和 Piplani(2004 年)曾建立基于库存的供应商协同评价模型，对传统供应链和协同供应链分别建模，利用仿真对分销商的协同绩效进行评估，研究结果显示供应商协同可以提升整体供应链的绩效。

杨静和卢岚(2006 年)曾研究基于协同预测的库存补充策略及协同补货期中供应商与订货商间的库存协调策略，涉及一个供应商与多个订货商的库存协调策略，以此与协调前的库存成本相比较，使用数值实验的方法证明了协同能够降低供应商与订货商的库存成本及增加效益。针对二级供应链系统和制造商与供应商的不同策略组合，马士华和张欣（2007 年）采用数学算法分析了协同合作对供应链收益的影响。王桂从等人(2007 年)分析了敏捷制造环境下供应链管理的纵向协同对策中的耗散结构与协同机制，认为敏捷供应链是企业参与市场竞争的一个重要解决方案。

对于供应链的生产计划与协调控制研究，Crowston 等人假设需求恒定、并采用动态规划算法对库存与生产协同问题进行了研究。在随机需求条件下，Zijm 和 Houtum 提出了链成本函数的结构，并建立了多级库存与生产系统的协同模型。Pyke 和 Cohen 通过 Markov Chain 模型对单种商品三级供应链的协同问题进行了深入研究。Chandra 和 Fisher 建立了一个综合生产和运输问题的单个生产厂、多名顾客、多个周期的模型，给出了非协调和协调两种求解程序。Van. Houtum 等人在随机需求条件下，对多级系统的物料协同问题进行了研究。Bhatnagar 等人(1993 年)曾研究了生产与销售协调整合计划问题，重点考察了协调生产与销售计划对于供应链企业收益的贡献。这里的生产协同是指生产商将车间层与外部系统以及内部的生产制造过程、业务过程和外部合作伙伴的业务过程进行有效协同，将生产的敏捷性与业务过程的同步能力相结合。

Ellinger(2002 年)曾分析供应链激励机制、跨功能协同、营销与物流部门的有效集成及其服务绩效间的关系，着重分析了供应链企业营销与物流的跨功能协同。Turkay 等人(2004 年)曾对化工行业企业间的协同进行了建模和定量分析。

周金宏和汪定伟(2001 年)研究了分布式多工厂、多分销商的供应链生产计划，试图通过系统工程方法获得最优生产计划，但企业在实际应用中却没有达到这个目标。曹健和张审生(2001 年)曾对协同产品开发中的协商方法进行了研究。张欣和马士华(2007 年)研究了二级供应链系统，用数学的方法分析了信息共享与协同合作在供应商与制造商的不同策略组合下对供应链收益的影响；通过算例对各种策略进行实验分析，根据信息共享与协调合作的各种策略的实验结果，对供应链成员及整体的收益影响进行评价。研究结果表明，供应链从传统模式转向完全信息共享及协同合作模式后，制造商的订货次数、供应商的调整准备次数以及运输次数均大为减少，系统总成本大为降低；信息共享能够降低成本，但其收益主要来自系统的协调决策，而且这些收益并非均匀地在各成员间进行分配，而是随策略的不同而不同。

国内外的研究表明，供应链协同管理的理论及方法主要涉及战略层及战术层中的理念、思想、体系及其建模[32]，其定量分析主要涉及供应链的库存协同，这包括基于实证的分析及基于仿真的实验[33,34]。在这些研究成果中，未见供应链主导企业及其上下游企业的整体协同的实用分析，未见协同环境下的供应商选择中的多层分析，未见供应链企业的影响因子在销售预测及需求信息中的作用分析及其利用。虽然出现了针对供应链企业协同的CPFR体系及其工作流程，但此方法仍然属于可接受的理念体系而尚未达到实用的程度。

3）执行层协同

执行层采用协同技术提供新的连接合作伙伴的方法[35-37]，是实现供应链战略协同和战术协同的基础；同时增加了端到端的透明度，提高了决策的快速性及有效性。它是供应链实现协同的基础和关键，为战略协同和战术协同提供了有力的支持。它主要研究的是如何实现供应链的同步运作和信息协同。

供应链的协同运行是建立在各节点企业信息共享的基础之上，协同的优劣取决于信息共享的程度，因此信息与通讯技术的发展是供应链能够实现协同的关键。[38]

从支持信息协同的网络技术来看，Internet技术的发展，使得跨企业的协同工作平台成为可能。目前，支持协同的平台技术主要有IBM的Lotus Domino平台，微软公司的.NET平台及点击科技的竞开协同之星(GK-Star)等。其中，微软.NET的核心内容之一是要搭建第三代互联网平台，这一网络平台将解决网站之间的协同合作，从而最大限度地获取信息。.NET框架将具有可扩展的体系结构、跨平台的信息表达和传递、无缝地实现与各种信息终端的集成以及能从静态信息显示模式转换成丰富的智能化动态交互的特性，它将为创造一种全新的协同工作模式提供基础平台。

另外，支持信息协同的技术还包括企业门户技术、电子数据交换技术(EDI)/XML、电子订货系统(EOS)、GIS与GPS技术、自动识别技术等。其中，基于Web的企业信息门户(EIP)基本作用是为人们提供企业信息，实现信息的个性化交流。但同时它也是企业业务流程的集成，它以商业流程和企业应用为核心，把商业流程中功能不同的应用模块通过门户技术集成在一起，实现供应链的同步运作。因此，企业信息门户的发展为供应链协同提供了同步运作和信息协同的框架平台，同时企业门户技术的应用也必将推动信息技术革命进入一个全新的阶段。2002 年 4 月，金蝶国际软件集团在国内率先推出了 TEEMS 电子商务系统之企业信息门户产品 R2.0 版。它可以帮助企业用户快速建立一个与业务紧密相连的门户网站，方便企业的信息采集与发布，实现企业内外部信息的实时传送与反馈，建立基于电子商务的业务通道，从而在信息传输、在线交易、客户服务等诸多方面帮助用户极大地提高效率，扩展竞争空间。

以信息技术为支持，实现供应链同步运作的协同技术主要包括工作流管理技术[39]、多智能体技术[40]以及应用软件技术等[41]。

多智能体技术采用协商的决策，能够在相同环境中采用不同的解决方法，具有并行性、智能性和柔性。它的研究十分广泛，通常应用在比较复杂的、柔性高的、动态的、开放的分布式环境中，为系统集成、并行设计，实现智能制造、敏捷制造提供了更有效的手段。工作流管理技术则是实现企业业务过程建模、仿真优化分析、过程管理与集成，最终实现业务过程自动化的核心技术。至于支持协同的应用软件技术，如企业资源计划(ERP)、供应链管理(SCM)、供应商关系管理(SRM)、客户关系管理系统(CRM)、业务流程再造(BPR)、供应商管理库存(VMI)等大量可供企业选择安装的应用软件，已经以某种形式存在了相当一段时间，这些软件是促成协同管理的关键和基础。另外，近年来随着供应链协同管理思想越来越受到广泛的重视，很多软件公司已致力于供应链协同技术的研发，并取得了极大的进展。例如，SAP 公司的 mySAP 供应链解决方案可以帮助企业构建自己的协同网络，使供应链管理从线性连续性进程转化为合作的共同体，使客户和业务伙伴在工作开始时交流更为直接，并能共享更多的信息；IBM 公司的协同供应链管理解决方案，以协同决策、透明化的信息传递为基础，通过强化进度安排、优化库存水平、避免失误、过程自动化等来实现以最低的成本、最好的服务、最快的速度来满足客户的需求。目前已经被美国很多的超级市场用来改善与销售中心、零售点及供应商之间的信息交流和产品交易。其他如 EDS 公司的 TeamCenter 系统软件、PTC 公司的 Windchill 系统软件、MatrixOne 的产品 eMatrix 系统软件、Smart Solution 公司的 SmarTeam 系统软件、Finmatica 公司的 FineChain 软件都是面向供应链协同管理的解决方案。

据美国著名的分析师、分析机构对大型企业未来采购行为的调查和分析之后得出的结果，在未来的两三年之内，协同应用将会成为一种全新的、高速增长的和最具发展潜力的领域。具备随需而变特征的协同应用软件必将成为企业信息化的新趋势。

### 2. 供应链研究的决策优化方法与协同模式

#### 1）相关决策优化研究分类

从优化目标的角度来看，相关决策优化主要包括两个流派：运作研究观和市场营销研究观。运作研究观不考虑产品的价格和收益，而是研究在满足一定的顾客服务水平的条件下供应链各节点企业的运作成本最小化问题；市场营销研究观简化运作成本，考虑收益对决策的影响。这两种流派的一个明显的区别是：前一种是基于成本的优化；后一种是基于收益的优化。

从需求的角度来看，相关决策优化可以分为确定性需求和随机性需求两类。确定性需求又包括均匀需求和时变需求。大多数研究文献假设均匀需求，对于时变需求的研究主要集中于单一企业的局部优化，并未涉及企业间的协调与合作问题。就随机需求而言，大多数研究属平稳需求。

从供应链结构来看，相关决策优化可分为以下几种：一个供应商和一个采购商、多个供应商和一个采购商、一个供应商和多个采购商及多个供应商和多个采购商。

从供应链的功能来看，相关决策优化包括生产供应系统（由制造商与供应商构成）、生产配送系统（由制造商与配送商构成）和分销配送系统（由分销商与零售商构成）。

按响应时间或交货期的不确定性来分，相关决策优化有确定交货期和随机交货期两种。

2）主要的决策优化方法

从目前的研究文献来看，主要优化方法有以下两大类。

（1）博弈优化。这种优化考虑供需双方的决策交互影响，基于博弈理论分析供需之间的博弈关系，以确定供需双方的最优策略。这种方式假设供需之间不能以契约的形式直接对系统收益或成本进行重新分配，只能通过间接手段对供需之间的收益进行调整。

（2）整体优化。这种优化模式与博弈优化正好相反，将供需双方看成利益一致的统一体，然后确定供需双方的决策使得整个供应链的绩效最大化。从整个供应链来看，整体优化要优于博弈优化。许多文献中探讨的联合经济批量就是整体优化的结果。但整体优化对供需之间的合作程度及协调机制要求更高，所以实施起来更加困难。不过，若供需双方能信息共享，相互诚信，整体优化是可以通过一定的协调机制得以实现的。

3）供应链协同模式

（1）价格调整：供应商通过调整价格提高自身及其供应链的绩效。由于这种机制按成本定价，使得系统的利润全部由采购方来实现，从而促使采购商对订货量进行整体优化。

（2）惩罚成本调整：采购商通过调整对供应商缺货的惩罚成本以提高自身及其供应链的绩效。这种机制与价格调整机制不同的是采购商是支配者，主动行使协调的职责，而供应商是被动者，依据采购商提供的惩罚成本做出最优的定价策略。

（3）库存所有权转移：采购商的库存所有权或管理权转移给供应商，即供应商对购买商的库存行使管理责任，并承担库存管理费用。这种模式被称为供应商管理库存(Vendor Managed Inventory，VMI)。这种机制的优越性就在于使得供需双方的总库存成本最小化（整体优化)，但存在一个明显的缺陷：供应商承担了采购商的库存管理费用，其成本有可能增加，致使供应商不愿意参与这种机制。所以，采购商为了促使VMI的实施，必须给予供应商一定的补偿。根据支付时间的不同，VMI可分为基于延迟支付的VMI：每批存货销售完后购买商才支付货款，即供应商拥有延期支付时段的库存所有权；基于委托支付的VMI：每批存货开始销售时购买商才支付货款，即供应商对该批库存的所有权转移给采购商。

（4）数量承诺机制：供需双方达成一个协议，供方向需方承诺一定的供货数量或者需方向供方承诺一定的采购量。这种模式的基本意图是通过数量承诺降低供应或需求的不确定性。供需双方根据所达成协议确定各自的最优决策。根据承诺方的不同，数量承诺机制主要有两种。一种是总订货量承诺(Total Order Quantity Commitment，TOQC)：采购商承诺在计划期内向供应商订购一定的数量。这种机制减少了供应方的需求不确定性，但也降低了采购商的采购柔性。所以，供应商一般提供价格折扣激励采购方接受合约。由此看来，该机制也涉及价格调整。另一种是能力预订(Capacity Reservation)：采购方预先向供应商支付一定的费用购买一个获取固定的订货量(预订能力)的权力，供应商必须确保预订补货按时全部交货。这种机制降低了采购商的供应不确定性，但又削弱了供应方的供应柔性，即一部分的供应不确定性由采购方转移到供应方。因此，预定供货能力的购价一般高于常规供货的购价。

（5）补货周期协调：供需双方约定双方的补货周期，以增加双方及供应链的绩效。补货周期协调包括等长周期(供需双方补货周期相同)、倍数周期(供方补货周期为需方补货周期的整数倍)、二幂倍数周期、公共补货期(Common Replenishment Epochs，CRE)等形式。二幂倍数周期是指供应链各节点的补货周期均为一个基本周期的$2^k$($k$为正整数)倍数。公共补货期是指所有购买商的补货周期均为公共补货期的倍数，即购买商只能在公共补货期的分隔点补货，并且，由供应商与所有的采购商协商确定最优的公共补货期。

（6）直接分配机制：按一定的比例对系统收益或成本在各企业之间进行重分配，以实现收益共享。这种机制尽管能达到整体优化，但要求供需之间高度互信，信息完全共享，即不允许双方有任何私有信息。如有一方隐瞒、虚报其成本，直接分配机制将无法达到整体优化的目标。当供需关系比较稳定，并具有很强的依赖性，双方将出于长远的考虑，不太愿意虚报成本或收益信息，主要原因是一方隐瞒信息即不合作会招致对方的报复性惩罚（不合作），从而失去长期合作所带来的好处。因此，直接分配机制比较适合于依赖性强的供需关系。

（7）联合补货(Joint Replenishment)：是分布式供应链(一个供应商和多个采购商)的协调补货策略。其基本思路是：当所有的采购商的累计需求量达到一定数量 $Q$（运输工具装载量）时，一个统一的定单发出，使得各采购商的库存达到各自的基本水平。在这种机制下，主要需要优化的决策变量是各购买商的基本库存水平。

（8）应急订货（Emergency Order)：将订货分为常规订货（Regular Order）和应急订货（Emergency Order）两种类型，当库存水平为 $S_1$ 时，企业发出常规订单；当库存水平为 $S_2(S_2<S_1)$ 时，企业发出应急订单，并且常规订货的提前期大于应急订货的提前期。这种模式的最明显的特点是有两个订货点。其优越性在于能弱化需求的不确定性的影响，降低库存量和缺货的概率。

4）二层规划方法

阶层性是供应链系统的主要特征之一，随着社会经济的发展及经济全球化的加剧，实际问题的规模越来越大，结构越来越复杂。因此，层次性的研究具有非常重要的意义。

二层规划方法的研究起源于经济问题，如稀有资源在部门间的分配问题研究，价格控制问题的研究等。应用的需求推动了二层系统最优化研究的发展。1973 年，在 J. Bracken 和 J. McGill 的文章中，出现了二层规划的数学模型。1977 年，在 W. Candler 和 R. Norton 的科技报告中，正式出现了二层规划和多层规划这个名词。从 20 世纪 80 年代起，二层规划引起大家的注意，受到 H. Stackeberg 对策论的启发，一些学者开始集中研究，使得二层规划在数学规划领域蓬勃兴起。Candler 和 Townsley（1982 年）、Bialas 和 Karwan（1984 年）、Bard（1984 年，1991 年）等先后提出了一般的二层规划数学模型。Bension(1989 年)、阮国桢(1994 年)等人把上述数学模型推广到容许集是无界的情形。汪寿阳、王先甲、冯尚友和盛昭瀚等人也分别出版了关于二层规划理论与算法的专著。

二层规划理论与方法在管理问题中的应用取得了很好的进展。在近年来出现的文献中，二层规划理论包括资源分配问题、价格问题、生产计划问题等。

在供应链管理方面，随着市场全球化进程的快速推进和竞争环境的急剧变化，越来越多的企业认识到供应链管理的重要性。如何使企业与供应商紧密合作以达到双赢的目的，已成为一个热点研究问题。建立二层规划模型，即以各成员企业利润最大化为下层目标，以供应链的综合绩效为上层目标，来进行优化研究，具有重要的应用价值和现实意义。近年来利用二层规划方法，陈安(2000 年)等人研究了虚拟企业协作策略问题；赵晓煜、汪定伟(2001 年)、孙会君、高自友(2002 年，2003 年)等人对供应链分销系统进行了优化建模研究，他们相信供应链管理领域是二层规划未来的重要应用方向之一。

通过对上述供应链协同管理与决策相关研究现状的分析可以看出，供应链协同管理是供应链管理的新模式，下面几个方面的研究值得注意：一是供应链管理的研究已经从早期的企业内部效率研究过渡到供应链成员企业之间的系统化和全方位化的战略协作关系研究。研究范围从零散的供应链管理策略的研究发展到对供应链管理的全方位的研究，尤其这种协同日益呈现全方位化、综合化、系统化。但是，进行定性分析的文献较多，进行定量分析的文献较少。二是信息技术的应用在供应链管理研究中日益得到重视，对各种信息条件下的供应链管理机制、策略等分析和研究日益深化，在研究供应链管理信息化的过程中，许多信息技术、智能技术等得到了极大的应用，为有效解决供应链异构分布式信息集成和共享提供了可能的实现条件，为提高供应链协同效率，降低协同成本提供了可能。三是供应链协同管理日益得到理论界和企业界的广泛重视，但进展不容乐观。对供应链协同管理的研究主要集中在策略层和技术层面上的协作研究，对供应链企业之间的战略层协同研究不够，定性的分析较多，定量的分析较少，研究方法、研究手段有待进一步改善，尤其供应链中节点企业应该使用什么样的机制来实现供应链的整体协调，需要进行更深入的研究。四是目前关于供应链中的协同管理与决策的研究，一般都是以单一产品的两级供应链为研究对象的，关于多种产品以及多级供应链的研究则很少，而且对供应链协同管理的研究中，国外的研究文献较多[42-44]，国内研究文献较少，应该说我国对供应链协同管理与决策的研究才刚刚开始，尤其大多数企业在供应链管理过程中，缺乏协同意识，供应链协同运作需要进一步加强。

### 1.2.4 人工智能与 Agent 理论研究综述

#### 1. 人工智能

人工智能(Artificial Intelligence，AI)是在计算机科学、控制论、信息论、神经生理学、心理学、哲学、语言学等多种学科相互渗透的基础上发展起来的一门新兴边缘学科。它主要研究如何用机器(计算机)来模仿和实现人类的智能行为。关于什么是人工智能，至今尚无一个统一的定义，具有不同学科背景的人工智能研究学者对它有着不同的理解，提出了一些不同的观点，如 Rich 和 Knight 认为“人工智能是研究如何让计算机做现阶段只有人才能做得好的事情”。Nilsson 认为“人工智能是关于知识的科学，即怎样表示知识、怎样获取知识和怎样使用知识的科学”。Buchanan 和 Shortliffe 认为“人工智能是计算机科学的分支，它用符号、非算法的方法进行问题求解”。这些定义反映了人工智能学科的基本思想和基本范畴。

人工智能研究的基本内容一般包括：①机器学习，即让计算机能够像人那样自动地获取新知识，并在实践中不断地完善自我和增强能力。目前的机器学习方法包括机械学习、类比学习、归纳学习、发现学习、遗传学习、连接学习以及支持向量机学习等。②知识表示与推理，即从一个或多个初始状态到达一个预先定义的目标状态称为推理。知识的表示和组织方式影响到推理系统的效率。目前的知识表示技术包括产生式规则、语义网络、框架表示等。③知识获取，即从给定的知识库中产生新知识，或根据已有的知识建立动态数据结构，从环境中学习并精练知识。④软计算，通常包括模糊计算、神经计算和进化计算 3 个主要内容。

人工智能领域常用的工具包括：①模糊逻辑(Fuzzy Logic)，用来描述现实世界中类似人类所处理的推理问题；②人工神经网络，通常用于机器学习，支持有监督和无监督的机器学习；③遗传算法，在众多领域中得到应用，包括智能搜索、机器学习、组合优化问题、规划、设计以及图像处理等；④不精确和不确定的推理，指数据不精确和知识不确定的推理，主要的技术方法有基于概率论的主观 Bayes 方法、可信度方法和证据理论等，基于模糊集理论的可能性理论、模糊 Petri 网等。

随着信息技术的发展和各门学科的交叉融合，人工智能(Artificial Intelligence)、多智能体(Multi-Agent System)技术、复杂适应系统(Complex Adaptive System)、模式理论(Schema Theory)、仿生(Bionic)、分形(Fractal)和子整体(Holonic)等理论为动态供应链管理提供了新的发展方向。虽然 Agent 技术已经在企业资源整合和供应链管理网络中得到应用，但仍局限于局部的应用，对供应链整体范围的应用还处在实验室阶段。

2. 基于 MAS 的供应链系统建模及实现

虽然在供应链管理网络和企业资源整合中已经应用了 Agent 技术[45-47]，但是，Agent 技术在整体供应链范围的应用仍然处于实验室阶段。

目前在基于 MAS 的供应链建模方面的研究主要包括供应链管理框架的构建、组件和中间件技术在 Agent 和供应链模型框架中的应用、分形和自组织理论在供应链功能结构上的应用等，下面就这几个方面进行阐述。

通常供应链建模有集成式和分布式两种方式，目前对于供应链建模的研究趋向于分布式建模或混合式建模(将集中式和分布式相结合)，文献［48］~［66］研究了供应链建模和多 Agent 技术在供应链模型结构中的应用、Agent 的分类与规划、MAS 在供应链管理中应用的领域和原理等方面。对于建模的目标和标准，文献［48］、［49］认为供应链建模应该体现以下几个原则：①集优原则：资源获得和利用(Outsourcing)；②协调原则：供应链中各个成员间的协调；③动态性原则：适应环境的不确定性；④简洁原则：各个组成单元能够快速组合。对于供应链 MAS 系统，文献［50］~［52］提出了供应链管理参考系统和供应链协调决策中心的概念，以此为基础建立敏捷供需链管理和仿真运作模型，并论述了一些具体领域的业务 Agent 功能，如订单 Agent、财务 Agent、采购 Agent、库存 Agent 和运输 Agent 等，供应链管理参考系统提供了供应链组织的环境和各个要素间的相互关系，但对供应链中 Agent 的角色、资源与功能的映射关系以及 Agent 内部模块组成等缺乏系统化的定位和构造方法，对各个功能 Agent 的智能性如学习能力没有进行设计。对各个 Agent 间的关系如协商机制虽然采用反复沟通的方式实现，但缺乏 Agent 策略信息方面的沟通机制。文献［53］调查分析了 Agent 技术在一些供应链管理领域的应用情况，包括业务外包、物料配送和供应链网络组织结构等，论述了基于 Agent 的供应链管理框架(Supply Chain Management Framework)，并说明了其应用的发展前景。对于

Agent的智能性、分布自治性和实际应用领域，文献［54］、［55］论述了自治分布式系统(ADS)在一些领域的应用和发展趋势，其中文献［54］论述了ADS成功地用于在铁路系统中车站站点和火车间实时在线的自动协调。

在供应链管理系统建模的软件体系结构上，供应链管理框架的概念在研究文献中较为常用，供应链管理框架由组件和Agent等软件系统组成，将供应链中的各种功能角色映射为对应的软件系统，供应链Agent可由组件构成，组件具有可重用性和互操作性。Agent的通信机制有FIPA(Foundation for Intelligent Physical Agents)协议规范等，对于Agent系统的分布性、信息系统异构性和通信多线程等问题可以通过中间件技术解决，中间件系统介于管理应用系统和底层软件支持系统之间，提供通用的软件程序和数据交换机制。通过组件和中间件技术可以实现应用系统模块的即插即用，解决供应链的资源动态配置、信息系统异构性和地理分布性等问题。在这方面文献［67］~［80］讨论了Agent间通信的中间件接口和组成Agent的组件技术。文献［75］介绍了一种基于组件平台的面向Agent的编程扩展方式。文献［76］提出了一种用即插即用组件构造Agent的方法，运用CORBA和Web技术的结合来解决异构平台之间的异地合作问题。文献［78］论述了基于Agent模型的组件软件重用方法。文献［81］~［85］从供应链的电子市场环境的角度讨论了Agent技术在供应链中的应用，论述了在供应链上开发电子商务系统的模式。文献［82］设计了基于多Agent系统建立的电子市场体系并给出了电子市场的实现原型，文献［84］系统地说明了商用组件的应用技术。

关于分形和自组织理论在供应链管理中应用的论文还比较少，文献［86］~［91］论述了自组织、分形理论和子整体等理论及其在供应链的多代理结构和嵌套演化问题上的应用，这些论文主要是将分形理论应用在供应链系统的功能结构上，按照分形结构将供应链分成层次结构，但这些应用都还停留在比较抽象的战略和方法上，没有给出具体的应用方案和规则，如对供应链分形维数的计算、应用分形理论进行动态供应链重构方法等的研究还较少见。

3. 基于MAS的供应链系统对环境的适应和智能策略控制

供应链管理中的一个很重要的方面就是对各种业务进行计划和控制，尤其在不确定的市场环境下，这种计划和调度将会更加频繁，具有很大的动态性，对这些计划和控制的效果需要进行评价，从而不断地改善这些计划。文献［92］～［99］研究了动态供应链的计划和控制策略。文献［100］～［102］描述了为适应即时生产(Just In Time)减少供应链各模块间接口的有限缓冲库存问题，针对一些系统参数未知的情况提出一种自适应算法决定最佳临界点库存方法，但这种方法对于动态变化的系统环境适应能力有限，动态环境要求更敏捷的系统控制策略，能够跟踪变化的信息不断调整和优化控制策略。

文献［103］～［108］提出在基于人工智能的自动控制策略中，自适应评价控制类似于人脑的思维方式，不是直接采用控制变量跟随观测变量或观测模型的方法，而是对控制反馈结果通过评价模块进行评价，利用评价结果来调整控制策略。供应链管理中采用自适应评价方法是对供应链的一些战术计划等进行动态的评价，将结果反馈给相应的控制中心，从而不断地调整和优化这些计划。文献［109］～［116］提出了一种供应链分销系统库存策略的自适应控制方法，控制系统包括一个系统辨识模块、一个库存控制模块和一个评价模块，同时考虑了分销系统的运输和库存问题，利用一个第二成本函数来评价控制策略对系统状态的影响，利用评价信息来调整策略控制器的参数，从而调整控制策略实现对分销系统的动态控制。但其中应用的系统状态信息是静态的数据信息，难以反映系统状态的动态变化情况。文献［117］～［120］论述了一种基于分布式计划Agent的过程控制系统，系统分为3层：外部系统Agent间通信层、系统内计划Agent间互动层和实时过程控制器层，不同的层次采用不同的通信机制以适应沟通要求。控制目标逐层传递，计划 Agent 可根据底层控制器监控系统运行的状态信息将控制规则重新组合，以适应不同的环境情况，这种控制方式实现了对过程的控制性和 Agent 自治灵活性的结合，为在供应链策略控制中实现从全局到局部系统的动态控制提供了一种参考模式。

4. 基于 MAS 的供应链各成员企业间的协商和协调

在供应链多 Agent 系统中，Agent 之间协商、协调和协作是供应链完成各种任务的主要方式，典型的如企业生产 Agent 间在进行计划和任务分配时的协商，采购 Agent 与供应 Agent 间的价格协商，供应 Agent 与需求Agent 之间的物流协调等。供应链 Agent 间的协商可分为直接协商和间接协商两种，直接协商是指功能 Agent 间直接通信沟通进行协商，间接协商是指通过一个中介 Agent 来交互信息进行协商。影响供应链各组成成员间的协商和协调的主要因素是协商和协调的机制、规则和环境。文献［121］～［129］研究了有关供应链多 Agent 系统中 Agent 间的协商和协调问题，分析了 Agent 的策略、学习能力和协调规则环境等方面，其中文献［125］对 Agent 的个体特性、环境特性、Agent 间的动态互动关系和协调环境进行了研究，分析了在不同协商策略和任务环境下对由各 Agent 互动产生的供应链集合行为的预期。文献［129］提出了一种供应链 Agent 间自动协商的方法，通过裁判中介产生计划方案，Agent 应用模拟退火算法(Simulated Anneal Algorithm)的接收标准进行方案的接收和协调，并应用博弈理论(Game Theory)分析了 Agent 策略与供应链整体绩效间的关系。通过研究对比可以看出，采用中介 Agent 间接协商的方式比直接协商具有更好的公平性，自动性和高效率性。文献［130］～［133］研究了供应链在适时生产情况下的生产和库存控制协调方法。以上这些研究对供应链环境下 Agent 的协商机制、Agent 采取的协商策略和供应链协调的激励机制等作了较深入的论述，但对如何通过协调规则使整个供应链能够同步运作、如何在不同环境和条件下选择不同的协商和协调规则、如何对供应链 Agent 间的协调进行方向性引导等方面，仍需要进一步的研究。

文献［134］～［137］研究了军用航空自动监测、部件补给和维修的自动物流系统，对供应链实现自动协商和自动物流具有很大的借鉴作用。

基于智能 Agent 的供应链协商和协调过程通常需要采用人工智能算法，如进化算法等，在这方面文献［138］～［142］研究了实现供应链各组成模块和 Agent 接口间自动协商和协调的算法，其中文献［139］、［140］对比分析了 Immune、Swarm 和 Evolutionary Algorithms 3 种算法的基本模型、各自的特点和优势，以期在应用中能创造一种综合各算法优点的混合算法。文献［141］、［142］介绍了一种特殊的进化算法即文化算法(Culture Algorithm)，它通过在算法的进化框架中引入一个学习组件影响算法的搜索策略，它以文化作为储存能够传递给许多代种群的信息载体即信念空间，在信念空间中信念随着继承的信念和由新种群加入的信念的结合而不断修改，从而更新推理过程。如在汽车制造领域由于外部环境的不断变化即动态性，要求企业时常要对知识库进行知识更新。应用文化算法可减少过程的复杂性，提高知识更新的效率。

上述研究成果分析了在基于 Agent 的供应链模型框架、适应、协商和协调等方面国内外的研究现状，对人工智能、供应链环境下 MAS 系统建模、MAS 系统对环境的适应性、Agent 协商和协调机制等进行了较深入的研究。虽然对于供应链多 Agent 系统模型的研究已经相当广泛，但仍然存在一些问题，需要进一步分析解决。例如，对于各种环境条件下供应链 Agent 的集成粒度没有一个通用的标准；针对供应链运作的不确定性，需要研究如何通过协调规则对 Agent 策略、行为的调控和引导，在不失灵活性的同时提高供应链的整体绩效；如何提高 Agent 间协商的自动性、Agent 在何种条件下采用何种协商策略和实现算法；如何通过 Agent 的协调规则使整个供应链能够协同运作，对于这些问题还缺乏一个系统的研究[143,144]。

# 1.3 研究目标、研究内容和研究方法

## 1.3.1 研究目标

（1）建立较完备的连锁零售企业精益物流供应链管理理论体系。重点是从连锁零售企业精益物流供应链复杂适应系统的界定、宏观特性、基本思想、基本特征和机制等方面对连锁零售企业精益物流供应链复杂适应系统进行深入的分析，提出连锁零售企业精益物流供应链复杂适应系统理论，结合连锁零售企业精益物流供应链的顾客需求拉动、强调协同本质思想，创建连锁零售企业精益物流供应链智能协同决策管理模式，并提出基于核心零售企业的精益物流供应链管理理论。

（2）从分析连锁零售企业精益物流供应链管理中决策活动的特点入手，利用复杂适应系统研究方法，复杂适应系统的开放、动态、演化建模思想和基于 Multi-Agent 理论与技术的复杂系统建模方法，融合经济学研究中对人的行为方式的研究，并针对连锁零售企业精益物流供应链复杂适应系统多目标系统的特点，引入生物协同进化思想，建立连锁零售企业精益物流供应链中 MAS 理论和结构模型，创建基于 MAS 的连锁零售企业精益物流供应链智能协同决策体系框架。在研究连锁零售企业精益物流供应链智能协同决策过程中决策信息获取与共享机制的基础上，建立连锁零售企业精益物流供应链智能协同决策系统的数据仓库系统以及基于 Web 的分布式 OLAP 三层体系结构。

（3）从微观个体行为级、群体行为级、群体间行为级 3 个级别建立连锁零售企业精益物流供应链中 MAS 的演化优化模型，该模型基于复杂适应系统涌现机理进行协同决策。

以顾客需求作为价值流动力，在微观个体行为优化级，应用遗传算法

求解微观个体的行为优化问题。应用基于遗传算法的 Agent 行为优化算法，进行连锁零售企业分店独立需求库存量决策与库存优化控制。

在微观个体交互作用级，应用基于细粒度模型遗传算法的 Agent 群体行为优化算法，进行区域仓储独立需求库存量协同决策与库存优化控制，实现最低水平的供应链库存，从而获得最大的收益。

在群体间协同进化作用级，强调协同进化与合作，强调连锁零售企业精益物流供应链的各个成员企业的协调发展。因此，本书应用基于多目标共生型协同进化遗传算法的 Agent 群体间行为优化算法，进行供应商数量选择与订单分配联合多目标优化与协同决策。

（4）依据连锁零售企业精益物流供应链管理理论，确定连锁零售企业精益物流供应链协同管理综合绩效评价原则，建立基于 MAS 的连锁零售企业精益物流供应链协同管理综合绩效评价系统，并构建基于连锁零售企业精益物流供应链协同管理多层次评价指标、粗糙集的启发式属性约简和 BP 神经网络的连锁零售企业精益物流供应链协同管理综合绩效评价模型。根据连锁零售企业精益物流供应链管理中决策活动的特点，从连锁零售企业精益物流供应链协同管理的战略层协同、战术层协同和执行层协同 3 个层次综合考虑，建立连锁零售企业精益物流供应链协同管理综合绩效评价指标体系，从连锁零售企业精益物流供应链整体角度对连锁零售企业精益物流供应链智能协同决策管理模式的绩效进行综合评价，促进连锁零售企业精益物流供应链整体目标的实现。

### 1.3.2 研究内容

本书针对连锁零售企业精益物流供应链智能协同决策与优化问题，首先，研究了连锁零售企业精益物流供应链智能协同决策管理模式。其次，基于遗传算法、细粒度模型遗传算法和多目标协同进化遗传算法从微观个体行为级、群体行为级、群体间行为级 3 个级别建立连锁零售企业精益物流供应链中 MAS 的演化优化模型。最后，从连锁零售企业精益物流供应链整体角度对连锁零售企业精益物流供应链智能协同决策管理模式的绩效进行综合评价。本书主要研究内容由以下四部分组成。

（1）连锁零售企业精益物流供应链管理理论体系的研究，主要包括连锁零售企业精益物流供应链复杂适应系统理论，连锁零售企业精益物流供应链智能协同决策管理模式，基于核心零售企业的精益物流供应链管理理论等方面的内容。

（2）基于MAS的连锁零售企业精益物流供应链智能协同决策体系的研究，主要包括连锁零售企业精益物流供应链管理中决策活动分析，利用复杂适应系统研究方法、基于Multi-Agent理论与技术的复杂系统建模方法和基于生物协同进化的理论建立连锁零售企业精益物流供应链中MAS的理论和结构模型、连锁零售企业精益物流供应链的智能协同决策体系框架，连锁零售企业精益物流供应链智能协同决策过程中决策信息获取与共享机制等方面的内容。

（3）连锁零售企业精益物流供应链复杂适应系统中MAS的演化优化模型研究，主要包括基于遗传算法的Agent行为优化算法，连锁零售企业分店独立需求库存量决策与库存优化控制模型；基于细粒度模型遗传算法的Agent群体行为优化算法，区域仓储独立需求库存量协同决策与库存优化控制模型；在随机需求和无数量折扣条件下，基于多目标共生型协同进化遗传算法的Agent群体间行为优化算法，有关多商品采购的供应商数量选择与订单分配联合多目标优化与协同决策模型；在随机需求和数量折扣并存条件下，基于多目标共生型协同进化遗传算法的Agent群体间行为优化算法，有关多商品采购的供应商数量选择与订单分配联合多目标优化与协同决策模型等方面的内容。

（4）连锁零售企业精益物流供应链协同管理综合绩效评价的研究，主要包括连锁零售企业精益物流供应链协同管理综合绩效评价的原则，基于连锁零售企业精益物流供应链协同管理的战略层协同、战术层协同和执行层协同3个层次建立连锁零售企业精益物流供应链协同管理综合绩效评价指标体系，基于 MAS 的连锁零售企业精益物流供应链协同管理综合绩效评价系统，基于连锁零售企业精益物流供应链协同管理多层次评价指标、粗糙集的启发式属性约简和 BP 神经网络的连锁零售企业精益物流供应链协同管理综合绩效评价模型等方面的内容。

### 1.3.3 研究方法

（1）从连锁零售企业精益物流供应链复杂适应系统的界定、宏观特性、基本思想、基本特征和机制等方面对连锁零售企业精益物流供应链复杂适应系统进行深入的分析，提出连锁零售企业精益物流供应链复杂适应系统理论，结合连锁零售企业精益物流供应链的顾客需求拉动、强调协同本质思想，创建连锁零售企业精益物流供应链智能协同决策管理模式，并提出基于核心零售企业的精益物流供应链管理理论。

（2）从分析连锁零售企业精益物流供应链管理中决策活动的特点入手，利用复杂适应系统研究方法，复杂适应系统的开放、动态、演化建模思想和基于 Multi-Agent 理论与技术的复杂系统建模方法，融合经济学研究中对人的行为方式的研究，并针对连锁零售企业精益物流供应链复杂适应系统多目标系统的特点，引入生物协同进化思想，建立连锁零售企业精益物流供应链中 MAS 理论和结构模型，创建基于 MAS 的连锁零售企业精益物流供应链智能协同决策体系框架。在研究连锁零售企业精益物流供应链智能协同决策过程中决策信息获取与共享机制的基础上，建立连锁零售企业精益物流供应链智能协同决策系统的数据仓库系统以及基于 Web 的分布式 OLAP 三层体系结构。

（3）从分析 Agent 的学习机制入手，运用基本遗传算法、细粒度模型遗传算法和多目标协同进化遗传算法从微观个体行为级、群体行为级、群体间行为级 3 个级别建立连锁零售企业精益物流供应链中 MAS 的演化优化模型，基于连锁零售企业精益物流供应链复杂适应系统的涌现机理进行协同决策。

在微观个体行为优化级，以顾客需求作为价值流动力，根据连锁零售企业分店的实时销售数据(POS)，利用专家判定法预测连锁零售企业分店的商品最优需求量，并采用基于遗传算法的 Agent 行为优化算法，进行连锁零售企业分店独立需求库存量决策与库存优化控制。

在微观个体交互作用级，借鉴细粒度模型遗传算法的遗传操作具有局部性的特点，模拟微观群体的交互作用的局部性，应用细粒度模型遗传算法对微观群体的行为优化问题进行求解。采用基于细粒度模型遗传算法的 Agent 群体行为优化算法，进行区域仓储独立需求库存量协同决策与库存优化控制。

(4) 在随机性需求、多货源、多商品的假设条件下，根据供应商有无提供增量价格折扣方式，建立相应的供应商数量选择与订单分配联合多目标优化与协同决策模型。在连锁零售企业精益物流供应链的群体间协同进化作用级，强调协同进化与合作，强调连锁零售企业精益物流供应链的各个成员企业的协调发展。因此，本书采用基于多目标共生型协同进化遗传算法的 Agent 群体间行为优化算法，进行供应商数量选择与订单分配联合多目标优化与协同决策问题的求解。

(5) 依据连锁零售企业精益物流供应链管理理论，确定连锁零售企业精益物流供应链协同管理综合绩效评价原则。根据连锁零售企业精益物流供应链复杂适应系统理论，建立基于 MAS 的连锁零售企业精益物流供应链协同管理综合绩效评价系统。分析连锁零售企业精益物流供应链管理中决策活动的特点，从连锁零售企业精益物流供应链协同管理的战略层协同、战术层协同和执行层协同 3 个层次综合考虑建立连锁零售企业精益物流供应链协同管理综合绩效评价指标体系，并构建基于连锁零售企业精益物流供应链协同管理多层次评价指标、粗糙集的启发式属性约简和 BP 神经网络的连锁零售企业精益物流供应链协同管理综合绩效评价模型，从连锁零售企业精益物流供应链整体角度对连锁零售企业精益物流供应链智能协同决策管理模式的绩效进行综合评价。

本书各章分别从连锁零售企业精益物流供应链管理理论体系、基于MAS的连锁零售企业精益物流供应链智能协同决策体系、连锁零售企业精益物流供应链中MAS的演化优化模型和连锁零售企业精益物流供应链协同管理综合绩效评价方面进行了研究，采用连锁零售企业精益物流供应链管理理论和连锁零售企业精益物流供应链复杂适应系统理论来研究连锁零售企业精益物流供应链智能协同决策管理模式。

# 第2章 连锁零售企业精益物流供应链管理理论及复杂适应系统理论

当国内大多数企业的物流还处于粗放式的经营阶段时，国外的企业对精益物流的研究和应用已经如火如荼[145]。现在我国流通过程所需成本约占国内生产总值的25%以上，而发达国家，如美国已减至10%。那么，如何才能提高我国企业的物流效率，减少物流成本呢？国内对此正在进行着广泛的评论和探讨。根据中国目前的情况，发展精益物流[146-148]，已经成为专家学者们广泛关注的焦点问题[149-152]。

## 2.1 精益物流理论基础

### 2.1.1 精益生产理论

精益生产(Lean Production，LP)是一种涉及观念、组织、流程、环境与经营方式、管理目标的高效企业经营管理模式，其基本内涵源于日本丰田汽车公司的生产方式。“车到山前必有路，有路必有丰田车”，这是开放的中国第一幅外企广告。可以看出，这幅创意非凡的广告饱含着丰田汽车公司驰骋天下的强劲实力。据美国《华尔街日报》报道，2003年美国汽车在其国内市场所占份额下降了1.4个百分点，同时，日本丰田汽车公司成为最大的获益者，其在美国汽车市场上的占有率从一年前的10.4%上升到了11.2%。那么，日本丰田公司的成功秘诀何在？其关键之一便是名扬世界的丰田生产方式（Toyota Production System，TPS）。TPS 起步于 20 世纪 50 年代，在 20 世纪 70 年代全球石油危机中闻名于世。如今，历经半个多世纪的岁月流转，丰田生产方式作为杰出、高效的经营管理典范，又被冠以“精益生产”的美称风靡全球。

1. 精益生产理论的产生

回顾世界工业化的历程，到目前为止，其大体可分为手工生产、大批量生产和精益生产 3 个阶段。

1）手工生产阶段

手工生产的发祥地在欧洲，从 17 世纪初开始迅速发展。在这种生产方式下，生产产品耗时很长，但是顾客可以定制他们的产品——在制作过程中，通过顾客的广泛参与，个人的喜好和要求可以得到很大的满足。这种生产方式会导致生产同一种产品的企业数目很多，但是产量却不大。以汽车制造为例，19 世纪末，法国巴黎 Panhard-Levassor 机床公司开始制造汽车，它采用的是一种典型的手工生产方式，几乎没有两辆车是相同的。在 1906 年，北美和西欧有数百家小作坊在用手工艺生产方式制造汽车，全球产量仅有 82000 辆。

2）大批量生产阶段

到了 20 世纪 20 年代，随着“互换性”、“传送带”的出现及“科学管理”理论的提出，并与当时出现的“电气化”、“标准化”、“系列化”相结合，在美国产生了大批量生产的“机械自动流水线生产”，也称为“底特律式自动化”。推行大批量生产的代表人物是亨利·福特（Henrry Ford）和通用汽车公司的创始人阿尔弗雷得·斯隆（Alfred P. Sloan），前者中断了传统的手工生产方式而推行了先进的工作方法，构思和实现了劳动分工，保证制造的零部件可以互换，便于装配。后者推行了流水线生产，在实行责任制和集中控制的基础上，建立了一个工业管理系统，才形成了真正意义上的大量生产模式。对于这样大量生产的系统，欧洲生产厂商开始时表现犹豫，并只是部分地接受。而美国的工业生产却借此在20世纪50年代末期达到了历史最高水平。

3）精益生产阶段

1973年的石油危机，给全世界经济带来了灾难，特别是将整个西方经济带入了黑暗时期，日本经济也一落千丈。然而，却给日本的汽车工业带来了前所未有的机遇，特别是给丰田生产方式提供了广阔的用武之地。此时，丰田汽车公司的多品种、小批量、低消耗、高质量的生产方式展现出惊人的优势。石油危机过后，丰田的赢利大幅增加，逐渐拉大了同其他公司的差距。于是，日本的其他汽车企业开始学习、研究和应用丰田生产方式，同样取得了良好效果。1980年，日本汽车占领了30%的美国市场，直接威胁着美国国内三大汽车公司和欧洲进口商。在这种危急关头下，欧美各国不得不在震惊之余认真学习和研究丰田方式。1985年，美国麻省理工学院筹资500万美元，用了近5年的时间，对90家汽车厂进行考察，并将大量生产方式与丰田生产方式进行分析对比，于1992年，出版了《改造世界的机器》（*The Machine That Changed the Word*）一书，将丰田生产方式定名为“精益生产”，并对其管理思想的特点和内涵进行了详细的描述。欧美企业通过与日本企业兴办合资企业或日本在欧美国家开办工厂，获得了学习精益生产的机会，使精益生产体制真正传到了西方。由此，曾以“丰田生产方式”风靡日本的生产模式，现在正以“精益生产”的美称驰名世界。

2. 精益生产方式的基本理论

“有条不紊、行云流水般的汽车组装线，精益求精的产品制造、创造与研究——为社会做贡献的精神和追求卓越、不断改进的热忱之心永续相传；通过彻底消灭多余的损耗和浪费、及时地为顾客提供魅力十足的产品和服务。”这便是精益生产方式的根本所在。简单地说，精益生产方式的理论框架包含一个目标、两大支柱和一大基础。精益生产方式的目标是低成本、高效率、高质量地进行生产，最大限度地使顾客满意；两大支柱是准时化与自动化；一大基础是指改善。

3. 精益生产方式的新发展

随着计算机技术的发展，丰田公司与时俱进，建立了进行生产计划指示的“计算机辅助计划系统（CAP）”，实现了对生产、加工、装配的自动机械下达指令的“计算机辅助制造（CAM）”，并在产品设计、工程设计、工序布局等方面实现了“计算机辅助设计（CAD）”。这三者结合在一起，就构成了丰田公司的“计算机集成制造系统（CIMS）”。所谓“新丰田生产方式”，即在原有基础上，加上近年来的计算机集成制造系统和通讯系统后所进行的改善。

### 2.1.2 精益思想理论

1. 精益思想理论的形成

美国麻省理工学院 Daniel T. Jones 教授等人于 1996 年出版了《精益思想》一书，该书可以看成是著名的《改造世界的机器》一书的续篇。《精益思想》这本书进一步从理论的高度归纳了精益生产中所包含的新的管理思维，并将精益生产方式扩大到制造业以外的所有领域以及企业活动的各个方面，不再局限于制造业和生产领域，标志着精益思想理论正式形成。

精益思想(Lean Thinking, LT)是指运用多种现代管理技术和方法，以客户需求为依据，以充分发挥人的作用为根本，有效配置和合理使用企业资源，最大限度地为企业谋求经济效益的一种新型的经营管理理念，其核心是以最少的投入创造出尽可能多的价值。

2. 精益思想的基本原则

Daniel T. Jones 等人提出了精益思想的 5 个基本原则：

（1）正确界定价值(Value)，即从顾客的角度而不是从某个公司、部门或机构的角度来确定价值。

（2）识别价值流(Value Stream)，确定设计、采购和生产产品的整个价值流中所有的步骤和活动，以找出浪费。

（3）流动(Row)，使创造价值的步骤和活动流动起来，没有中断、迂回、回流、等待和废品。

（4）拉动(Pu11)，仅即时创造由顾客需求拉动的价值。

（5）不断改善(Perfection)，通过层层发现，由表及里地消除浪费，从而追求完美。

### 3. 精益思想的主要内涵

精益思想的主要内涵包括以下几点。

1）消除浪费

从顾客角度而言，创造价值是一个企业存在的唯一理由，但现实生活中企业存在很多不能增加任何价值的活动，如未订购产品的生产、等待、错误更正、存货的过量等，在一个工厂中，往往只有5%的活动增加价值，35%的活动有必要但也不能增加价值，而另外60%根本没有价值。企业中存在的浪费很难被察觉并往往被忽视。有鉴于此，精益思想理论的核心内容之一就在于消除这60%的浪费，从而提高企业效益。

精益思想中所指的浪费，是指从顾客的立场出发，而不是仅仅从企业的立场或一个系统功能的立场来确定什么是浪费。例如，生产车间工位之间的原料或半成品转移，如果从企业角度，很可能认为它是必要的，但是从顾客角度来说，它并不为顾客创造任何价值，因此就是一种浪费。这种不增加顾客价值的活动在传统制造企业中是普遍存在的，消除浪费就是要运用精益理念去识别、改进、最终消除企业中所有这些不为顾客增加价值的活动。

2）持续改善

持续改善(Continuous Improvement)是精益思想的核心之一，除普遍应用于日本企业外，也在当今欧美国家日趋盛行。

“持续改善”的含义是：以超前的思维预见过程中可能遇到的要素(包括特定的设计、作业方式以及与之相关的成本要素)，并借助先期规范制约的各种手段进行预期调整，同时结合相应的效果计量和评估方法，确保实际过程以预期的低成本运作。它具体包括以下两方面内容：一是“改善”，企业在消除浪费的过程中，必然会碰到一系列的问题，精益思想要求企业碰到这些问题时，需要集中力量寻找产生问题的根源，把与此相关的所有问题一劳永逸地彻底解决，即使可能造成企业生产停线也在所不惜，那种修修补补的短期行为是不被允许的；二是“持续”，精益思想追求的是消除企业中的一切浪费。这是一个理想目标，甚至有的目标永远也不可能完全实现，因此精益思想追求的是一种持续改善的过程。

3）员工参与

精益思想在消除浪费与持续改善两方面要求企业员工必须积极参与。这种参与表现在两方面：一是使每位员工都能深刻理解消除浪费的含义，增加其积极性和主动性；二是增加对企业员工的培训，使他们的综合素质得到提高，从而能够胜任多种工作要求。

### 2.1.3 精益物流的概念与特征

1. 精益物流的概念提出与目标

“精益物流”从精益生产理论演变而来，而精益生产理论产生于日本丰田公司在20世纪50年代所独创的“丰田生产方式”，后经美国麻省理工学院Daniel T. Jones教授等人的研究和总结，正式发表在1992年出版的《改造世界的机器》一书中，并在其续篇《精益思想》中提升到了理论高度。精益思想的核心是“消除一切浪费，在适当的时间、适当的地点，提供适量的产品”，这种与供应链管理的思想密切融合起来的物流配送活动就是精益物流的雏形。

精益思想的理论诞生之后，物流管理学家 Brian Fynes Sean Ennis、Martin Christopher 和 Daniel T. Jones 等人从物流管理的角度对此进行了大量的借鉴工作，并与供应链管理的思想密切融合起来，提出了精益物流的概念。精益物流是精益思想在物流管理中的应用，从精益物流的角度来说，每一个企业所要做的是：将原材料、零部件和产成品以时间为准在供应链内流动，在供应链中不断增加其价值（价值的增加要求大于成本的增加）。

精益物流的目标可以概括为：在提供令客户满意的产品和服务的同时，把企业的各种浪费减少到尽可能低的程度。精益物流致力于物流活动中运输、仓储、装卸、搬运、包装、流通加工、配送、信息处理等各个环节的改善，在令客户满意的前提下消除其中的浪费。这里所指的“浪费”一般包括以下几种：

（1）无须求造成的积压和多余的库存；

（2）因供应链上游不能按时交货或提供服务而等候；

（3）提供不满意的客户服务；

（4）提供不需要的客户服务；

（5）无利润或低利润的业务；

（6）不必要的材料移动；

（7）操作者的移动；

（8）不必要的流通加工程序；

（9）产品的缺陷。

此外还包括人力资源的浪费，能源和设备的浪费等，其中主要浪费是（1）、（2）两种。

2. 精益物流的内涵与特征

有效实施精益物流必须正确认识精益物流的内涵。

（1）精益物流的前提：正确认识价值流。价值流是产生价值的所有活动过程，这些活动主要体现在三项关键的流向上：从概念设想、产品设计、工艺设计到投产的产品流；从顾客订单到制定详细进度直至送货的全过程信息流；从原材料直到送到客户手中最终产品的物流。因此，认识价值流必须超出企业界限，去查看创造和生产一个特定产品所必须的全部活动。

（2）精益物流的保证：价值流顺畅流动。消除浪费的关键是让完成某一项工作所需要的步骤以最优的方式连接起来，形成无中断、无绕流和无等候的连续流动，让价值流顺畅流动起来。具体实施时，首先要明确流动过程的目标，使价值流的流向明确。其次，把沿价值流的所有参与企业集成起来，摒弃传统的追求各自利润极大化而相互对立的观点，以最终客户的需求为共同目标，共同探讨最优策略，消除一切不产生价值的行为。

（3）精益物流的关键：以顾客需求作为价值流动力。在精益物流模式中，价值流的流动要靠下游顾客的拉动，而不是靠上游企业去推动，当顾客没有发出需求指令时，上游的任何部分都不生产产品或提供服务，而当顾客的需求指令发出后，则快速生产产品或提供服务。当然，这不是绝对的现象，在实际操作中，要区分是哪一种类型的产品，如是需求稳定、可预测性较强的大众型产品，可以根据预测进行生产；而需求波动较大、可预测性不强的创新型产品，则要采用快速响应、延迟制造等技术，缩短反应时间，提高顾客服务水平。

（4）精益物流的生命：持续改善。精益物流是动态管理，对物流活动的改进和完善是不断循环的，每改进一次，则消除一批浪费，形成新的价值流，同时又发现新的浪费，因而需要不断改进。这种改进使物流活动实现准时化且总成本不断降低，实现这种不断改进需要全体人员共同努力。

精益物流的主要特征如下。

1）由顾客的需求来拉动

在精益物流系统中，顾客需求是企业价值流的源头，是驱动企业生产的源动力。IT 界巨擘戴尔公司的成功即源于对精益物流系统的有效构建。戴尔公司在接到顾客的订单后才开始启动物流系统，由顾客的需求来驱动企业的生产，价值流的流动要靠下游顾客的需求来拉动，当顾客没有发出需求指令时，上游的任何部分都不提供服务，而当顾客发出需求指令后，则快速提供服务。

2）准时且准确

准时是物流系统达到内部顺畅、节奏适度的关键因素，物流过程的各个环节必须要按计划完成；准确是保证物流精益化的重要条件，包括准确的库存、准确的客户需求预测、准确的送货数量、准确的信息传递等。这一点对供应商的合理布局提出了较高的要求。日本丰田汽车公司的供应商一般都位于公司所在的爱知县内，距离一般小于 25km，这种方式是可行的。但在我国，制造企业和供应商往往相距很远，这就需要根据实际情况设置中间库。神龙汽车公司实施国产件 200km 布点原则，供应商超过 200km 供货时，即被要求在神龙公司附近设置中间库，以满足及时供货。外协件运到工厂后，按到货先后和紧急程度进厂，卸货至厂内的卸货站台。神龙公司对 4 家供应商的 27 个供货品种实施精益物流管理后结出了累累硕果：平均库存水平同比下降 85%，减少仓储面积 60%，减少容器占用 70%。

3）高质量与低成本兼备

在精益物流系统中，企业通过合理配置基本资源，进行快速反应、准时化生产，大大降低了采购费用，并消除了诸如设备空耗、人员冗余、操作延迟等资源浪费现象，从而把精力集中在质量控制上，保证了物流服务的高质量。同时，通常情况下制造业采购成本占企业生产成本的比例都较大，如家用电器为 48.5%、服装为 59%、电子仪器为 55%、机械制造为 65%等。因此，降低采购成本就能够显著降低企业的生产成本。

4）强调协调

物流系统是一个由各种职能或各个生产流程组成的有机整体，显然，倘若整体的各个部分不能保持协调一致，物流系统的顺畅运行将面临极大的困难。精益物流体系中的协调包含了两层含义：一是生产流程内部的协调，它强调各工作班组间能够相互交流信息，能较好地发挥员工在基层车间发现、解决和防止各种问题的意愿和能力；二是外部协调，它强调制造商与供应商和客户之间要尽可能的联系，相互信任，实现最大程度的信息共享和计划协调。

5）信息联网

高质量的物流服务有赖于信息的电子化、网络化。物流服务是一个复杂的系统项目，涉及大量的信息，而精益物流能否实现，在很大程度上取决于信息能否联网共享。

6）系统集成

精益物流系统是由提供物流服务的基本资源、电子化信息和使物流系统实现“精益”效益的决策所组成的集成化系统。因此，企业可以合理运用资源，以迅速提供满足客户要求的高效服务。

7）持续改善

精益物流是一种动态管理理论，对物流活动的改进和完善是一个不断循环的过程：改进—消除浪费—形成新的价值流—持续改进—消除新的浪费。这种良性循环使物流总成本不断降低，提前期不断缩短，浪费不断减少，从而保证整个系统持续改进，不断完善。改善是精益物流的基础与条件，所以实施精益物流就必须从改善入手。

## 2.2 供应链管理理论

### 2.2.1 供应链管理的定义

随着科学技术的发展，特别是信息技术的飞速发展，市场的全球化和客户需求结构的多样化使企业之间的竞争愈演愈烈，企业面临着新的挑战和新的发展机遇。传统地把企业看成是独立个体的观点已经过时，企业要想生存只有协同和合作才能获得更大的竞争优势，从而才能有更大的生存空间。供应链管理的思想正是在上述环境下应运而生并逐步发展起来的一种新的理论框架。

所谓供应链(Supply Chain，SC)是指由原材料的供应商、制造商、分销商、零售商、顾客等成员，通过与上游、下游成员的连接(Linkage)组成的链状结构或网络结构。在供应链中，不同的生产过程与生产活动创造了产品或服务的价值，同时增加了产品或服务的成本，在其结束时形成中间产品、最终产品或服务，并把最终产品转移到顾客手中。只要顾客购买产品或服务就是对整个供应链的认可。

供应链管理(SCM)不同于“纵向一体化(Vertical Integration)”概念。纵向一体化一般指上游供应商与下游顾客之间拥有产权关系。虽然这一方式一度被认为是很好的方式，但是近几年来，越来越多的组织把供应链管理作为企业运作的哲理，这一哲理使企业集中发展其核心业务，把非核心业务直接交由外部企业完成，即实现业务外包。

供应链管理涉及生产管理、市场营销、运筹学、统计学、数据驱动型建模理论及方法等学科。

对供应链管理这一哲理的界定尚无统一的描述，具有代表性的定义如下。

定义一：Stevens 于 1989 年在 *Int. J. of Physical Distribution and Material Management* 的 19 卷发表文章，介绍了集成供应链的概念，这种思想包括功能集成、企业内部集成和企业外部集成，集成的目的是消除部门间及企业间的障碍。

定义二：Chase 等人(1998)在 *Production & Operations Management—Manufacturing & Services* 中给出如下的定义，即供应链管理是应用系统的方法来管理从原材料供应商通过工厂和仓库直到最终顾客的整个信息流、物流和服务流的过程。供应链管理着眼于企业运作每天所必须完成的核心活动，目的是满足需求，并减少不确定性与风险，它对库存水平、循环时间、生产过程、最终用户的服务水平等都有着直接的促进作用。

定义三：物流、信息流、成本流相结合。供应链管理是用系统的观点对供应链中物流、信息流进行设计、规划和控制，对成本流进行分解与控制，并使供应链中成员获得相应利益的一种管理理念。这里的利益可以是利润，也可以是潜在利益。这一定义中的物流与信息流是双向流，既有向下游企业方向(由制造商到顾客方向)的流动，又有向上游企业方向(由顾客到制造商方向)的流动。

这3种定义既有共同的地方，也有不完全一样的地方，但总的说来，它们的基本思想是完全一致的。本书是采用第三种方式给出的供应链管理定义。

### 2.2.2 供应链管理基本思想和角度

#### 1. 供应链管理的基本思想

虽然供应链管理的定义表述各不相同，但基本上都体现了以下管理思想。

1）系统思想

系统论已经在管理学中得到了广泛的应用，供应链管理的一个重要的基本思想就是采用系统的方法来管理供应链。这时，企业不再封闭而孤立地看待企业的采购、生产和销售等经营活动和过程，而是突破企业界限束缚，将企业的产、供、销与其他市场实体建立外部联系，将供应商、生产商、分销商以及消费者视作一个有机联系的整体，通过集体目标统一协同所有成员的信息流、物流和资金流，取得企业之间超越组织界限的集成和整合。

2）共赢思想

供应链管理在本质上是建立在协同和共赢的信念上的。它认为，建立在相互信任、互利及长期发展基础上的信息共享和合作行动，将最终消费者的需求转化为所有参与者的集体行动是对每一个参与企业有利的。一个经济主体都从事产品制造和提供服务所必须的一部分活动，不但可以在相互支持，配合和协同中实现整体利益最大化，也会使得每一个参与者从中获益。因此在供应链中，经济主体之间协同合作伙伴关系替代了传统的你死我活的竞争性关系，参与各方的决策偏好和行动目标不是完全集中在价格等短期目标，而是集中在行动上和目标上的协同一致。供应链管理是为了提高供应链的整体效率和产品质量，维系灵活性和整体竞争力等方面的团结合作与共同利益因素，把更好的响应和服务于消费者需求作为行动指南，致力于共赢前景的真正实现。

3）集优思想

供应链管理是具有一定专长和市场竞争力的企业之间的一种合作性安排，是一种高效的价值共同创造活动。供应链节点选择是遵循强强联合的原则，聚集最具有市场竞争力的单元，通过相辅相成，和谐共融企业资源和能力，发挥整体效能，将单一企业的核心竞争力融合为供应链的整体竞争力，极大地提高供应链的市场竞争优势。

2. 供应链管理的3个研究角度

有国外的学者将供应链管理的研究范围分为以下3种类型，而这3种类型分别对应供应链管理的3个研究角度。

1）企业供应链管理

企业供应链管理是就单个公司所提出的含有多个产品的供应链管理，该公司在整个供应链中处于主导者地位，拥有主导权。在这样的供应链中，必须明晰主导者的主导权是什么，以及它能否成为统一整个供应链理念的关键要素。如果这种主导权模糊不清，不仅无助于计划、设计的制定与实施，而且，也无法维系整个供应链的运转及建立起强有力的管理组织。

基于企业供应链的供应链管理，不仅考虑与供应链上其他成员合作，也较多地关注企业多种产品在原料购买、生产、分销、运输等方面的资源优化配置问题。其实际上是供应链发展的初级阶段。

2）产品供应链管理

产品供应链是与某一特定产品或项目相关的供应链（如啤酒供应链）。基于产品供应链的供应链管理是对由特定产品的顾客需求所拉动的整个产品供应链运作的全过程的系统管理。采用信息技术是提高产品供应链的运作绩效、新产品开发以及完善产品质量的有效手段之一。在产品供应链上，系统的广告效应和行业的发展会引导对该产品的需求。

3）供应链协同关系（供应链契约）

供应链协同关系作为购买、分销和物流管理的同义词，是由供应链上部分成员形成的协同联盟。目前，在这种含义下进行讨论的文献中，既有定量方法，又有定性研究的成果，供应链协同关系主要是针对这些职能成员间的合作进行的管理。

以上3种供应链管理的方法是彼此相关的，而且在许多方面是相互重叠的。当然，这种供应链管理研究范围的划分方式不是唯一的，还有其他划分方式。

本书将主要从第三个角度对供应链管理进行研究。

### 2.2.3 供应链管理方法的演进

供应链管理的模式随着时间的推移和人们观念的改变发生了许多变化。

#### 1. 分布式管理

在传统上，供应链上的各节点企业是自主的理性经济人，他们为了各自的利益，独立地为最优化自己利润而做出决策。这样各个决策权就分布在各个分散的企业中去，他们在做出决策时没有考虑整个供应链的利润和其他节点企业的利润。这样虽然各个企业做到了局部优化，但对于整个供应链来说，它不是最优化的，也正是这个原因，人们才开始研究供应链管理。

2. 集成化管理

人们在意识到分布式决策的弊端后，开始研究集成化供应链管理。实际上研究集成化供应链管理的文献也比较多。在集成化供应链管理中，人们克服了分布式管理的缺点，强调对供应链的集中控制。一般来说，集成化供应链管理中假设有一个自然人，其能对供应链上各节点企业进行控制，这样整个供应链就能取得整体最优。

但是在实行集成化供应链管理中会遇到许多无法克服的障碍。第一，在实际上不存在超级自然人，而各个节点企业是独立的经济法人，他们有不完全一致的激励目标和不对称的信息结构，同时他们的市场地位也不相同，因此不可能按照集成化供应链管理所要求的做出决策。第二，即便存在超级自然人，其能控制供应链上的各节点，但是这样做需要建立一个非常复杂的模型，几乎不可求解。这样如果有节点企业不能按照集成化供应链管理所要求的做出决策，集成化管理就会失败。

3. 协同化管理

在意识到集成化管理和分布式管理的缺点之后，最近几年，人们开始研究供应链协同管理。在供应链协同管理中，依然假设供应链上的各节点企业是自主的理性经济人，他们之间在信息共享的基础上，进行相互沟通后做出决策。这样各个决策权就分布在各个分散的企业中，但是他们在做出决策时要考虑整个供应链的利润和其他节点企业的利润。这样虽然各个企业不一定做到了局部优化，对于整个供应链来说，其是接近最优化的，整个供应链的利润也是接近最大化的。

实际上这三者是相互联系的，它们之间并没有严格的界限，它们的区别并不是绝对的。

### 2.2.4 供应链协同研究的模型分类

从建模的角度看，协同化供应链的设计和分析模型可以分为四类：确定型分析模型、随机分析模型（变量未知，但假设服从某一分布）、经济模型和仿真模型。

#### 1. 确定型分析模型

William 介绍了 7 种探索型方法，用以计划装配型供应链的生产/配送操作，目标是确定成本最低的生产方式和产品配送计划，以满足用户对最终产品的需求。其中，总成本包括平均存储成本和固定成本（订货成本、运输成本）。此后，William 又运用动态规划的算法确定供应链内每个节点的生产/配送批量。

Arnzten 等人建立了一个混合整数规划模型，称为“整体供应链模型”。该模型考虑了多种产品、多种设备、多阶段、多个时间周期和多种运输模式的情况。而且该模型的目标函数是一个时间和成本的组合函数。

#### 2. 随机分析模型

Towill 和 Del Vecchio 讨论了滤波器理论在供应链中的应用。作者比较了各种供应链中过滤器的不同特征，分析了供应链对随机需求的各种响应，又用模拟的方法对这些响应进行了比较，以确定要满足顾客的水平应设置的最小安全库存水平。

Lee 等人设计的随机数学模型描述了牛鞭效应产生的 4 个原因（需求信号处理，配比博弈、订货批量和价格变化），并解释了各种原因的影响。随着数学工具的完善和计算机技术的发展，运用随机模型研究供应链协同的问题也越来越多。

3. 经济模型

Christy 和 Grout 建立了一个经济型的博弈模型，用以描述供应链中采购商和供应商的关系。该模型的基础是一个 2×2 的供应链关系矩阵，用以区分每种关系类型产生的条件。通过该矩阵可以获得采购商和供应商假设的相关风险。

4. 仿真模型

Wikner 等人检验了 5 种供应链改进战略，并在三阶段参考供应链模型中执行了这些战略。这种战略包括：①准确调整现有的决策规则；②减少供应链每个阶段及其内部的时间延迟；③从供应链中排除分销阶段；④改进供应链上每个阶段上的决策准则；⑤信息流一体化，将需求区分为“实际”订货和“满足”订货。仿真结果表明，最有效的改进战略是第五种战略，即改善信息在供应链内的流动。

## 2.3 复杂适应系统理论

1994 年，遗传算法的创始人 J. Holland 正式提出了复杂适应系统(Complex Adaptive System，CAS)理论。这一理论的提出为人们认识、理解、管理和控制复杂系统提供了新的思路，它的思想正在逐步传播到各个领域，推动着人们更深入地探索复杂系统的行为规律。

CAS 理论的最基本的概念是具有适应能力的、主动的个体，简称主体。这种主体在与环境的交互作用中遵循一般的刺激—反应模型，所谓适应能力表现在它能够根据行为的效果修改自己的行为规则，以便更好地在客观环境中生存。由这样的主体组成的系统，将在主体之间以及主体与环境的相互作用中发展，表现出宏观系统中的分化、涌现等种种复杂的演化过程。

在复杂性研究中发现，系统中的个体具有根据周围环境的变化采取的创造性和自适应的行为。通常把面对大型复杂问题的决策支持系统看成是复杂适应系统，它由大量相对独立和平等的自适应决策主体所组成。大量决策主体的决策结果构成了主体的决策环境，并对主体决策产生影响。自适应就是指决策主体能够根据环境采用不同的策略。

本书基于 CAS 理论的思想对决策系统进行研究，建立基于决策主体的决策支持系统概念模型，以期为决策支持系统提供一个新思路。

### 2.3.1 自适应主体

自适应主体(Adaptive Agent)是指在自然或人工系统中，具有适应能力的、主动的个体。各个底层个体通过相互间的交互、交流，可以在上一层次，或在整体层次上突现出新的结构、现象和更复杂的行为，如新层次的产生，分化和多样性的出现，新聚合的形成，更大的个体的出现等。在复杂适应系统中，所有个体都处于一个共同的大环境中，但各自又根据它周围的局部小环境，并行地、独立地进行着自适应学习和演化，个体的这种自适应和学习能力是智能的一种表现行式，所以也有人把这种个体称为智能体。在环境中演化着的个体，为了生存的需要，不断地调整自己的行为，修改自身的规则，以求更好地适应环境选择的需要，大量自适应个体在环境中的各种行为又反过来不断地影响和改变着环境，结合环境自身的变化规律，动态变化的环境则以一种“约束”的形式对个体的行为产生约束和影响，如此反复，个体和环境就处于一种永不停止的相互作用，相互影响，相互进化过程之中。个体的适应能力表现在它能够根据行为的效果修改自己的行为规则，以便更好地在客观环境中生存。

复杂适应系统理论采用了自适应主体这个词，是为了强调它的主动性，强调它具有自己的目标、内部结构和生存动力。但是单独用主体这个概念，是无法完全表达出 CAS 理论的丰富内容的。所以，围绕主体这个最核心的概念，Holland 进一步提出了研究适应和演化过程中特别要注意的 7

个有关概念：聚集、非线性、流、多样性、标识、内部模型和积木。在这7个概念中，前4个是个体的某种特性，它们将在适应和进化中发挥作用，而后3个则是个体与环境进行交流时的机制。

1. 聚集

主要用于个体通过“粘着”形成较大的所谓的多主体的聚集体。由于个体具有这样的属性，它们可以在一定条件下，在双方彼此接受时，组成一个新的个体——聚集体，在系统中像一个单独的个体那样行动。

在复杂系统的演变过程中，较小的、较低层次的个体通过某种特定的方式结合起来，形成较大的、较高层次的个体，这是一个十分重要的关键步骤。这往往是宏观性态发生变化的转折点。事实上，聚集现象在许多系统中都存在。例如，在生物界中，共生现象越来越多地得到重视和研究。近年来，人们发现，在一些高等生物体内存在着许多独立的低等生物。这些低等生物完全是独立的个体，按照自身的规律生存和发展。它把高等生物体内的条件作为自己的生存环境，进行着物质、能量与信息的流通与处理。如人体细胞中的线粒体。一方面，它们是完整意义下的、独立自主的生物；另一方面，在长期演化过程的作用下，它们必须也只能在人体内的这种环境中生存。如果按传统意义下的系统元素去理解，则这两方面的矛盾将是无法解决的。因为，在传统的思维框架中，部分或元素是“死的”、被动的、没有自己的目的与意志的；如果它有自己的目的、意志、主动性，那就只会对系统起瓦解作用。这就把上述的两个方面绝对地、不可调和地对立起来、割裂开来。生物界的事实告诉人们，这种思维方式是不符合客观实际的。

聚集这个概念正是归纳与反映了复杂系统在这方面的行为特征。由于承认了个体的主动作用，由于克服了在整体与局部之间，非此即彼的绝对的对立，CAS 理论提供了理解与描述上述现象的新视角。聚集不是简单的合并，也不是消灭个体的吞并，而是新类型的、更高层次上的个体的出现：原来的个体不仅没有消失，而是在新的更适宜自己生存的环境中得到了发展。聚集的概念对于层次的理解也提供了有益的启发。层次之间是有质的差别的：把层次之间的差别仅仅理解为量的差别，是一种常见的误解。然而，层次之间的质的差别究竟是怎样涌现出来的，聚集也起了关键的作用。

2. 非线性

非线性指个体以及它们的属性在发生变化时，并非遵从简单的线性关系。特别是在和系统或环境的反复的交互作用中，这一点更为明显。近代科学之所以在许多方面遇到了困难，重要原因之一就是它把自己的眼界局限于线性关系的狭窄范围内，从而无法描述和理解丰富多彩的变化和发展。CAS 理论认为个体之间相互影响不是简单的、被动的、单向的因果关系，而是主动的“适应”关系。以往的“历史”会留下痕迹，以往的“经验”会影响将来的行为。在这种情况下，线性的、简单的、直线式的因果链已经不复存在，实际的情况往往是各种反馈作用(包括负反馈和正反馈)交互影响的、互相缠绕的复杂关系。正因为这样，复杂系统的行为才会如此难以预测：也正因为这样，复杂系统才会经历曲折的进化过程，呈现出丰富多彩的性质和状态。CAS 理论把非线性的产生归之于内因，归之于个体的主动性和适应能力。这就进一步把非线性理解为系统行为的必然的、内在的要素，从而大大丰富和加深了对非线性的理解。正因为如此，Holland 在提出具有自适应的主体这一概念时，特别强调其行为的非线性特征，并且认为这是复杂性产生的内在根源。

3. 流

在个体与环境之间，以及个体相互之间存在着物质流、能量流和信息流。这些流的渠道是否通畅，周转迅速到什么程度，都直接影响系统的演化过程。例如，信息系统工程对信息流的分析和设计，就是从流的分析入手，去认识和理解复杂系统。越复杂的系统，其中的各种交换(物质，能量，信息)就越频繁，各种流也就越错综复杂。所以，复杂适应系统理论非常注意对各种流的分析。

4. 多样性

在适应过程中，由于种种原因，个体之间的差别会发展与扩大，最终形成分化，这是CAS的一个显著特点。多样性的概念目前已经在许多领域中得到了广泛的使用，应该说，这是一个很大的进步。长期以来，人们误以为世界的统一性就意味着单一性。经过了20世纪科学的多方探索，今天人们已经开始承认和认真地面对多样性了。生物的多样性已经成为国际论坛上的热门话题，已经以国际公约的形式表达了人们的共识。文化的多样性也已经得到了越来越多的认同。系统复杂性的重要思想之一就是个体之间的差别，个体类型的多样性。当前的复杂性研究着眼于个体类型多种多样的情况，而其中的CAS理论则进一步研究这种多样性是怎样产生的，即分化的过程。Holland指出，正是相互作用和不断适应的过程，造成了个体向不同的方面发展变化，从而形成了个体类型的多样性。而从整个系统来看，这事实上是一种分工。如果和前面讲到的聚集结合起来看，这就是系统从宏观尺度上看到的“结构”的“涌现”，即所谓“自组织现象”的出现。

5. 标识

为了相互识别和选择，个体的标识在个体与环境的相互作用中是非常重要的，因为无论在建模中，还是实际系统中，标识的功能与效率是必须认真考虑的因素。标识的作用主要在于实现信息的交流。流的概念包括物质流和信息流，起关键作用的是信息流。在以往的系统研究中，信息和信息交流的作用没有得到足够的重视。这是对于复杂系统行为的研究难以深入的原因之一。CAS理论在这方面的发展就在于把信息的交流和处理作为影响系统进化过程的重要因素加以考虑。强调流和标识就为把信息因素引入系统研究创造了条件。标识的意义就在于提出了个体在环境中搜索和接收信息的具体实现方法。在下面将介绍的基本的刺激—反应模型中，个体的标识将在信息的传递中起关键作用。

6. 内部模型

这一点表明了层次的观念。每个个体都是有复杂的内部机制的。对于整个系统来说，这就统称为内部模型。

7. 积木

复杂系统常常是在一些相对简单的构件的基础上，通过改变它们的组合方式而形成的。因此，事实上的复杂性往往不在于构件的多少和大小，而在于原有积木的重新组合。

### 2.3.2 复杂适应系统理论的核心思想

CAS 理论的最基本的思想可以概述如下：CAS 理论把系统的成员看成是具有自身目的、主动的与积极的主体。主体能够与环境以及其他主体进行交流，在这种交流的过程中“学习”或“积累经验”，并且根据学到的经验改变自身的结构和行为方式。整个系统因此而产生演变或进化，包括新层次的产生，分化和多样性的出现或新的、聚合而成的、更大的主体的出现等。更重要的是，CAS 理论认为，正是这种主动性以及它与环境的反复的、相互的作用，才是系统发展和进化的基本动因。Holland 把个体与环境之间这种主动的、反复的交互作用用“适应”一词加以概括。这就是 CAS 理论的基本思想——适应产生复杂性。CAS 理论的核心思想——自适应造就复杂性，是人们在系统运动和演化规律的认识方面的一个飞跃。这一点可以从以下 4 个方面来加以说明。

（1）主体是主动的、活的实体。这点是 CAS 和其他建模方法的关键区别。该特点使得它能够有效地应用于经济、社会、生态等其他方法难于应用的复杂系统。

从元素到主体，并不是一个简单的名称的改变。对于系统的组成部分，以前一般称为元素、单元、部件或子系统。作为与系统、全局、整体相对而言的概念，元素、单元、部件，都是作为一个被动的、局部的概念而提出的。主体的概念则把个体的主动性提高到了系统进化的基本动因的位置，从而成为研究与考察宏观演化现象的出发点。

复杂性正是在个体与其他个体之间主动交往、相互作用的过程中形成和产生的。在这里既没有脱离整体、脱离环境的个体，也没有抽象的，凌驾于“个体”之上的整体。个体的主动性是这里的关键。个体主动的程度，决定了整个系统行为的复杂性的程度。

（2）个体与环境（包括个体之间）的相互影响和相互作用，是系统演变和进化的主要动力。以往的建模方法往往把个体本身的内部属性放在主要位置，而没有把个体之间，以及个体与环境之间的相互作用给予足够的重视。这个特点使得 CAS 方法能够运用于个体本身属性极不相同，但是相互关系却有许多共同点的不同领域。

这里的相互作用主要是指个体与其他个体之间的相互作用。强调这点有两方面的意义。首先，这里并没有一个凌驾于所有个体之上的整体的“代表”。对于每一个个体而言，整体的作用正是通过其他个体表现出来的。同样，每一个个体对于别的个体也起着“环境”的作用，或在不太确切的意义上讲，起着“代表”整体的作用，因为严格地说，每一个个体都不能独自代表全局。这就较好地说明了整体与个体之间的辩证统一关系。另一方面，在这些相互作用中，个体之间的关系存在着从“平等”到“分化”的发展过程。这就是说，在系统演化的早期，个体的潜力，或者说潜在的能力是差不多的。原则上，每一个个体都有多种发展前途的可能性。在相互作用的过程中，由于各种因素（包括随机因素）的作用，有的个体向这个方向发展，有的个体向那个方向发展。在发展中产生了结构，对称性被打破。这样，整个系统就变得比较复杂了。这就是从简单到复杂的演化。也就是说，相互作用是“可记忆的”，它表现为进化过程中每个个体的结构和行为方式的变化，环境的影响以不同的方式“存储”在个体内部。

因此，CAS 理论发展了系统科学中历来强调的相互作用的思想，使得进化的观念具体化了。这里把自适应的思想，从生物学中引入了系统研究的领域。显然，这对于系统科学的思想方法是非常有用的充实和扩展，进一步丰富了系统思想的内容。

（3）把宏观和微观有机地联系起来。它通过主体和环境的相互作用，使得个体的变化成为整个系统的变化的基础，统一地加以考察。

极端的还原论观点把宏观现象的原因简单地归结为微观，否认从微观到宏观存在着质的增加。另一种比较普遍的观念是：把统计方法当作从微观向宏观跨越的唯一途径或唯一手段。应当承认，基于概率论的统计方法确实是从微观到宏观的重要桥梁之一。宏观系统的某些属性可以理解为微观个体的某些属性的统计量，如气体温度之于分子的动能，总体国民教育素质之于每个社会成员的教育程度。这显然是重要的，因为它正确地反映了微观与宏观关系的一个方面。然而，问题在于，这是不是反映宏观和微观关系的唯一方法？曾有人做过这样的计算：如果地球上的有机物只是由于按照统计规律的偶然结合而产生的话，那么，从地球诞生到今天，连第一个蛋白质分子都还没有产生！显然，除了统计规律之外，一定还存在着其他的机制或渠道，它们同样也建立起微观与宏观之间的联系。CAS 理论在这方面给人们提供了一条新的思路。

如果个体没有主动性（如气体中的分子），那么，它们的运动和相互关系的确只要用统计方法加以处理就行了。支配这样的系统的，确实主要就是统计规律。然而，如果个体是“活的”，有主动性和自适应，以前的经历会“固化”到它的内部。那么，它的运动和变化，就不再是一般的统计方法所能描述的。例如，前面讲到的分化过程，显然就不是只靠统计方法所能加以说明的。

所以，在微观和宏观的相互关系问题上，CAS 理论提供了区别于单纯的统计方法的新的理解。如果把这种想法加以推广，把宏观和微观看成是相对的层次的话，那么，它为人们认识、理解、跨越层次提供了十分有益的思路。

（4）引进了随机因素的作用，使它具有更强的描述和表达能力。考虑随机因素并不是 CAS 理论所独有的特征。然而 CAS 理论处理随机因素的方法是很特别的。简单地说，它从生物界的许多现象中吸取了有益的启示，其集中表现为遗传算法。

常见的考虑随机因素的方法是引入随机变量，即在变化的某一环节中引入外来的随机因素，按照一定的分布影响演变的过程。在这种方式中，随机因素的作用是“暂时的”，只在一个特定步骤上起作用。它只是通过其对系统状态的某些指标产生定量的影响。在这种影响过后，事物只是在状态参数上有所变化，而运作的规律、内部的机制并没有质的变化。形象地说，系统不会因此“演化”。显然，这正是前面所说的，把系统的元素看作“死的”对象所导致的局限性的表现。

而遗传算法的基本思想则在于：随机因素的影响不仅影响状态，而且影响组织结构和行为方式。“活的”具有主动性的个体会接受教训、总结经验，并且以某种方式把“经历”记住，使之“固化”在自己以后的行为方式中。因此，CAS 理论提供了模拟生物、生态、经济、社会等复杂系统的巨大潜力，明显地超越了以往的一般的随机方法。

### 2.3.3　自适应主体的行为模型

自适应主体的基本行为模型可以分三步来建立：建立执行系统的模型；确立信用分派的机制；提供规则发现的手段。

1. 执行系统

执行系统说明了主体在某个时刻的能力。执行系统的3个主要部分是：一个探测器，一组IF/THEN规则和一个效应器。探测器代表了主体从环境中抽取信息的能力，IF/THEN规则代表了处理这些信息的能力，而效应器则代表了它反作用于环境的能力。执行系统是用来描述不同性能的自适应主体的统一方式。在执行系统中，用规则作为描述的工具，规则是一种使用单一的语法、用来规定主体间的所有相互作用的描述手法。

执行系统具有输入/输出。主体通过对于刺激的分类来感知环境。主体使用探测器来探测环境信息，并传递给主体。主体对接受的信息处理完后，将要做出反应，以实施一定的功能，这个任务由效应器来完成。效应器一旦被合适的消息所激活，将对环境产生作用。

处理和语法。将主体描述为一组规则的集合后就需要对规则的作用机制进行描述。主体将探测器探测到的消息与规则集进行匹配，发现匹配的规则就激活相应的另一个规则，这个规则可以直接激活效应器产生行动或激活另一个规则。

主体执行上述行为的过程中可以具有并行性，既可以一个主体的多个规则同时活动，也可以多个主体同时活动。

2. 信用分派

信用分派是考察主体获得经验时改变行为方式的机制。描述主体的规则可以被看成是正在进行确认和检验的假设，某个规则赢得竞争的能力应该建立在该规则过去的有用性(Usefulness)上。为了对规则进行比较和选择，首先要把假设的信用程度定量化，给定每一条规则一个特定的数值，称之为适应度或强度。每次需要使用规则的时候，系统按照一定的方法加以选择。选择的基本方法是：按照一定的概率选择，具有较大强度或适应度的规则有更多的机会被选用。在这个基本算法的基础上，还可以加入并行算法和缺省层次等思想，使得规则的选择更加灵活，更加符合现实的系统行为。

信用分派的本质是向系统提供评价和比较规则的机制。当每次应用规则之后，个体将根据应用的结果修改强度或适应度。这实际上就是“学习”或“经验积累”。从而，为每个规则分派一个“强度”，经过一段时间后，它将反映出规则对于系统的有用性。在经验的基础上，修改规则的强度的过程称为信用分派。

3. 规则发现

由于系统总是处于动态变化之中，系统中主体之间的相互作用也是动态变化的。对于一个主体的规则集合，不可能预先设计好所有的规则，需要在演化过程中产生新规则。所以有必要寻找新规则产生的方法，规则发现就是这个目的。Holland 提出规则的模式表示方法，借鉴遗传算法原理，对规则的模式通过交换、突变、组合等操作实现规则发现。

## 2.4 连锁零售企业精益物流供应链管理理论分析

### 2.4.1 连锁零售企业精益物流供应链的基本原则

1. 从顾客的角度思考创造价值

连锁零售企业要收集消费信息、分析顾客的消费行为，根据顾客的实际需求进行准时、准确的商品供应，减少连锁零售企业精益物流供应链各环节的浪费，真正地从顾客的角度思考供应链所能创造的价值。

2. 按整体价值流确定连锁零售企业精益物流供应链的业务流程

通过对国内目前大多数超市经营者的采购模式分析，可以看出，在零售终端占强势地位的情况下，为了眼前的利益，零售商往往以追求自己的成本最低化为目标，随意订货、退货，“反正卖不掉可以退给供应商”的思想普遍存在。因此，必须从整个价值流的角度来分析现有的业务流程，削减不必要的浪费，才能形成具有竞争力的供应链体系。

3. 创造无等待、无中断、无回流、无绕道的增值活动流

在连锁零售企业精益物流供应链系统中，尽可能地将商品从供应商的生产线直接送到总部配送中心，由总部配送中心无延迟、无缺货地送到各区域配送中心，区域配送中心采用小批量、多批次的配送模式，准时、准确地对各连锁零售分店进行补货，使连锁零售分店货架上的商品在最短的时间内售出，从而实现无等待、无中断、无回流、无绕道的增值活动流。

4. 及时创造由消费者拉动的价值流

采用小批量、多批次的采购和配送模式，满足顾客个性化的需求，增加连锁零售企业精益物流供应链的业务柔性，加快供应链的顾客响应速度，使新品上市快、价格具有竞争力，真正创造出以消费者实际需求为核心的价值流。

5. 不断消除浪费，追求完善

连锁零售企业精益物流供应链要持续不断地消除供应链各个活动环节中的浪费，提高连锁零售企业精益物流供应链的运营效率，并成为连锁零售企业精益物流供应链各成员企业全体员工共同追求的目标，形成精益求精的企业文化。连锁零售企业精益物流供应链追求的总目标——在提供满意的顾客服务质量水平的同时，连锁零售企业精益物流供应链的各成员企业应该把供应链上的浪费减少到最低程度。

6. 消灭不必要的库存

对于超市而言，不可能所有的商品都处于畅销状态，从商品的品种结构上看，也基本符合“80/20 原则”，即 80% 销售额是由 20% 的商品创造的。消灭不必要的库存并不仅仅是消灭商品品种，如果将商品品种减少过多，反而会形成品种过于单调，缺乏吸引力的局面，因此，消灭不必要库存的关键在于：

（1）将严重滞销的商品尽快从货架上撤离；

（2）扩大畅销商品的陈列面，将仓库内的库存尽可能放到销售现场去；

（3）将销售速度较缓慢，但尚未进入严重滞销的商品库存尽可能降低，把仓位、资金用于存储或采购畅销的商品。

7. 减少缺货

目前在中国缺货率平均高达 10% 的情况下，就有 10% 的顾客可能无法买到想要购买的商品。数据显示，消费者在面对缺货时，有 57% 的人将取消购买、推迟购买或者到其他门店购买。以上数字意味着，对于一家面积在 1000 平方米，每年销售额为 1800 万元的超市门店，每年仅仅因为缺货将损失 180 万人民币的销售额。而对于一个有上千家连锁门店的大型超市而言，因为缺货而导致的年销售损失就将达到 10 亿元以上。

造成缺货的原因是多种的，目前的主要问题在于：信息传递不准确、不及时、配送体系响应速度缓慢造成，只有通过建立标准化的运作体系，精确掌握销售信息，提升配送体系的响应速度，才能有效降低缺货率。

8. 减少逆向物流成本

由于超市经营的商品大部分具有保质期的要求，因此，在限定的时间之前销售不出去的商品，就成为坏品，为了将商品退还给供应商，在这些坏品的处理上将耗费很大的精力。一方面，这些商品未能销售出去，已经造成商品价值的损失；另一方面，为了处理坏品，需要重新打印单据、包装、运输等一系列的逆向过程，最终将这些坏品报废处理，还要消耗社会资源进行处理。而对于消费者而言，这些行为已经是毫无价值的了，尽可能减少逆向物流成本，也是构建精益物流供应链的关键所在。

9. 减少供应链的惩罚成本

在整个连锁零售企业精益物流供应链运行过程中，如果供应商无法在规定的时间内按照规定的数量配送需要的商品，就会根据协议受到处罚，从而增加了连锁零售企业精益物流供应链的总成本。在顾客购物时，如果零售商无法提供需要的商品，将会导致顾客逐步流失，甚至无法保证连锁零售分店正常运转。对于整个连锁零售企业精益物流供应链而言，这样的惩罚成本是致命的。因此减少供应链的惩罚成本对于连锁零售企业精益物流供应链而言是非常重要的。

10. 减少重复运输和搬动

尽可能减少重复运输和搬动，就可以有效节约运输设备、装卸设备和劳务成本，而且可以提高消费者需求的响应速度，采取越库配送、厂商直送等方式，可以将商品从生产线上以最快的速度送到货架上陈列销售。

### 2.4.2 连锁零售企业精益物流供应链的内涵

通常把精益供应链定义为“一组通过产品流、服务流、资金流和信息流在上下游之间直接连接起来的机构或组织，它们通过高效和有效的拉动，满足客户所需的产品或服务来减少浪费，以降低成本”。一条精益供应链就是从产品设计到最终顾客得到产品，整个过程所必需的步骤和合作伙伴整合起来，快速响应顾客多变的需求。也就是说，供应链上的任何一个参与者不能够仅仅考虑到其直接下游参与者的需求，而应该尽可能考虑到最终用户的需求，力争把采购、制造和销售三方合为一体，采购部门以最低的价格完成适量的采购；制造部门力争以最小的消耗提高生产速度；销售部门则以最小的销售成本取得最大的销售利润。因此，一个完整的精益供应链包含下面3个因素：精益生产体系、精益物流、产品联合设计。其核心思想是消除供应链中一切不必要的活动，简化跨越供应链的流程、增加灵活性和为客户带来更多的价值。

连锁零售企业精益物流供应链有着显著的不同内涵，主要表现为以下几点。

1. 战略目标

连锁零售企业精益物流供应链的实施要求零售企业提升到战略高度来对待，摆脱传统管理的高成本、低效益的思想，而是以市场需求为导向，以顾客拉动为动力，以消除浪费为基础，将快速响应顾客需求、提高顾客满意度为目标。不断提高顾客的附加值，按照顾客需求组织采购和配送服务。

2. 组织机构

实施连锁零售企业精益物流供应链涉及零售企业内部和外部组织机构问题，首先是把整个供应链当成一个组织来对待，连锁零售企业处于核心地位，引领合作伙伴实现共同的目标；其次是内部组织机构的变革，将传统的以项目为导向的矩阵型或其他组织结构形式向以客户和价值链管理为导向的流程型组织转变。

3. 树立以顾客需求为中心的供应链管理理念

连锁零售企业精益物流供应链管理最重要的驱动力是顾客的需求。随着经济的发展，买方市场逐渐形成，企业为了适应竞争的要求，满足消费者，不得不更多地强调增加顾客的附加值，并按照顾客要求生产和配送产品或服务，以此来构造企业的供应链。现代供应链以顾客需求为中心，利用电子商务技术，建立现代流通方式，凭借高效率的互动式交易模式，及时了解顾客的需求信息，形成以市场为导向、消费者为中心的经营理念与运作方式。在这样的思想指导下，供应商将逐步采用快速小批量生产，零售商通过小批量多次配送门店，提高消费者的购物满意度。

4. 正确识别价值流、提高运作效率

价值流是使一个特定产品通过任何一项商务活动的 3 项关键性管理任务时所必需的一组特定活动。这 3 项任务是：①在从概念设想，通过细节设计与工程，到投产的全过程中解决问题的任务；②在从接订单到制定详细进度到送货的全过程中的信息管理任务；③在从原材料制成最终产品，送到用户手中的物质转化任务。

价值流的分析总能显示出沿价值流的 3 种活动方式：①有很多明确的能创造价值的步骤，例如，把可口可乐从包装箱内摆放到陈列货架上；②有很多虽然不创造价值，但是在现有技术与条件下不可避免的其他步骤，如为保证质量，需要对一些商品进入存储中心前进行抽查检验；③还有很多不创造价值的环节，通过改进可以立即去除掉的步骤。

采用精益思想的方法来提升供应链的运作效率，就需要用新的方法思考供应链各个环节的关系，需要在企业之间制定一定的原则和规范企业的行为，以及沿价值流的所有步骤通过信息的有效传递而具有一定的透明度。

要在超市的供应链中形成连续流动价值流的过程是不容易的事情。少量订单、连续订货、多批次配送等，已成为超市供应链价值不间断流动的努力方向。

5. 不断改进、追求尽善尽美

传统的管理根本没有领会通过不断改进达到尽善尽美的这一概念，而这一概念正是精益思想的基本原则。在国内超市的供应链构建过程中要实现精益化，看起来有些难以完成，这就更加需要从整个组织体系来进行强有力的推动。

首先，需要公司最高管理层对精益供应链构建达成共识，对部门、组织结构、功能划分、现有资源整合等方面都要进行重新定义和规划，甚至需要一个“变革者”强力的推动，有计划、有步骤地将供应链资源向精益物流所要求的小批量、多批次方向调整和配合。

其次，需要有能够量化的改进目标和详细的改进计划时间表，对订单送货率、配送准确率、缺货率、库存金额、资金周转率、客流量、客单价、消费者满意率等，在实施精益供应链之前，都要确定一个对比基数，在实施过程中不断对比、改进，最终促成目标达成。

最后，一旦在计划制订，具体操作方法统一后，就要保证实施计划的资源数量，甚至要变卖资产、重新购置设备、减少人员等。每一段完成后，则消除一批浪费，形成新的价值流。这些都需要对资源配置情况进行重新检查和审视，然后制定新的改进目标，如此反复循环，供应链就将进入精益管理循环的过程，效率将会得到持续提高，而运营成本却会显著下降。

6. 利用现代物流技术建立高效的物流管理体系

供应联盟可以帮助零售企业实现规模化，而合适的物流体系以及与之相配套的信息系统，正是产生规模经济效益的最有力保证，这已经被沃尔玛、家乐福等跨国零售巨头的成长经历所验证。由于我国与其他国家经济环境不同，所以本土零售企业应该根据我国实际情况，构建与我国经济发展状况和社会环境相符的信息化物流体系，发展具有自身特点的物流技术。技术的复杂性使得物流技术的发展过程将是一个长期的过程。零售企业有其自身特点，它们作为商品价值实现的中间环节，上下游必须面对供应商和消费者两个不同的环节，由此带来了零售技术之间的强复合相关性，即零售技术包括很多环节和方面，而这些环节之间紧密联系，环环相扣。如沃尔玛的整个物流系统是通过信息技术引导整个采购、存储及配送系统，这涉及商流、物流、信息流、资金流等多个技术环节的实现，只有这些环节都能较好发挥作用，才可能实现其低成本的目标。因此，只有实现了零售业的物流、商流、信息流、资金流的多位一体综合发展，才能推动我国零售企业的自动化和现代化，从而推动我国零售业技术结构的全面升级。

7. 培育诚信意识和完善契约关系、共同推动协同商务

改革开放以来，预期的不稳定造成了流通主体的短期机会主义行为，因此，市场中经常出现了诸多不规范的交易行为，从而使得整个社会的信任程度普遍下降。在供应链联盟的构建中，基于信任的合作是最根本的理念。在市场机会转瞬即逝的今天，供应链中的合作双方谁也不可能完全预见到未来的所有变化，并将其形成明确的合同，即合同永远都是不完备的。因此，培育流通主体的诚信意识，对完善信任关系及其基础上的契约关系具有重要的作用。只有建立在信任和契约关系基础上的供应链联盟才能推动流通主体间的协同商务，具体说来包括：①协同规划；②协同供应；③协同开发；④协同市场关系。其中，协同规划可以让供应商和零售商共同制定生产规划，使生产更有目的性；协同供应可以在供应双方建立起真正完整的库存管理，使供应链库存费用最低；协同开发可以提高创新水平，缩短产品周期；协同的市场关系，可以让联盟企业采用联合推广的方式推出产品，甚至可以分摊流通费用。这种协同商务可以极大地提高供应链联盟的效率。

连锁零售企业精益物流供应链的内涵可以概括为：在正确认识价值链的前提下，运用精益思想对供应链物流活动进行构建与运作，以顾客需求作为价值链的动力，保证价值流的顺畅流动，并通过消除浪费，把浪费降到最低程度，使供应链物流活动不断改进和完善的一个动态发展过程。精益物流供应链的根本目的是：消除供应链物流活动中的浪费现象，即供应

链物流活动在提供满意的供应链物流服务水平的同时，通过各种方法和途径消除供应链物流活动中的一切浪费。

### 2.4.3 连锁零售企业精益物流供应链的特点

连锁零售企业精益物流供应链要求供应链节点企业以满足顾客需求为目的，通过供应链上下游企业的紧密合作，形成优势互补，达到整个供应链优化的目的；通过提高供应链的精益程度增强供应链的竞争优势，从而提高连锁零售企业自身的竞争优势。它的指导思想不再局限于单个企业，而是从供应链整体的角度去解决问题，相对于传统的连锁零售企业供应链管理来说它更加系统、全面、科学。连锁零售企业精益物流供应链有如下特点。

（1）连锁零售企业精益物流供应链是一种需求拉动的管理方式。

连锁零售企业精益物流供应链管理方式要求在恰当的时间以恰当的价格和数量，送到恰当的顾客手中。连锁零售企业精益物流供应链管理方式把这种需求拉动范围扩大到了整条供应链上。在整条供应链上只有最终产品的生产计划，然后将这种计划进行合理的分解与处理，在供应链上由下游企业依次向上游企业提出需求，拉动产品的生产，从而形成供应链上拉动式的生产及销售。

（2）消除连锁零售企业精益物流供应链上的一切浪费。

连锁零售企业精益物流供应链的基本原则就是消除供应链上的一切浪费，减少供应链的总成本。连锁零售企业精益物流供应链上从供应商到最终顾客整个物流过程中所产生的各种浪费，即连锁零售企业内部的各种浪费和连锁零售企业外部的各种浪费组成了连锁零售企业精益物流供应链总的浪费，如在处理各种订单过程中产生的浪费，在各种商品库存过程中产生的浪费，在各种商品运输过程中产生的浪费等。因此不仅要求连锁零售企业内部实施精益管理，而且还要求连锁零售企业精益物流供应链的上下游企业在诚信的基础上建立长期、紧密的合作关系，要求供应链上的合作企业也要采用精益生产和精益管理方式。

（3）连锁零售企业精益物流供应链管理以精益企业为核心企业，核心企业带动其他成员实现整条供应链的精益化。

连锁零售企业精益物流供应链管理方式建立一条合适的供应链，这条供应链上的企业之间的关系是动态的战略联盟，整条链上的企业都关注于自身的核心优势，它们之间能够实现优势互补。不过值得注意的是，供应链虽是一个整体，但对于整体内部的各个企业来说，它们之间又是相互独立的，这样就必然出现利益上的冲突。所以一般来说，供应链需要有一个核心企业（连锁零售企业），该企业无论在规模和竞争实力上应处于相对强大的地位。对于精益供应链而言，一般是由率先实行精益管理的连锁零售企业作为核心企业，它统领供应链，负责整条供应链的组建，帮助供应链上的其他成员实现精益化，进而达到整条供应链的精益化。

（4）开放式的连锁零售企业精益物流供应链信息管理系统。

连锁零售企业精益物流供应链是一个集成的物流供应链系统，要求供应链成员企业之间信息共享，并保持较高的信息透明度，因此连锁零售企业精益物流供应链信息管理系统是建立在互联网之上的开放式的信息管理系统，克服封闭孤岛式的信息管理系统的缺陷，使连锁零售企业精益物流供应链达到协同化、并行化和智能化。

（5）以价值链为基础的供应链物流活动。

整个连锁零售企业精益物流供应链价值链的实现是将精益物流供应链的采购、仓储、配送和运输等物流活动的各个环节，按照价值链及价值增值过程进行有机的集成。因此，连锁零售企业精益物流供应链系统是以价值链为基础的供应链物流，并以价值链为基础建立的。

### 2.4.4 连锁零售企业精益物流供应链的竞争优势

Porter 在《竞争优势》中指出，竞争优势是企业成败的核心，它决定了企业的创新、执行力、文化效率与整体表现的息息相关的各种活动。企业竞争优势最主要的内容是企业利用独特的资源、技能或活动，使企业与其他竞争者相比，具有其他企业无法比拟的优势，从而在竞争中处于独特而有利的地位。企业竞争优势来源于创新，来自于它为顾客创造的价值。21世纪企业的竞争，不再是企业与企业的竞争，而是供应链的竞争。竞争优势不再来源于制造的产品而是整合企业内外部资源的能力，即协调、综合、调动和利用供应链参与各方为实现共同的目标努力的能力。下面将从成本、时间、顾客资源、个性化产品和改进等方面分析连锁零售企业精益物流供应链的竞争优势。

1. 成本优势

供应链成本是为保证供应链正常运作而支付的各种费用和成本的总和。连锁零售企业精益物流供应链在供应链的各个环节不断消除不为顾客创造价值的活动，杜绝浪费，从而达到供应链成本最小。即从采购、仓储、运输和服务上控制供应链成本，以达到供应链成本最小化，提高供应链效率的目的，最大限度地满足顾客个性化多样化的需求，使企业竞争力不断加强。

2. 时间优势

对企业而言，时间是一种可以进行深度开发的资源。企业在时间反应上所拥有的优势可以为获得其他竞争差异奠定基础，从而促使企业形成整体竞争优势。传统的管理模式获取竞争优势的最佳途径是“以最低的成本提供最高的价值”，而“在最短的时间内以最低的成本提供最高的价值”成为了连锁零售企业精益物流供应链获得成功的新模式。这样，不仅可以给自身带来价值，如库存减少、资金周转加快、加深顾客对企业的依赖性、提高顾客满意度等，同时也为顾客创造了真正的价值。

3. 顾客资源优势

从为顾客创造价值的基础上看，连锁零售企业精益物流供应链以顾客需求拉动作为供应链的驱动力，顾客满意度是衡量供应链绩效的重要指标之一。连锁零售企业精益物流供应链以为顾客创造真正价值为前提来考虑消除浪费，降低成本。若仅仅达到消除浪费而无法为顾客增加价值，则被认为是不成功的。从这个角度出发，精益物流供应链为加强对顾客的了解，将会加强与顾客的互动和沟通，用更多的时间去接触和了解顾客，满足顾客需要，更多地为顾客着想，这将使得企业能够更好地得到顾客的信任，彼此之间的关系也更加紧密，积累更多的顾客资源，企业也能在此基础上建立一种无法比拟的竞争优势。

4. 个性化产品优势

连锁零售企业精益物流供应链以精益思想为理论基础，以 JIT、TQM、并行工程等为技术支持，实现多产品小批量生产，这使得它可以对顾客的个性化需求做出迅速反应，建造出满足顾客需求的个性化产品。其次，精益供应链改变了原有的组织结构而转变成以顾客和以价值链为导向的流程型组织，其最主要的是以团队作为实现形式，采购、仓储、运输等部门是一个单独的团队，而从整个供应链来看，参与各方也可以看成是一个团队。因此，各个部门和参与方能够进行有效的沟通，建造出与众不同、满足顾客个性化需求的产品。

5. 改进优势

连锁零售企业精益物流供应链认为整个供应链流程永远存在改进的环节。为达到持续改进、追求完美的目的，精益供应链引入可视化管理(Visual Management)和供应链事件管理(Supply Chain Event Management)。可视化管理对供应链活动的数据进行收集，以做出及时反应，而供应链事件管理则对一些关键节点活动的变化进行重点监控和有效管理，以保证供应链活动的正常进行。同时对收集的数据进行分析，从消除浪费、降低成本、为顾客创造价值的角度出发，找出可以改进的环节。

总之，连锁零售企业精益物流供应链管理为解决当前我国零售企业在资金紧缺和市场需求不足的情况下，如何减少浪费、降低成本、适应市场需求、增加自身柔性、增强企业竞争力，提供了一个有效的新途径。

### 2.4.5 连锁零售企业精益物流供应链的管理体系

连锁零售企业精益物流供应链的管理方式能弥补传统的供应链管理方式的很多不足，但是它的顺利实施需要很多与之相适应的环境及其他因素作为支撑。连锁零售企业精益物流供应链的复杂管理系统要求具有较高的智能性和协同性，因此连锁零售企业精益物流供应链的管理体系包括以下几项。

#### 1. 组织形式的精益化

企业的组织形式决定了企业的经营水平[153,154]，真正达到精益化的程度是实施精益管理成败的关键[155-157]。连锁零售企业精益物流供应链是由精益供应商、精益零售商等精益的组织组成的，精益企业的分工强调合作与互补精神，从而使非增值劳动降到尽可能的少。另外，“自下而上”的决策制度也是精益企业组织的优秀手段，决策结果浓缩了集体的智慧，每个职工都积极参与决策制定和实施，从而保证了供应链环境下的精益管理方式的顺利进行。

连锁零售企业精益物流供应链是一条精益的供应链。建立连锁零售企业精益物流供应链的重要原则是尽量简化供应链的结构和选择较少的供应商。连锁零售企业精益物流供应链的管理模式将逐渐转变为智能神经元型，每个成员企业都专注于自己的核心优势，同时以顾客需求作为价值流动力，能够快速应对市场环境的变化，及时合理地调整供应、仓储和配送计划。另外，连锁零售企业精益物流供应链的集成不是简单的企业兼并或集团化，而是一种以信任和契约为基础、松散的集成，是凝聚与扩散的有机结合，是一种非线性、协同方式的集成，可使系统实现“1+1>2”的总体涌现效果。

2. 节点间的精益化

节点企业实现了精益并不意味着整条供应链实现了精益，节点企业之间的连接也要符合精益的要求，这包括连接供应商与连锁零售企业的精益供应系统和连接连锁零售企业与顾客的精益配送系统。

精益供应的基本目标是：以共同合作为基础，在需要的时间、需要的地点、以需要的数量、需要的质量供应需要的物品。

精益配送，就是准确地把握顾客的需求，在顾客需要的时间、需要的地点为顾客提供需要的产品和服务。精益配送的核心是快速、高品质、低成本地满足顾客要求。

3. 合作和信息共享机制

连锁零售企业精益物流供应链管理方式要求快速、有效的信息共享与交流，这种共享与交流不仅发生在企业内部各部门之间，更重要的是发生在供应链上各企业之间。为此，连锁零售企业精益物流供应链信息管理系统是建立在互联网络上的、开放式的信息管理系统，以提高连锁零售企业精益物流供应链的信息共享与协同合作能力为目的。

有效的合作机制也是连锁零售企业精益物流供应链管理方式所必备的支撑条件。因为尽管供应链是一个利益共同体，但每一个企业本身又是相对独立的，只不过为了共同的利益进行合作。那么在合作的过程中必然会存在着不同程度的利益冲突，甚至有一些企业为了自身利益而进行一些损害整体利益的行为。所以，就有必要建立一系列行之有效的合作机制对链上的企业进行相应的激励与约束，从而保证供应链的正常运行。

### 2.4.6 连锁零售企业精益物流供应链的供应特点

连锁零售企业（核心企业）和供应商之间的伙伴关系是成功实施精益供应方式的关键。与企业内部精益生产系统相比，供应商和连锁零售企业之间的关系更难控制。要保证连锁零售企业良好的运行，供应商必须实现准时供应。根据国外实施精益物流的经验，在精益物流实施过程中，最大的困难就是实现准时供应，凡是未能尽早实现准时供应的零售企业，实施精益供应的难度就更大。因此，为了保障精益供应能够顺利实施并发挥其优越性，连锁零售企业应该与供应商建立起一种精益供应关系。

精益供应链的供应方式和传统的供应模式下的供应方式有许多不同之处，主要表现在以下几个方面。

1. 对供应商的选择标准不同

在传统的供应模式中，供应商是通过价格竞争而选择的，供应商与连锁零售企业的关系是短期的合作关系，当发现供应商不合适时，可以通过市场竞标的方式重新选择供应商。在精益供应模式中，由于供应商和连锁零售企业是长期的合作关系，供应商的合作能力将影响企业的长期经济利益，因此对供应商的要求就比较高，在选择供应商时，需要对供应商进行综合的评估，在评价供应商时价格不是最主要的因素，质量是最重要的标准，这种质量不是单指产品的质量，还包括工作质量、交货质量、技术质量等多方面内容。高质量的供应商有利于建立长期的合作关系。

2. 对交货准时性的要求不同

精益供应的一个重要特点是要求交货准时。交货准时取决于供应商的生产与运输条件。作为供应商，要使交货准时，可从以下几个方面着手：一方面是不断改进企业的生产条件，提高生产的可靠性和稳定性，减少延迟交货或误点现象。作为准时化的一部分，供应商同样应该采用准时化的生产管理模式，以提高生产过程的准时性。另一方面，为了提高交货准时性，运输问题不可忽视。在物流管理中，它决定准时交货的可能性，而且可能要先后经过不同的运输工具，需要中转运输等，因此要进行有效的运输计划与管理，使运输过程准确无误。

3. 对信息交流的需求不同

精益供应要求供应与需求双方信息高度共享，保证供应与需求信息的准确性和实时性。由于双方的战略合作关系，所以顾客的需求、库存、交货准时、运输、产品质量等各方面的信息都可以及时进行交流，以便出现问题时能够及时处理。

4. 制定供应批量的策略不同

小批量供应是精益供应的一个基本特征。精益供应和传统的供应模式的一个重要不同之处在于，精益生产需要减少生产批量，直至实现“一个流生产”，因此供应的物资也应采用小批量办法。当然，小批量供应自然会增加运输次数和成本，对供应商来说，特别是供应商在国外等远距离的情形下，实施精益供应的难度就更大。解决的办法有混合运输、代理运输等方式，或尽量使供应商靠近用户等方式。

## 2.5 连锁零售企业精益物流供应链复杂适应系统理论分析

本书认为连锁零售企业精益物流供应链是个经济系统，它是多个复杂组成单元(企业)相互作用而形成的、具有一定群体智能的复杂适应系统，整个连锁零售企业精益物流供应链具有很强的适应能力，并且各个组成单元都在影响着连锁零售企业精益物流供应链的发展演化。连锁零售企业精益物流供应链系统通过各个组成企业间的物流、信息流、资金流相互作用来完成系统内部以及和外部环境之间的能量交换。

### 2.5.1 精益物流供应链复杂适应系统的界定

本书研究的连锁零售企业精益物流供应链复杂适应系统，是指由连锁零售企业子系统、供应商子系统、客户子系统以及与连锁零售企业精益物流供应链系统的开发、管理、实施过程相关的所有元素构成的整体。核心连锁零售企业按照精益思想进行采购、仓储、配送和销售，还要帮助和督促合作企业实施精益化管理，完成供应商与连锁零售企业之间的精益供应、连锁零售企业与顾客之间的精益配送连接。根据系统科学理论来分析连锁零售企业精益物流供应链活动，可知连锁零售企业精益物流供应链活动是技术活动、经济活动和社会活动诸多过程的统一体现。连锁零售企业精益物流供应链的每个成员企业都是一个复杂适应主体，具有自主性、适应性和分布性。

### 2.5.2 精益物流供应链复杂适应系统的宏观特性分析

#### 1. 复杂性是连锁零售企业精益物流供应链系统的本质属性

连锁零售企业精益物流供应链系统的复杂性可以从物理、事理和人理3个角度进行分析。从物理角度看连锁零售企业精益物流供应链系统的复杂性，主要表现为系统的构成复杂性和系统的开放性。从事理角度看连锁零售企业精益物流供应链系统的复杂性，主要表现为不确定性、非线性、动态性。从人理角度看连锁零售企业精益物流供应链系统的复杂性，主要表现为连锁零售企业精益物流供应链系统中人和组织的适应性、能动性和不完全理性。具有社会性的人和组织是连锁零售企业精益物流供应链系统中最复杂的要素之一，人和组织的适应性、能动性促使连锁零售企业精益物流供应链系统从相对低级的形态向更高级的形态演化和发展。但是，理性的不完全又不可避免地会引起人和组织发生行为的悖逆，从而导致系统出现混乱。

#### 2. 连锁零售企业精益物流供应链系统是一个智能自组织系统

连锁零售企业精益物流供应链系统是一种节点企业相互联系、相互作用而形成的一种动态结构，具有相对稳定的结构、运动秩序与变化规律。

精益物流供应链系统能够主动、及时地发现系统内部存在的紊乱，并采取行动消除它，能动地建立起新的秩序，增加系统的有序度，如改革不合理的组织结构和管理方式、使粗放型经营向精益型经营转变等，这些主要是由作为社会的人和组织的适应性、能动性对连锁零售企业精益物流供应链系统所起的作用。

但是，连锁零售企业精益物流供应链系统的智能性是有限的。在连锁零售企业精益物流供应链系统发展演化的过程中，新的组织运转方式产生大量的内部协调行为以对付不断增加的复杂性。但是，新的组织运转方式具有初期的不成熟性，导致系统向周围环境泄漏比较多的物质和能量。

3. 连锁零售企业精益物流供应链系统的动力机制

连锁零售企业精益物流供应链系统是一个多层次、多主体组成的复杂系统，是一个时间和空间相协调的耦合系统。在一般经济条件下，动力机制是以持续均衡的方式提供系统发展的能量。在统一地理空间内，分布着人文环境下的社会经济形态，以特定的社会资源基础、劳动力和资本的供给、消费需求、交通条件保障等，综合地构成反映区域发展的总体表象。连锁零售企业精益物流供应链系统的动力机制包括社会动力、经济动力、资源动力和环境动力 4 个方面。商品供应、商品仓储、货物运转、商品销售和信息传播等共同构成了连锁零售企业精益物流供应链的动力系统。要提高系统的自组织能力取决于激活系统的动力机制。

### 2.5.3 精益物流供应链复杂适应系统理论的基本思想

连锁零售企业精益物流供应链复杂适应系统理论以约翰 · H. 霍兰提出的复杂适应系统理论为基础和指导，以跨地区复杂连锁零售企业精益物流供应链大系统为背景，从复杂适应系统的观点考察跨地区连锁零售企业精益物流供应链系统的组成、结构及其动态行为，用复杂性理论的各种方法研究各种因素对连锁零售企业精益物流供应链系统的物流、信息流和资金流等的影响，认识连锁零售企业精益物流供应链系统行为的一般特点、性质和规律，探索适应跨地区复杂连锁零售企业精益物流供应链大系统的物质资源配置与调度管理的新理论和新方法。

连锁零售企业精益物流供应链复杂适应系统理论不将研究的视点落在连锁零售企业精益物流供应链系统工程的技术问题的求解上，而是以"简单的系统元素以及它们之间简单、局部的交互作用会产生复杂的系统整体行为"为基本出发点，研究系统的竞争合作机制和发展演化规律。在连锁零售企业精益物流供应链系统中，处于系统底层结构的人及其所属的组织机构是具有一定结构和功能的系统基本组成要素，它们在一定程度上是独立的，但不是孤立的，它们通过彼此之间局部的交互作用而构成一种网络结构，成为不可分割的整体。那些具有智能的主体具有学习能力，能够根据情况变化和行为结果适时地修正行为策略，这种蕴涵了反馈机制的因果关系使得连锁零售企业精益物流供应链复杂适应系统的整体行为表现为由简单到复杂的演化过程。

连锁零售企业精益物流供应链复杂适应系统中个体之间的交互作用是局部的，因为，从系统的组织结构上看，连锁零售企业精益物流供应链复杂适应系统中的任何成员都不可能与系统中的所有其他的成员发生直接的联系，而只能是与它能力所及的范围内的成员产生直接的关系，再通过这种直接关系进一步产生各种间接联系；从系统的空间结构上看，连锁零售企业精益物流供应链复杂适应系统的空间分布范围很广，但仍然还是在有限的范围内；从人们认识问题的能力来看，连锁零售企业精益物流供应链复杂适应系统的成员在做出决策时，由于认识能力、推理能力、个人偏好以及其他外部条件的限制，只能考虑有限的、对决策解产生直接、重大影响的因素。

在连锁零售企业精益物流供应链复杂适应系统中，存在着直接或间接的交互作用。一方面，连锁零售企业精益物流供应链复杂适应系统的节点成员在进行决策时要考虑其他节点成员的状态和行为，这些被考虑到的对象将对决策个体的决策结果产生影响，进而对它的后续行为产生影响。如客户在购物时会考虑到商品的价格、商品的质量等因素。另一方面，连锁零售企业精益物流供应链复杂适应系统中商品供应、商品仓储、货物运转、商品销售和信息传播以及精益物流供应链管理等行为都是多方共同参与的行为。在以上这些直接或间接的交互作用中，连锁零售企业精益物流供应链复杂适应系统完成了它的适应性过程。

依据连锁零售企业精益物流供应链复杂适应系统理论和 Agent 理论，进行连锁零售企业精益物流供应链系统问题研究的一般步骤如下。

（1）对连锁零售企业精益物流供应链进行系统分析。根据连锁零售企业精益物流供应链问题的性质和目的、问题所包含的要素、要素之间的联系和要素与问题外部的联系，确定研究问题的范围，并分析它的复杂适应特点，将其定义为连锁零售企业精益物流供应链复杂适应系统。

（2）主体辨识。采用复杂适应系统理论分析所确定的连锁零售企业精益物流供应链复杂适应系统的基本特征和功能，根据所研究问题的粒度，确定将系统中的什么映射为 Agent，也就是采用面向 Agent 技术，对复杂适应系统进行抽象。对系统进行 Agent 抽象的基本原则是：从系统的物理结构出发，或系统的功能实体入手，围绕着系统的目标对系统进行抽象。

（3）建立主体模型。

（4）对主体之间的关系进行辨识。

（5）进行系统整体建模。

（6）决策与评价分析。

### 2.5.4 精益物流供应链复杂适应系统基本特征和机制

霍兰教授定义了复杂适应系统的 4 个基本特征和 3 个基本机制，复杂适应系统的其他特性和机制都可以通过这 7 个基本点的适当组合“派生”出来。结合霍兰教授的这些理论，下面将分析连锁零售企业精益物流供应链复杂适应系统的基本特征和机制。

1. 聚集(特性)

聚集本身具有聚合、集合、组合的含义。人们往往将具有一定相似特征的事物聚集成类，如鸟、树、人、汽车等，这类集合名词都是从不同角度定义一类事物的总称，然后研究这类事物的共性。但是在连锁零售企业精益物流供应链复杂适应系统中，聚集的含义远不止于此，它更侧重描述连锁零售企业精益物流供应链复杂适应系统的行为特征，即较为简单的主体的聚集作用会涌现出什么样大尺度行为，如由大量的简单的相互联系的连锁零售企业精益物流供应链的个体构成的精益物流供应链系统会表现出怎样的管理特性。聚集使连锁零售企业精益物流供应链复杂适应系统产生从量到质的转换，表现为个体与群体的行为和特性差异。聚集使连锁零售企业精益物流供应链复杂适应系统具有层次性。低层次的主体可以聚集成较高层次上的主体，称为介主体(Meta-Agent)，介主体的再聚集产生介介主体(Meta-Meta-Agent)，如此不断递归，产生系统的层次结构。如连锁零售企业精益物流供应链系统由供应链内的供应商、连锁零售企业、客户管理系统组成；各地区资源系统由地区内的配送中心子系统组成；各区域资源系统由区域内的配送中心、门店等子系统组成；门店子系统由销售部门、客户服务部门、售后服务部门、人力资源管理部门等微观个体组成。

2. 非线性(特性)

连锁零售企业精益物流供应链复杂适应系统中错综复杂的相互关系是非线性的，非线性使连锁零售企业精益物流供应链复杂适应系统产生自组织、分形、混沌等复杂现象。连锁零售企业精益物流供应链复杂适应系统中存在大量的非线性关系，如连锁零售企业精益物流供应链的集成不是简单的企业兼并或集团化，而是一种以信任和契约为基础、松散的集成，是一种非线性、协同方式的集成，可使系统实现“1 + 1 > 2”的总体涌现效果。

3. 流（特性）

霍兰教授把流定义为复杂适应系统中主体之间资源的流动。在连锁零售企业精益物流供应链复杂适应系统中的流是指物流、资金流、信息流。物流涉及有关商品的供应、仓储、安全及时配送和商品质量的保护等；资金流涉及有关商品价格的制定、有关商品市场的研究以及收益合理分配问题等；信息流涉及顾客对有关商品的需求预测、库存和订单决策信息的传递、协同管理综合绩效评价信息的正确传递等。通过对连锁零售企业精益物流供应链系统中物流、信息流进行规划设计和协同控制，对成本流（即资金流）进行分解与控制，改进连锁零售企业精益物流供应链系统的运营管理，使连锁零售企业精益物流供应链的成员企业获得更高的利益。

4. 多样性（特性）

由于连锁零售企业精益物流供应链复杂适应系统具有多个层次，存在着大量的不同种类的主体，所以连锁零售企业精益物流供应链复杂适应系统具有多样性。这一特性可用连锁零售企业精益物流供应链系统的生态位理论来解释。生态位是指在生态系统中，一个生物单位，包括个体、种群或物种，对资源的利用和对环境适应性的综合，包括其在时间、空间上所处的位置以及与其他相关生物单位间的功能关系。达尔文在长期的研究中发现生物存在趋异性。与其在同一区域内相互争夺有限的资源，不如通过改变自身的一些习性去占据另外的生态位，开拓更广泛的资源空间，利用尚未开发的资源。随着趋异化程度的提高，越来越多的物种可以在同一生态环境内和谐共存。达尔文意识到，自然可以被看成是具有一种可认识的目标，在任何地区中都不断增进有机类型的多样性。在自然界中，通过生物的多样性发展避免由于资源约束而导致的残酷竞争，在无须竞争或者竞争程度相对缓和的环境中共同生存。复杂系统的网络化程度高，即使个别物质、能量、信息交换的途径被破坏，系统也会因多样物种间的相互补偿来保证系统的正常运转。因此，多样性的出现，并非偶然也非随机，它是物种在进化过程中通过生态位的分离来应对竞争的结果。因为连锁零售企业精益物流供应链系统中成员企业的生态位重叠程度越高，对连锁零售企业精益物流供应链系统中资源的竞争越激烈。连锁零售企业精益物流供应链系统中每个企业要得到较高的利润，必须进行生态位的分离，通过各种手段来扩充企业自身的生态位空间，从而使连锁零售企业精益物流供应链系统产生多样性。

5. 内部模型(机制)

人们在对复杂适应系统的主体进行定义时认为主体具有主动性和预知行为。主体的这种主动性是如何获得的以及如何描述主体的这种主动性，霍兰采用了内部模型。主体为了实现预知能力，在它所收到的大量涌入的输入中挑选模式，并将这些模式转化成其内部结构的变化，这是主体内部模型的构建过程，实际上就是将经验转化为内部模型，是一种基于经验的学习机制。内部模型使主体能够预知当再次遇到该模式或者类似的模式时会发生什么结果。内部模型包括隐式模型和显式模型。隐式内部模型，在对一些期望的未来状态的模糊预测下，仅指明一种当前的行为。这样的例子如，一个细菌向某种化学梯度变化的方法运动，隐约地预测出食物所在的方向；又如，生物学中的拟态现象，是由于它隐约预感到某种花纹会欺骗捕食者。隐式内部模型更多地依赖于主体的感观经验。而显式内部模型作为一个基础，用于进行其他选择时进行明确的、但是内部的探索，即所谓的前瞻过程，其中最经典的例子是，在下象棋时移动一个棋子前，对所有走法可能产生的后果在头脑中进行思考的过程。无论是隐式模型还是显式模型，它们所承担的预知任务都增强了个体的生存机会。所以，内部模型的变异是受选择和进步适应过程所支配的。进化过程通过一种适当的方式把未来的事物与目前的行为联系起来，支持有效的内部模型并剔除无效的内部模型。连锁零售企业精益物流供应链复杂适应系统中，无论是独立的主体，还是由主体聚集而成的组织部门，都具有自己的内部模型，这些内部模型影响着它们的决策过程。如家庭的购物行为更多地受其隐式内部模型的支配。而管理部门实施的资源分配计划、需求量预测，则更多地受显式内部模型的影响。隐式内部模型和显式内部模型都是动态的，并且随着外界环境的变化，可以相互转化。例如，在连锁零售企业精益物流供应链物资充足、价格很低的时候，家庭购物行为更多地受隐式内部模型的支配。随着连锁零售企业精益物流供应链物资的紧缺，商品价格逐步上涨，家庭为了节约支出，不得不更有计划地购物，此时，其购物行为更多地受显式内部模型的支配。总的看来，连锁零售企业精益物流供应链复杂适应系统中主体的内部模型既是隐式的也是显式的。

6. 积木(机制)

积木是指系统中那些已被检验过能够重复使用的元素。复杂系统常常是一些相对简单的积木，通过改变组合方式而形成的。系统的复杂性往往并不在于积木的大小和多少，而在于积木进行组合的方式。霍兰用构成人的面孔的一般积木为例来解释这一机制：人的面孔的一般积木为头发、眉毛、眼睛、鼻子等。如果把面孔分成 10 个部分，并且，每部分有 10 个选择，如眼睛的选择有“蓝眼睛”、“黑眼睛”、“褐色眼睛”等。这样，人的面孔有 100 个可供选择的积木。用这 100 个积木进行排列组合，可以得到 $10^{10}=10$ 亿张不同的面孔。事实上，积木的概念可以是更加广义的，其不仅涉及几乎所有的科学活动，也涉及社会和经济生活的各方面。积木具有递层派生的特性。

上述对积木机制的认识是从事物的组成结构出发的，但是积木机制并不局限于物理层次，积木是认识复杂世界规律的工具。使用积木生成内部模型，是复杂适应系统的一个普遍特征，因为人们不可能为一切可能发生的情况准备一系列规则，解决的方法是将相关的、经过检验的积木进行组合。当内部模型是隐式的，则发现组合积木的过程通常是按照进化的时间尺度来进展；当内部模型是显式的，则时间的数量级要短得多。

从连锁零售企业精益物流供应链复杂适应系统的物理构成来说，人是系统最基本的积木。不同的人具有不同的体貌特征、性格能力、专业特长等，他们以不同的方式进行组合，产生系统中承担不同任务，扮演不同角色，完成不同功能的单元、组织机构或者部门，这些单元、组织机构或者部门要以适当的方式进行组合，以使精益物流供应链系统有效地运转。当人们能把某个层次的积木，还原为下一层次积木的相互作用和组合时，人们就取得了显著的成绩：较高层次的规律是从低层次积木的规律中推导出来的。但是，积木机制在连锁零售企业精益物流供应链系统中的作用当然不仅限于此。例如，面对一个新产品出现了“牛鞭效应”时，企业就会唤醒以前处理类似问题的“信息共享”、“订货机制”、“价格策略”、“物流改进”、“业务流程改良”等规则和经验，进行合理组合，迅速形成一个应对策略。

7. 标识(机制)

主体的标识用于在主体与其他主体或者环境相互作用时相互识别和选择，它允许主体在一些不易分辨的主体或者目标中进行选择。设置良好的、基于标识的相互作用，为筛选、特化和合作提供了合理的基础，这使介主体和组织结构得以突现，即使在其各部分不断变化时仍能维持。可见，标识是为了聚集和边界生成而普遍存在的一种机制，是隐含在复杂适应系统中具有共性的层次组织结构，即主体/介主体/介介主体等背后的机制。就标识本身而言，标识在复杂适应系统中的表现非常复杂。以经济系统中的企业为例，企业可以用商标来标识本公司的产品，也可以用制服、工号牌来标识本公司的企业文化，这些是有形的东西。标识也可以是信念或者理念这类无形的东西。如海尔公司的“真诚服务到永远”就可以成为海尔公司的一个标识。无形的和有形的标识往往相互作用，形成企业一种综合的标识，如企业的“品牌”是综合了企业的商标、信誉、企业文化等标识的综合性标识。在连锁零售企业精益物流供应链复杂适应系统中可以有不同的标识，连锁零售分店是最基本的积木，经过组合形成区域配送中心需求组织，在系统中承担任务，以使连锁零售企业精益物流供应链系统有效地运转。此时，人们关心的不是它们的商品，而是效益和效率以及其他与消耗有关的行为。所以，人们可以给企业贴上这样的标识：高消耗企业或者低消耗企业，以便对它们采取不同的政策。

### 2.5.5 精益物流供应链复杂适应系统理论研究的主要问题

连锁零售企业精益物流供应链复杂适应系统理论研究的任务是更加深入地了解、认识连锁零售企业精益物流供应链系统的属性、结构和行为的特征、特点和一般规律，进而探索一种更好的配置和运行大型连锁零售企业精益物流供应链系统工程的方法。连锁零售企业精益物流供应链复杂适应系统理论的研究通常包括以下的一些基本内容。

1. 连锁零售企业精益物流供应链复杂适应系统的基本概念

连锁零售企业精益物流供应链复杂适应系统基本概念的研究包括系统的静态结构概念研究和动态行为概念研究两方面，系统的静态结构是动态行为的基础。静态结构需要研究连锁零售企业精益物流供应链复杂适应系统的构成要素，要素的层次性、关联性和相对独立性，进而研究系统的结构特征和整体性、有机性、开放性、复杂性等性质。动态行为概念的研究包括系统的基本行为模式识别、行为模式的特征与性质、系统行为与环境的相互作用关系等问题。

2. 建模方法

连锁零售企业精益物流供应链复杂适应系统理论与传统的连锁零售企业供应链管理理论研究的一个重要区别就在于它不是自上而下的分析方法，而是一种自下而上的综合方法，这就决定了连锁零售企业精益物流供应链复杂适应系统研究中涉及的模型及其建模方法与以往的有根本的不同。目前复杂适应系统研究中应用得比较多的一类模型就是基于智能体的系统模型。基于智能体的建模方法同样也是连锁零售企业精益物流供应链复杂适应系统理论研究中所采用的建模方法。基于智能体的连锁零售企业精益物流供应链复杂适应系统模型需要研究模型的基本结构框架、各种连锁零售企业精益物流供应链系统要素的智能体模型、智能体之间的相互作用关系以及模型的表示与表达方法等问题。基于智能体的连锁零售企业精益物流供应链复杂适应系统建模方法要研究连锁零售企业精益物流供应链复杂适应系统基于智能体模型的一般建模流程，建模过程中各个阶段的主要工作内容与方法，以及模型的设计与实现等问题。

3. 连锁零售企业精益物流供应链复杂适应系统的协同决策方法

从分析 Agent 的学习机制入手，运用基本遗传算法、细粒度模型遗传算法和多目标协同进化遗传算法从微观个体行为级、群体行为级和群体间行为级 3 个级别建立连锁零售企业精益物流供应链多 Agent 系统的演化优化模型，创建基于连锁零售企业精益物流供应链复杂适应系统涌现机理的协同决策机制。

4. 连锁零售企业精益物流供应链复杂适应系统的评价分析方法

根据连锁零售企业精益物流供应链协同管理系统的战略层、战术层及执行层评价指标体系，创建基于 CAS 的连锁零售企业精益物流供应链协同管理绩效评价方法，对连锁零售企业精益物流供应链智能协同决策管理模式进行评价，促进连锁零售企业精益物流供应链整体目标的实现。

### 2.5.6 精益物流供应链复杂适应系统理论的应用领域

连锁零售企业精益物流供应链复杂适应系统理论，是研究连锁零售企业精益物流供应链物资配置与调度管理的全新视角和全新方法，它对人们对待问题的基本观点和思路，到具体的系统分析和建模等各个方面都产生了深刻的影响，并将最终指导人们的管理和决策。对照复杂适应系统理论在其他领域的应用，可以将连锁零售企业精益物流供应链复杂适应系统理论在连锁零售企业精益物流供应链系统中的应用划分为以下几个方面。

（1）重新认识连锁零售企业精益物流供应链系统的基本性质和行为特征。

应用连锁零售企业精益物流供应链复杂适应系统理论来研究连锁零售企业精益物流供应链系统，就是要改变牛顿力学体系下，用确定的、平衡的、有序的、可预测的、稳定的、可分解为更简单的部分的观点来研究问题的思路和方法，重新认识连锁零售企业精益物流供应链系统中的确定性混沌、非平衡有序、难以预测、混沌边缘，以及整体性和涌现性等基本性质和行为特征。

（2）修正配置和调度管理连锁零售企业精益物流供应链物资的原则。

在连锁零售企业精益物流供应链复杂适应系统理论指导下进行的物资资源配置和调度，要从针对特定评价指标和约束条件的“技术经济寻优”的做法，转向以“沟通和协调”为手段，以“Pareto 改善”为目标的做法。

（3）加强连锁零售企业精益物流供应链系统复杂性的研究。

应用复杂适应系统理论的工具和方法是为了发现和描述连锁零售企业精益物流供应链系统的行为模式。例如，应用分数维、测度熵等系统复杂性描述指标，定量描述连锁零售企业精益物流供应链系统行为过程，进而研究系统行为的一般规律。

(4) 提高连锁零售企业精益物流供应链系统中物流、信息流和资金流的流转效率和通畅程度。

应用复杂性、复杂适应系统理论的研究方法及其结果是为了提高连锁零售企业精益物流供应链系统中物流、信息流和资金流的流转效率和通畅程度。例如，通过协作竞争机制的设计和冲突消解策略的实现，加强连锁零售企业精益物流供应链成员的沟通和合作的程度；在基于智能体的连锁零售企业精益物流供应链系统模型和仿真实验的基础上，分析不确定因素对连锁零售企业精益物流供应链效率的影响等。

(5) 协同决策。

应用复杂适应系统理论及其研究方法研究连锁零售企业精益物流供应链系统问题的第五个层次就是协同决策。例如，开发软件智能体，实现数据采集、过滤和融合过程的实时化和自适应化；应用遗传算法设计并优化连锁零售企业精益物流供应链物资配置与调度等。

### 2.5.7 精益物流供应链复杂适应系统开放演化建模思想

连锁零售企业精益物流供应链复杂适应系统的开放、动态、演化的建模思想如下所示。

首先，连锁零售企业精益物流供应链复杂适应系统是开放的系统。系统的开放性不仅体现在系统与外界环境有物质、能量和信息的交流，还体现在系统组成的开放性上，即系统群体中的个体数量可变，个体有繁殖与死亡；系统中的群体数量可变，群体有分化与消亡，系统可以产生新的结构。

其次，连锁零售企业精益物流供应链复杂适应系统具有动态性特点。从系统演化的角度看，系统中个体的状态、属性不是静态的，而是动态变化的，系统总是在动态变化的；系统所处的环境也不断发生变化，从而导致系统的宏观性质的变化。

另外，连锁零售企业精益物流供应链复杂适应系统是一种演化系统。主体的适应性就是一种进化性的体现，个体处在一种不断的进化过程中，个体既进行种内的生存斗争，也进行种间的协作与竞争，即协同进化。

根据连锁零售企业精益物流供应链复杂适应系统的开放、动态、演化的建模思想，本书采用基于 Agent 的建模方法。在这种建模方法中，连锁零售企业精益物流供应链复杂适应系统中的主体用智能 Agent 模型来实现，连锁零售企业精益物流供应链复杂适应系统的回声模型用 MAS 模型来实现。连锁零售企业精益物流供应链复杂适应系统中的个体及群体都处于进化中，可以通过考察系统的演化行为，来研究系统的涌现机理和协同决策机制。

## 2.6 本章小结

本章首先对供应链管理与物流管理相关理论进行了研究，分析了供应链环境下物流管理的新特点。然后研究了精益物流理论基础，先分析了精益物流的概念提出、目标、内涵及特征，在此基础上，对精益物流概念进行了界定，其后介绍了精益生产理论、精益思想理论。随后又总结了精益物流的主要方法工具。另外，本章首先介绍了复杂适应系统的基本理论，包括复杂适应系统的“适应性造就复杂性”的核心思想、主体的概念以及7个基本特性和机制，并从哲学思想、理论分析和技术实现3个角度对复杂适应系统理论进行了深入的认识。

本章提出了连锁零售企业精益物流供应链管理理论；从连锁零售企业精益物流供应链复杂适应系统的界定、宏观特性、基本思想、基本特征和机制、研究的主要问题、应用的领域、开放演化建模思想等方面对连锁零售企业精益物流供应链复杂适应系统进行了深入的分析，提出了连锁零售企业精益物流供应链复杂适应系统理论，创建了连锁零售企业精益物流供应链智能协同决策与优化管理模式的理论体系；提出了连锁零售企业精益物流供应链复杂适应系统的开放、动态、演化的建模思想和基于 Agent 的建模方法。本章的研究成果为本书其他章节的研究打下了良好的理论基础。

# 第3章 连锁零售企业精益物流供应链智能协同决策体系

在连锁零售企业精益物流供应链动态联盟组织的建立、发展、成熟到消亡的整个生命周期内，由于连锁零售企业精益物流供应链具有自治、分布和异构的特点，其在运营过程中会面临众多形式各异、错综复杂的决策问题。它们在一定的阶段表现为个体的行为，在一定的阶段又表现为群体的行为。另外，对于不同的决策问题需要采用不同的决策方法。连锁零售企业精益物流供应链的运营绩效和竞争力取决于这些决策问题的决策效率和决策质量。因此，需要建立高标准的连锁零售企业精益物流供应链智能协同决策体系。本章从连锁零售企业精益物流供应链协同决策管理过程中决策活动的特点出发，对连锁零售企业精益物流供应链智能协同决策体系进行深入的研究。

## 3.1 智能协同决策体系结构

### 3.1.1 连锁零售企业精益物流供应链中决策活动的特点

从系统工程的角度分析，在连锁零售企业精益物流供应链管理中更加强调信息共享、集成和协同，更加强调实现的供需关系具有稳定性和柔性。连锁零售企业精益物流供应链具有如下的决策活动特点。

1. 决策活动的分布性

在连锁零售企业精益物流供应链运营过程中，单个节点企业的库存可能位于不同的地区，各个合作伙伴企业也可能分散在不同的地区，并且各个节点企业承担了不同子任务。连锁零售企业精益物流供应链系统采用Internet 网络技术实现节点企业之间相互的协作，并且各个自治的节点企业根据连锁零售企业精益物流供应链的总体目标，在网络的支持下分布、协同地完成各种决策任务，以保证个体效益和整体效益的最大化。

2. 决策形式的多样性

针对某个市场机遇，在连锁零售企业精益物流供应链的初始建立阶段，连锁零售主导企业需要对企业自身的核心能力进行决策，以确定整个连锁零售企业精益物流供应链的格局；在连锁零售企业精益物流供应链的建立过程中，需要建立稳定的合作伙伴关系，需要通过协商、谈判进行群体间协同决策，以确定选择合适的合作伙伴；在连锁零售企业精益物流供应链的协同运营过程中，需要连锁零售主导企业内部个体进行决策与优化、个体间进行协同决策，以及连锁零售主导企业和其他成员企业进行群体间的协同决策，如对于连锁零售企业精益物流供应链运营过程中连锁零售分店的仓储库存决策、分布式仓储库存的协同决策、对整个连锁零售企业精益物流供应链运营绩效的评价与决策。在连锁零售企业精益物流供应链运营过程中，要针对不同的决策问题采用相应的决策方法。

3. 决策过程的复杂性

在连锁零售企业精益物流供应链运营过程中，存在具有时序性的一系列决策活动，即后序阶段中的决策取决于前序阶段决策结果。另外，在连锁零售企业精益物流供应链决策问题中，不仅包括结构化的决策问题，而且还包括大量半结构化、非结构化的决策问题。由于存在合作企业自治的特点和大量不确定性情形，有关的决策信息可能是不完备的和模糊的。连锁零售企业精益物流供应链系统中半结构化、非结构化决策问题以及不完备、模糊的决策信息的存在，说明连锁零售企业精益物流供应链运营过程中的协同决策是一个基于知识和经验的复杂活动，除了可以形式化表达的知识和经验外，还有一部分不可形式化表达的知识和经验。因此，连锁零售企业精益物流供应链的协同决策体系能够给决策者提供有效的决策支持，使连锁零售企业精益物流供应链系统中的决策活动更为高效和合理。但是，决策者的作用并不能完全由连锁零售企业精益物流供应链的协同决策体系来替代。

### 3.1.2 智能协同决策体系框架

连锁零售企业精益物流供应链动态联盟是一个由供应商子系统、配送中心子系统、分店子系统、客户子系统和连锁零售企业总部组成的供应链网络。各种商品通过这个供应链网络各个节点企业的供应、仓储、配送、运输和销售等最终被送到顾客的手里。连锁零售企业精益物流供应链管理包括供应链的组建与实施运营等几个阶段。在连锁零售企业精益物流供应链的生命周期内，根据连锁零售企业精益物流供应链管理中决策活动的特点，连锁零售企业精益物流供应链协同管理从管理层次的角度来看，包括战略层协同、战术层协同和执行层协同。

#### 1. 战略层协同

战略层协同处于连锁零售企业精益物流供应链协同的最高层次，它主要是从战略的高度，明确和强化连锁零售企业精益物流供应链协同管理的思想，并进一步改进连锁零售企业精益物流供应链协同管理的策略和方法，增强连锁零售企业精益物流供应链的整体竞争能力，最优化解决连锁零售企业精益物流供应链协同管理中的各类问题。战略层协同主要包括连锁零售企业精益物流供应链系统的涌现机理和协同决策机制研究；连锁零售企业精益物流供应链组建与实施运营、行为准则的设定、供应商协同决策；连锁零售企业精益物流供应链协同管理综合绩效评价等内容。

#### 2. 战术层协同

战术层协同决策是连锁零售企业精益物流供应链协同管理研究的中心

问题，具体涉及以下内容：顾客商品需求预测、独立需求库存量协同决策、个体行为和群体行为优化等。

3. 执行层协同

执行层协同主要是指完成供应、仓储、配送、运输和销售等具体协同任务的执行工作，同时通过协同技术，为连锁零售企业精益物流供应链节点企业提供实时交互的共享与沟通平台，其主要目的是实现连锁零售企业精益物流供应链节点企业的协同运作与信息共享，增加端到端的透明度，提高协同决策的快速性和有效性。执行层协同是连锁零售企业精益物流供应链实现协同管理的基础和关键，它为战略协同和战术协同提供有力的支持。在连锁零售企业精益物流供应链协同决策体系中，执行层协同采用了两种技术支持手段：MAS 系统和数据仓库(DW)系统。

显然，在连锁零售企业精益物流供应链协同管理运营过程中，战略层和战术层的协同决策问题是确保连锁零售企业精益物流供应链稳定运营、提高整个连锁零售企业精益物流供应链协同管理绩效的最重要的因素。本书建立的连锁零售企业精益物流供应链智能协同决策体系框架如图 3.1 所示。

图 3.1 表明连锁零售企业精益物流供应链智能协同决策体系包括供应商选择与订单分配协同决策、独立需求库存量协同决策以及连锁零售企业精益物流供应链协同管理综合绩效评价等重要决策过程；描述了连锁零售企业精益物流供应链协同管理中战略层、战术层和执行层的协同决策问题以及决策问题之间的相互协同过程。

(1) 连锁零售企业精益物流供应链理论基础研究可以细分为连锁零售企业精益物流供应链管理理论研究、连锁零售企业精益物流供应链复杂适应系统理论研究、连锁零售企业精益物流供应链系统的涌现机理和协同决策机制研究等内容。

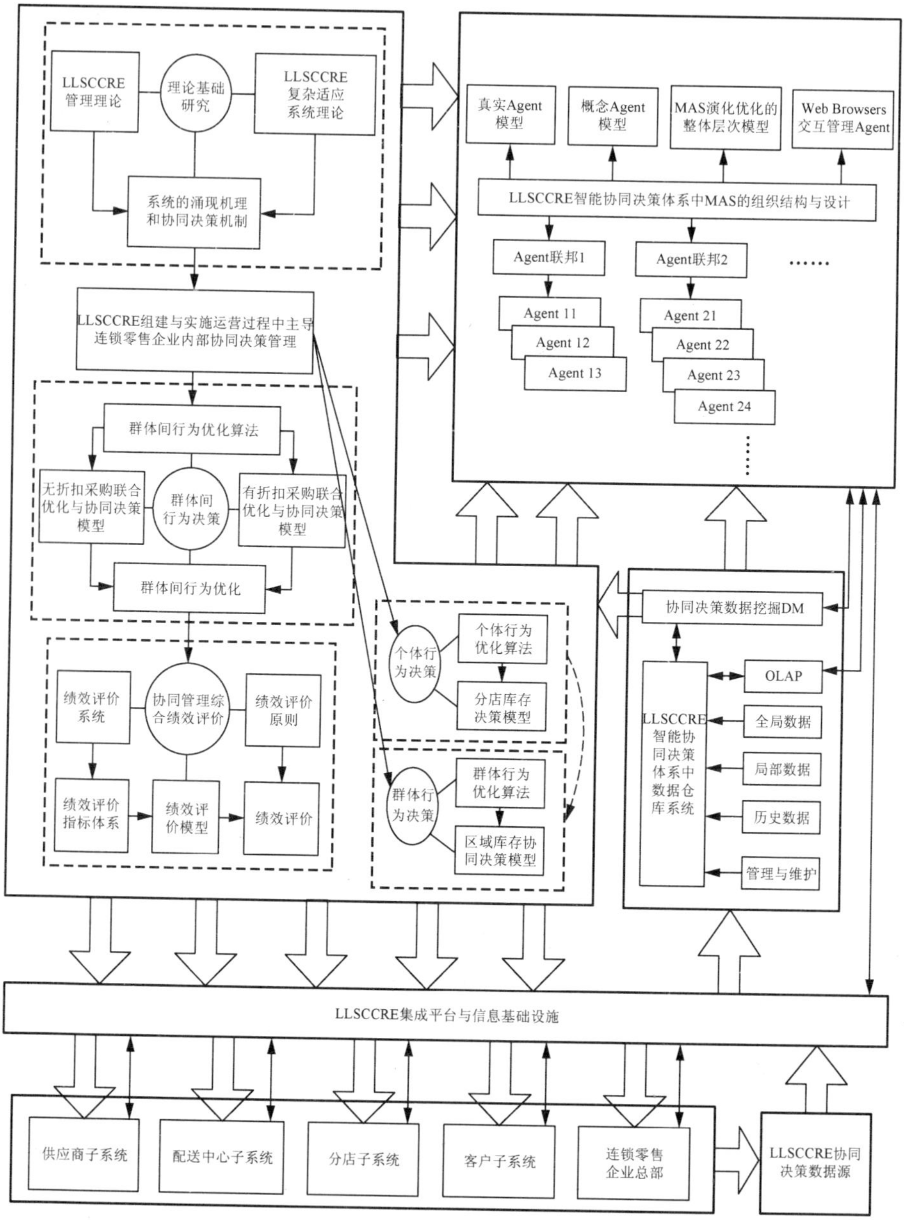


图 3.1 智能协同决策体系框架

（2）在连锁零售企业精益物流供应链组建与实施运营过程中，主导连锁零售企业内部的协同决策管理主要包含连锁零售分店独立需求库存量决策与优化控制、区域仓储独立需求库存量协同决策与优化控制、个体行为和群体行为优化等内容。

（3）群体间行为决策涉及无折扣采购条件下供应商数量选择与订单分配联合优化与协同决策模型建立、有折扣采购条件下供应商数量选择与订单分配联合优化与协同决策模型建立、群体间行为优化等内容。

（4）连锁零售企业精益物流供应链协同管理综合绩效评价是从系统整体的角度对连锁零售企业精益物流供应链协同管理系统进行绩效评价与决策，包括确定绩效评价原则、建立绩效评价指标体系、建立绩效评价系统和绩效评价模型等内容。

（5）连锁零售企业精益物流供应链协同决策体系中的 MAS。本书通过对连锁零售企业精益物流供应链战略层和战术层的协同决策问题进行分解，并对决策目标、决策任务以及决策状态空间进行抽象和表示，构造出面向连锁零售企业精益物流供应链战略层和战术层的协同决策问题领域的 MAS，并采用编程技术实现对连锁零售企业精益物流供应链战略层和战术层的协同决策问题进行求解。MAS 研究可以细分为 MAS 的组织结构研究，Agent 联邦的功能组成，建立 MAS 的真实 Agent 模型、MAS 的概念 Agent 模型和 MAS 演化优化的整体层次模型等内容。

（6）支持连锁零售企业精益物流供应链协同决策的数据仓库（DW）系统。在连锁零售企业精益物流供应链协同决策体系中，采用数据仓库对协同决策数据源数据进行获取、处理与存储，采用 OLAP 技术进行决策信息分析，采用协同决策数据挖掘算法对连锁零售企业精益物流供应链战略层和战术层的协同决策问题进行求解，并通过 Intranet、Extranet 和 Internet 网络技术实现连锁零售企业精益物流供应链系统协同决策信息的实时交互与共享。数据仓库系统研究可以细分为连锁零售企业精益物流供应链智能协同决策体系中数据仓库系统的设计、基于 Web 的分布式 OLAP 三层体系结构等内容。

在本书的后续章节中，将围绕连锁零售企业精益物流供应链涉及的几个战略层和战术层的协同决策问题进行深入的研究，而本章着重就连锁零售企业精益物流供应链智能协同决策体系中MAS的结构与设计、决策信息获取和共享机制等进行适当的探讨。

## 3.2 智能协同决策体系中MAS的结构与设计

### 3.2.1 Agent技术的引入

Agent技术应用于连锁零售企业精益物流供应链智能协同决策体系中的主要原因有以下几点。

1. 提高系统的智能性和鲁棒性

一组相关的决策过程组成了连锁零售企业精益物流供应链智能协同决策体系的主要功能。Agent具有自主性、适应性和分布性，能够主动适应周围环境的变化，并自动修改自身的决策规则，本书把各个决策功能抽象为自主Agent，由Agent来处理与其相关的决策内容，提高了系统的智能性。Agent之间通过消息来传递信息、相互学习、协同发展。基于Agent的连锁零售企业精益物流供应链智能协同决策系统是开放的系统，当外界环境变化时，Agent可以自动地加入或撤出，或者只需要调整相关Agent的功能，而不会影响系统中其他Agent的工作，从而系统具有较好的鲁棒性。

2. 面向意图、责任和信念的Agent设计

Agent具有“意图”、“责任”和“信念”等特性[158]，在按照连锁零售企业精益物流供应链系统中所需要的决策功能来设计Agent时，可以赋予每个Agent具有处理与之相关的决策活动的“意图”和“责任”。Agent

执行设计者定义的任务时，Agent 根据赋予它的决策活动的“意图”和“责任”，自动记录与其相关的信息。其他 Agent 为了获得正确的信息，可以通过某种中介服务(如 Matchmaker 和 Facilitator 等)定位具有相关内容的 Agent 或者直接向有关 Agent 发出请求，从而高质量地、有效地完成连锁零售企业精益物流供应链管理中指定的决策任务。

3. 有效地扩展集成范围

供应链企业往往只关心核心主导企业内部的系统集成，不重视或较难实现与外部联盟企业之间的系统集成。而基于 Agent 的连锁零售企业精益物流供应链智能协同决策系统是开放的系统，Agent 具有自主性、适应性和分布性，Agent 之间通过消息来传递信息、相互学习、协同发展，Agent 可以自动地加入或撤出。因此，基于 Agent 的连锁零售企业精益物流供应链智能协同决策系统可以很容易地将协同决策系统的集成范围扩展到核心主导零售企业的上下游伙伴企业，甚至客户的客户以及供应商的供应商。

4. 提高兼容 Legacy 系统的能力

在连锁零售企业精益物流供应链的协同决策过程中难免要涉及供应商管理系统、仓库管理系统等各成员企业原有的信息管理系统(Legacy 系统)，这些 Legacy 系统通常与连锁零售企业精益物流供应链智能协同决策系统是不兼容。由于 Agent 可以通过定义 Legacy 系统接口，配合 CORBA 等技术，直接在接口层进行 Legacy 系统的信息交换，因此，采用 Agent 技术可以解决系统不兼容的问题。当连锁零售企业精益物流供应链智能协同决策系统与 Legacy 系统进行集成时，程序的设计者无须重新设计整个系统，可以最大限度地利用原有系统，大大减少了系统的开发时间和费用。

### 3.2.2 智能协同决策体系中MAS的组织结构

连锁零售企业精益物流供应链智能协同决策系统中的决策问题是复杂问题，具有协同性、分布式、集成化、开放性和可重构性的特点，需要具有不同领域知识和任务集的多个Agent协同完成求解任务。因此，在连锁零售企业精益物流供应链智能协同决策系统中，若干决策Agent根据决策问题的需要协同完成系统的决策任务，这些决策Agent组成了连锁零售企业精益物流供应链智能协同决策体系的MAS。MAS具有知识、能力和目的，采用分布的、相互合作的Agent来解决各节点决策问题。每个独立的Agent通过自身的求解活动实现自己的决策功能，最后复杂决策问题的最优解是MAS通过多Agent之间进行信息交换实现群体协商与决策进行求解的。

在连锁零售企业精益物流供应链智能协同决策系统的MAS中，每个Agent具有自身独立的目标、意愿和行为，各Agent之间是平等的关系，是一种“点对点”的连接关系，系统具有较高的灵活性。但是，MAS系统要求每一个Agent都要具有较多的环境知识。另外，连锁零售企业精益物流供应链智能协同决策系统需要解决的决策问题是处在一个动态、分布的市场环境中，从而导致Agent具有复杂的内部结构，并且大大增加了系统的通信成本。因此，结合连锁零售企业精益物流供应链智能协同决策系统中决策活动的特点，本书在连锁零售企业精益物流供应链智能协同决策系统的MAS中采用基于联合意向的Agent联邦(Federation)概念。

多个Agent为了完成某项任务而具有的共同意向称为联合意向，联合意向是多个Agent协作的基础。Agent联邦是由具有联合意向的Agent群体构成的，更高层的Agent联邦由具有更高层的联合意向的相关低层Agent联邦构成，下一层Agent联邦的组织和协同管理由上一层Agent联邦负责。因此，Agent联邦结构是一个分层递阶的组织结构。而连锁零售企业精益物流供应链智能协同决策体系表现为对决策活动的逐层分解与分担，所以其MAS适合采用基于联合意向的分层递阶的Agent联邦结构。

在连锁零售企业精益物流供应链智能协同决策系统的MAS中，基于联合意向的Agent联邦包括若干内部Agent和外部Agent、一个联邦管理Agent，并具有相应的通信支持功能。联邦管理Agent负责分配决策任务和联邦内部多Agent之间的协同工作，外部Agent和内部Agent互不通信。联邦管理Agent只有通过与外部Agent协商后才能对其分派任务，外部Agent隶属于其他联邦管理Agent，它是联邦的临时成员。联邦管理Agent可以直接向内部Agent指派任务，内部Agent隶属于联邦管理Agent。

执行不同决策任务类型的多Agent联邦通过相互耦合而动态地构成整个连锁零售企业精益物流供应链智能协同决策系统的MAS。根据顾客市场需求的变化，建立、调整和重构MAS的Agent联邦，并由上层Agent联邦规划、协同、调度连锁零售企业精益物流供应链协同管理中决策活动的主干工作流程，各分支工作流程由下层Agent联邦完成。为了提供更高的可重用能力和响应速度，要求底层的Agent联邦具有较高的稳定性。

### 3.2.3 智能协同决策体系中Agent联邦的功能组成

在连锁零售企业精益物流供应链智能协同决策体系的MAS中，Agent联邦是由一组执行相同决策任务类型的Agent组成，上层Agent联邦负责下层Agent联邦的组织和协同管理，并对它们分派决策任务。为了保证系统总体目标的实现，下层Agent联邦必须服从上级Agent联邦的领导，上层联邦管理Agent组织各下层Agent联邦进行协同决策。在分配决策任务时，如果出现Agent联邦的局部利益与系统总体利益发生冲突的情况，此时，Agent联邦的局部利益服从系统总体利益的需要。根据连锁零售企业精益物流供应链智能协同决策体系运营过程中的实际需要，Agent联邦的组织结构也可以采用嵌套方式，即联邦管理Agent将决策任务分解后，传送给联邦中的各功能Agent，相应的各功能Agent可以将决策任务继续分解给其下属联邦管理Agent，因此，在多Agent联邦体系中下层Agent联邦的管理Agent同时也接受它的上层功能Agent的指派决策任务。

当决策要求信息传输到连锁零售企业精益物流供应链智能协同决策系统后，上层联邦管理 Agent 根据下层 Agent 联邦功能和能力的不同，对它们分派决策任务。在下层 Agent 联邦接收到决策任务并执行计划时，工作流引擎根据所制订的决策任务执行计划，对各功能 Agent 的任务列表(Worklist)发送相应的决策工作任务，工作流引擎启动相应的功能 Agent 工作，各功能 Agent 根据工作流引擎分派的任务进行协同决策操作，决策任务完成后，各功能 Agent 将完成信息写入过程信息库。在整个 Agent 联邦执行决策任务的过程中，工作流引擎起着监控的作用。当发生事故时，工作流引擎将暂停活动或计划的执行，发出事故请求处理信息给联邦管理 Agent，联邦管理 Agent 负责组织 Agent 联邦的协商过程，各功能 Agent 通过协调与协商来解决系统的故障问题。问题解决后，工作流引擎将启动 Agent联邦的各功能 Agent 工作，完成整体决策任务。

另外，Agent 粒度的大小对连锁零售企业精益物流供应链智能协同决策系统的设计质量是有较大影响的。粒度太小，大幅度地增加了多 Agent 之间的协同决策通信成本和整个 MAS 的复杂程度。但是粒度太大，又使得连锁零售企业精益物流供应链智能协同决策系统所特有的自治、分布能力减小，MAS 的可重构性变差。因此，要详细、合理地分析与规划连锁零售企业精益物流供应链智能协同决策系统，进行合适粒度的功能 Agent 的构建，从而创建高质量的连锁零售企业精益物流供应链智能协同决策系统。

根据连锁零售企业精益物流供应链智能协同决策体系中决策活动的特点和需求，其 MAS 包括个体行为决策 Agent 联邦、群体行为决策 Agent 联邦、群体间行为决策 Agent 联邦以及供应链协同管理综合绩效评价与决策 Agent 联邦，它们的功能见表 3－1。根据连锁零售企业精益物流供应链智能协同决策体系的 MAS 中各个 Agent 联邦的决策任务和功能，决定组成 Agent联邦的 Agent，并通过 Agent 之间的协同决策或 Agent 群体之间的协同决策来完成各个 Agent 联邦具体的决策任务。

表 3-1 MAS 中 Agent 联邦及其功能

| Agent 联邦 | 联邦功能 |
|---|---|
| 个体行为决策 | 负责顾客商品需求预测、连锁零售分店独立需求库存量决策与优化控制、基于遗传算法的 Agent 行为优化算法研究 |
| 群体行为决策 | 负责区域仓储独立需求库存量协同决策和优化控制、基于细粒度模型遗传算法的 Agent 群体行为优化算法研究 |
| 群体间行为决策 | 负责在随机性需求、多货源、多商品的假设条件下，根据供应商有无提供增量价格折扣方式，进行相应的供应商数量选择与订单分配联合多目标优化与协同决策；基于多目标共生型协同进化遗传算法的 Agent 群体间行为优化算法研究 |
| 供应链协同管理综合绩效评价 | 负责从连锁零售企业精益物流供应链整体角度对连锁零售企业精益物流供应链智能协同决策管理模式的绩效进行综合评价。确定连锁零售企业精益物流供应链协同管理综合绩效评价原则，构建基于 MAS 的连锁零售企业精益物流供应链协同管理综合绩效评价系统，建立连锁零售企业精益物流供应链协同管理综合绩效评价指标体系和连锁零售企业精益物流供应链协同管理综合绩效评价模型 |

### 3.2.4 智能协同决策体系中 MAS 的设计

在连锁零售企业精益物流供应链复杂适应系统的建模与软件工程领域中，Agent 有 3 种主要的表现形式：真实 Agent 模型、概念 Agent 模型和计算 Agent 模型。本节重点建立连锁零售企业精益物流供应链智能协同决策体系中 MAS 的真实 Agent 模型和概念 Agent 模型。

1. 建立真实 Agent 模型

连锁零售企业精益物流供应链复杂适应系统组成个体的 Agent 模型是通过对连锁零售企业精益物流供应链复杂适应系统的微观行为进行观察、抽象和分析建立的，而对整个连锁零售企业精益物流供应链复杂适应系统的描述是通过描述个体 Agent 的规则、状态和行为以及 Agent 与环境、其他 Agent 之间的交互关系来实现的。一般采用自然语言或某种领域相关的语言，即非形式化的语言，如公式、规则、直观的推断以及过程等来描述真实 Agent 模型，并且要求建模人员对连锁零售企业精益物流供应链复杂适应系统的宏观行为和微观行为必须具备宏观知识和微观知识。宏观知识是通过观察、统计规律得到对系统全局的认识集合；微观知识是由观察结果、假设以及相关理论组成的对系统中个体的局部的认识集合。

本书将连锁零售企业精益物流供应链复杂适应系统中的有生命的智能主体抽象为 MAS 中的 Agent。有生命的智能主体可以是系统中的组织和人，如连锁零售分店、区域配送中心、总部配送中心、连锁零售企业总部、供应商和客户等。系统中的智能主体和无生命的非智能主体以连锁零售企业精益物流供应链系统为媒介相互影响和作用。连锁零售企业的库存水平受到客户需求的影响；供应商数量的选择受到连锁零售企业的独立需求库存量和供应商自身条件的影响。连锁零售企业精益物流供应链系统就是在这种相互影响和作用下不断地演化和发展。

根据复杂适应系统理论，系统的宏观演化行为正是由无数微观个体的微观行为所推动的[159]，系统的复杂性也正是来源于微观个体的适应性行为，而对于连锁零售企业精益物流供应链复杂适应系统来说，这样的微观个体是指系统中的连锁零售分店组织，本书称之为有生命的智能主体。本节主要任务就是抽取出连锁零售企业精益物流供应链系统中有生命的智能主体，以便对连锁零售企业精益物流供应链复杂适应系统的 MAS 中的 Agent 进行设计。

连锁零售企业精益物流供应链复杂适应系统的结构是具有层次性的，不同的层次由相应数量的智能主体组成，高层次的智能主体由低层次的智能主体聚集而成，在低层次的智能主体之间不断交互作用过程中涌现出高层次智能主体的行为特征。本节首先分析连锁零售企业精益物流供应链复杂适应系统的层次结构，然后根据连锁零售企业精益物流供应链复杂适应系统理论从连锁零售企业精益物流供应链复杂适应系统中抽取出 MAS 中的 Agent。

物理层次结构和主体层次结构组成了连锁零售企业精益物流供应链复杂适应系统的层次结构。其中，物理层次结构是按照连锁零售企业精益物流供应链复杂适应系统的物理组成进行的系统解析，而主体层次结构是按照连锁零售企业精益物流供应链复杂适应系统的功能进行的系统解析。需要在物理层次结构的基础上建立主体层次结构，主体层次结构与物理层次结构之间具有一定的对应关系，但两个层次结构之间是有所区别的。

首先分析连锁零售企业精益物流供应链复杂适应系统的物理层次结构。一个具体的连锁零售分店是连锁零售企业精益物流供应链系统的终端节点，因此连锁零售企业精益物流供应链系统的底层就是由连锁零售企业精益物流供应链系统的连锁零售分店组成的。几个连锁零售分店共同连接至一个区域配送中心，区域配送中心构成了连锁零售企业精益物流供应链系统的位于连锁零售分店之上的一个层次。每一个区域配送中心接受上游的商品，供给它的连锁零售分店。几个区域配送中心共同连接至总部配送中心。总部配送中心、供应商子系统、连锁零售企业总部和客户子系统构成了连锁零售企业精益物流供应链系统的最高层。根据以上的分析，可以画出连锁零售企业精益物流供应链复杂适应系统的物理层次结构，如图3.2所示。

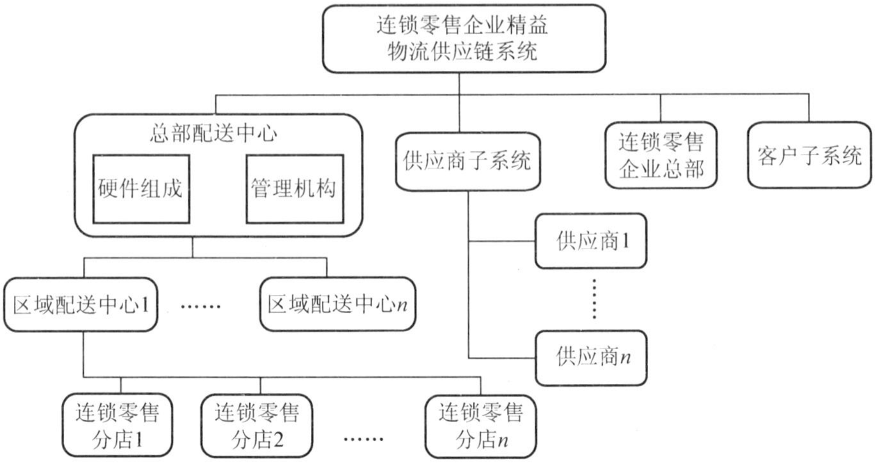


图3.2 复杂适应系统的物理层次结构图

根据图3.2，可以画出连锁零售企业精益物流供应链复杂适应系统的主体层次结构，如图3.3所示。

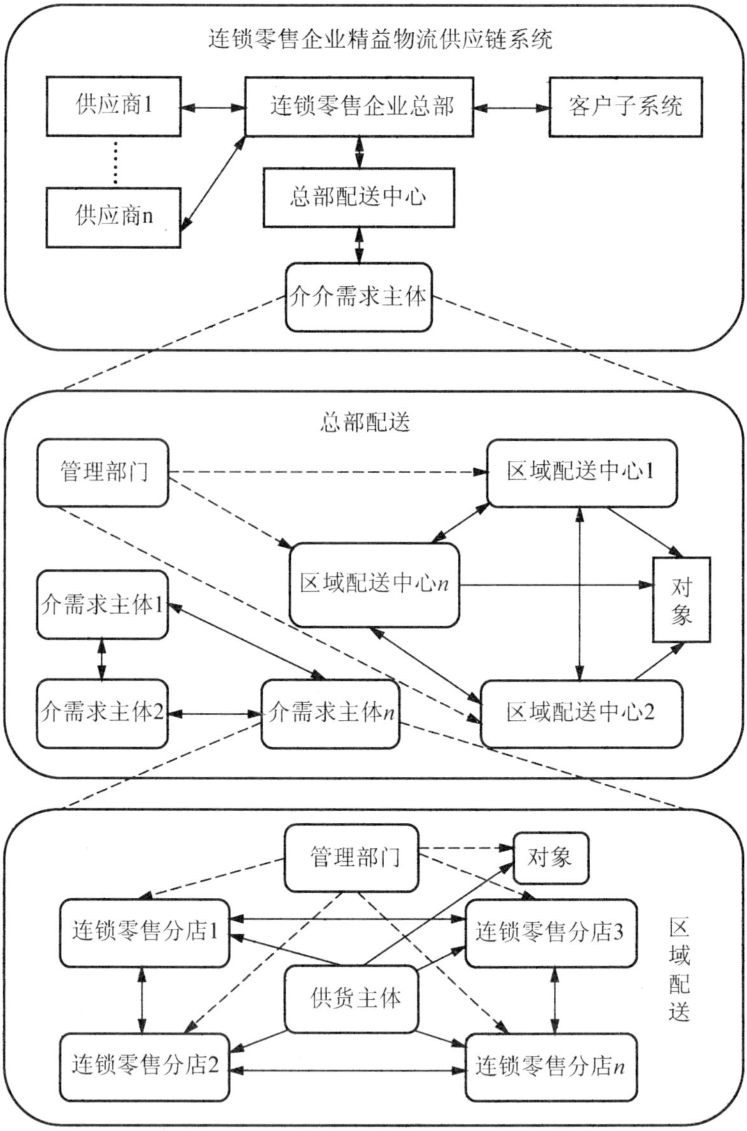


图3.3　精益物流供应链复杂适应系统的主体层次结构图

图 3. 3 清楚地展示了连锁零售企业精益物流供应链复杂适应系统的主体层次结构，主体层次之间、层次内部错综复杂的相互作用关系表明连锁零售企业精益物流供应链复杂适应系统是一个复杂的合作共生网络体系。系统中最基本的微观个体是连锁零售分店。微观个体所在的地区的社会经济发展水平、资源状况等因素决定了不同的微观个体具有不同的资源利用行为方式。通过微观个体资源利用行为活动和微观个体相互之间的作用，涌现成为更高层次——区域配送中心的资源利用的行为特征，这种行为特征影响到其他区域配送中心的资源配置行为。区域配送中心的资源利用行为以及相互之间的作用和影响，涌现成为更高层次——总部配送中心的资源利用的行为特征。总部配送中心的资源利用行为以及与供应商子系统、客户子系统相互之间的作用和影响，涌现成为整个连锁零售企业精益物流供应链复杂适应系统的最高层的资源配置行为特征。这种层层的涌现行为就形成了连锁零售企业精益物流供应链复杂适应系统的层次结构。图 3. 3 中的对象是对系统中的无生命的非智能主体——硬件设施的抽象。

总体看来，连锁零售企业精益物流供应链复杂适应系统中的智能主体包括：供应智能主体、配送智能主体、库存智能主体、需求智能主体、客户智能主体、管理智能主体。连锁零售企业精益物流供应链复杂适应系统的 MAS 中 Agent 分类如下：系统层包含供应商子系统 Agent、连锁零售企业总部 Agent、总部配送中心 Agent、介介需求主体 Agent、客户子系统 Agent；总部配送层包含管理 Agent、区域配送中心 Agent、介需求主体 Agent；区域配送层包含管理 Agent、连锁零售分店 Agent。

2. 建立概念 Agent 模型

本书基于连锁零售企业精益物流供应链复杂适应系统理论和 Agent 理论对连锁零售企业精益物流供应链智能协同决策管理系统进行了深入的分析，抽取出了系统中的各类 Agent，并建立了 MAS 的真实 Agent 模型。MAS 的概念 Agent 模型是建立在 MAS 真实 Agent 模型的基础上的。对真实

Agent 模型的形式化定义与描述即为概念 Agent 模型，其属性包括：Agent 的结构、内部状态、行为模型；Agent 之间以及与环境之间的通信与交互作用的定义与描述。MAS 的概念 Agent 模型的设计过程涉及真实 Agent 模型建模人员所提供的信息以及相关的约束限制，并且是一个多次循环迭代的过程，因而是 Agent 建模中最重要、也是最困难的工作。在连锁零售企业精益物流供应链复杂适应系统中，MAS 的概念 Agent 模型包括：Agent 的概念模型和 Agent 的内部结构模型。

1）Agent 的概念模型

在研究连锁零售企业精益物流供应链复杂适应系统中的有生命的智能主体即 Agent 时，有必要研究 Agent 的智能行为方式，并对它们建立理论模型。

本节提出适合对连锁零售企业精益物流供应链复杂适应系统进行研究的复杂人 Agent 模型（Complex Person Agent，CPA）。复杂人 Agent 模型继承和发展了智能 Agent 模型，是一种适应性学习模型。连锁零售企业精益物流供应链复杂适应系统中的复杂人 Agent 模型主要基于以下几个假设。

假设 1：在连锁零售企业精益物流供应链的 MAS 中，必须采用知识术语描述复杂人 Agent 的状态，如目标、意愿、信念、规划、假设和欲求等。同时，要求复杂人 Agent 能够检验其自身的信念与欲求，形成其意愿，并根据一定的假设规划采取行动，最终在这些知识的基础上完成协同决策任务。

假设 2：由于在连锁零售企业精益物流供应链的 MAS 中的不同复杂人 Agent 之间存在差异，所以不同的复杂人 Agent 具有不同的目的和能力。为了达到连锁零售企业精益物流供应链协同管理的总目标，复杂人 Agent 之间进行协同工作，从而更好地实现系统和个体的目标。因此，协同是 MAS 的必要能力，也是 MAS 的成员复杂人 Agent 应该具有的能力和基本属性之一，而不是某些复杂人 Agent 的特性。

假设 3：在连锁零售企业精益物流供应链的 MAS 中，复杂人 Agent 具有适应性和推理能力。一个复杂人 Agent 必须能够对环境的变化和其他复杂人 Agent 的不同作用做出直接的、预先确定的响应，并且能够根据环境的变化和其他复杂人 Agent 的不同作用，进行推论和决策，并根据决策结果采取相应的对策。复杂人 Agent 还可以基于个人的历史以及与其他复杂人 Agent 相互之间的信息交流而实现学习功能，并根据自己的经验改变自己的行为，从而产生复杂的经济规律和新的决策规则。因此，适应性的更高级形式包括学习和进化能力。

假设4：在连锁零售企业精益物流供应链的 MAS 中，复杂人 Agent 具有自主性。由于复杂人 Agent 所处的环境具有动态性和不可预知性，所以复杂人 Agent 的自主性包括两个重要方面：动态自主性（Dynamic Autonomy）与不可预知自主性（Unpredictable Autonomy）。在没有环境和其他复杂人 Agent 的直接干预下，一个复杂人 Agent 可以自主地进行决策；另外，一个复杂人 Agent 能够对动态的环境和不可预知的环境快速做出反应，自主地调整自己的决策规则，以适应复杂环境的变化。

假设5：在连锁零售企业精益物流供应链的 MAS 中，复杂人 Agent 具有与其他复杂人 Agent 和环境交流的能力。最简单的交流方式是向其他复杂人 Agent 和环境发布消息，并根据环境的变化，能够快速地做出反应。适应环境的变化是复杂的交流方式。另外，与其他多个复杂人 Agent 并行交互也是复杂的交流方式。

根据上述对连锁零售企业精益物流供应链复杂适应系统的分析研究发现，连锁零售企业精益物流供应链复杂适应系统中的智能主体能够根据周围环境的变化和其他智能主体的不同作用，采取适应性和创造性的行为。因此，在连锁零售企业精益物流供应链复杂适应系统中，本书用符合上述定义的复杂人 Agent 模型来描述智能主体。

2）Agent 的内部结构模型

本节根据连锁零售企业精益物流供应链复杂适应系统的 MAS 中复杂人 Agent 的定义，设计复杂人 Agent 的内部结构模型。反应型（Reactive）Agent、认知型（Cognitive）或慎思型（Deliberative）Agent 和混合型（Hybrid）Agent 是人工智能领域中 Agent 的 3 种基本结构模型。连锁零售企业精益物流供应链复杂适应系统的 MAS 中的复杂人 Agent 以思考性行为为特征，兼有反应性行为。因此，MAS 中的复杂人 Agent 是一种混合型 Agent。本节在前人工作的基础上，以及前述定义的复杂人 Agent 的基础上，设计出了连锁零售企业精益物流供应链复杂适应系统的 MAS 中复杂人 Agent 内部结构模型，如图 3.4 所示。

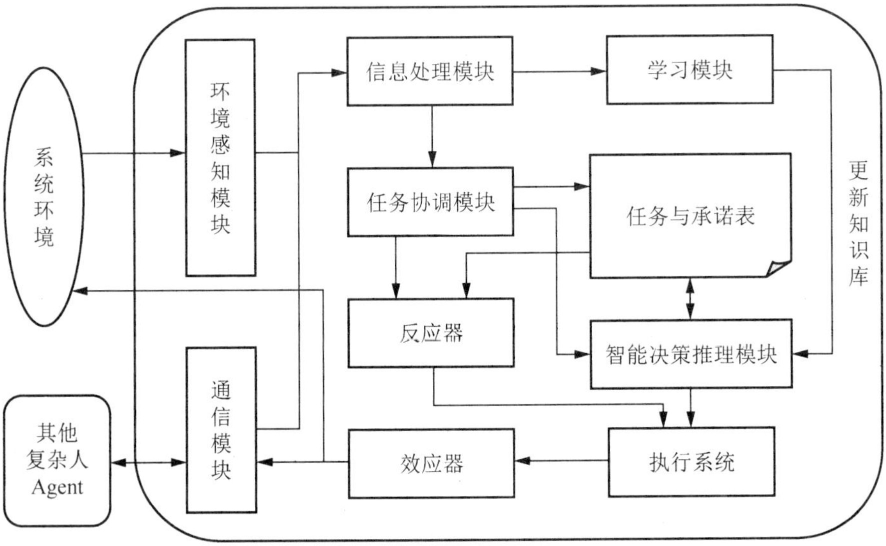


图 3.4　MAS 中复杂人 Agent 的内部结构模型

图 3.4 所示的 MAS 中复杂人 Agent 内部结构模型的工作机理如下：通信模块和环境感知模块负责与其他复杂人 Agent 和系统环境进行信息交流，是复杂人 Agent 进行协同决策的基础部件；对感知和接收到的信息进行初步的信息处理和存储是信息处理模块的功能；任务协调模块接受信息处理模块发送的粗加工信息，负责对该 Agent 所要完成的功能和任务进行分解，并组织智能决策推理模块和反应器协调工作；任务与承诺表接受、存储任务协调模块分解后的功能和任务，即任务与承诺表存储的是该 Agent 所要完成的功能和任务；反应器采用激励—响应的行为方式对其所处环境的当前状态进行响应，是一个具有快速反应能力的模块；智能决策推理模块运用知识库中的知识对任务中所包含的其他复杂

人 Agent 的通讯信息和外部环境信息进行进一步的分析和推理，为产生进一步的任务或承诺、从任务表中选择适当的任务供执行系统执行和产生进一步的通讯信息做出合理的决策，因此，Agent 的智能性主要是由智能决策推理模块实现的；效应器对被选择行为的二进制编码进行解释，并引发主体对环境和其他复杂人 Agent 的行为；复杂人 Agent 具有的学习、适应和进化能力是学习模块赋予的，学习模块负责不断更新智能决策与推理模块的知识库。

### 3. MAS 中系统节点 Agent 之间的协同进化研究

#### 1）MAS 中系统节点 Agent 之间的协同进化关系

根据上述分析研究和第 2 章对连锁零售企业精益物流供应链复杂适应系统的界定，连锁零售企业精益物流供应链复杂适应系统的最高层是由供应商子系统、连锁零售企业总部子系统、总部配送中心子系统和客户子系统 4 个系统节点 Agent 组成的。4 个系统节点 Agent 相互学习、相互作用、协同发展，构成了连锁零售企业精益物流供应链复杂适应系统的有机的组织形式。

连锁零售企业精益物流供应链复杂适应系统中的 4 个系统节点 Agent 应该是互惠共生的关系，但是也不可避免地存在着竞争。因此，有必要研究实现系统节点 Agent 之间协调发展、共同进化的策略和系统节点 Agent 之间的协同进化机制。

#### 2）MAS 中系统节点 Agent 之间的协同进化机制

在 MAS 理论中，对 MAS 组织结构及其协调机制的研究处于核心地位。影响系统性能的主要因素之一就是 MAS 的组织结构和控制方法，MAS 的组织结构如何由多个 Agent 构成，如何在 MAS 中实现多 Agent 之间的协同发展问题，是当前 MAS 理论研究的热点问题。

目前，对 MAS 组织结构及其协作机制的研究方法主要包括：以生物协同进化理论为基础的基于协同进化机制的 MAS 组织结构及其协作机制；以

Brooks 等人提出的“基于行为的”系统分析与设计方法为基础的基于行为主义的 MAS 组织结构及协作机制；以 Bratman 等人提出的 BDI 理论为基础的基于符号推理系统的 MAS 组织结构及其协作机制。

根据对连锁零售企业精益物流供应链复杂适应系统的分析，本书认为采用以生物协同进化理论为基础的基于协同进化机制的 MAS 组织结构及其协作机制的方法来研究连锁零售企业精益物流供应链复杂适应系统的系统节点 Agent 之间的协同进化机制具有如下优势。

（1）以生物协同进化理论为基础的基于协同进化机制的 MAS 组织结构及其协作机制模拟的是自然界中的物种进化模式，更适合用来描述连锁零售企业精益物流供应链复杂适应系统。连锁零售企业精益物流供应链复杂适应系统中的智能主体定义为具有进化功能的 Agent，进化效果由 Agent 体现。在连锁零售企业精益物流供应链复杂适应系统协同进化模式中，系统节点 Agent 之间通过进行信息交流，并通过选择、重组和变异策略与其他系统节点 Agent 协同进化，最终达到连锁零售企业精益物流供应链复杂适应系统总体目标。

（2）连锁零售企业精益物流供应链复杂适应系统是一个合作共生的网络体系，各要素 Agent 之间的竞争与合作是系统演化的动力，采用以生物协同进化理论为基础的基于协同进化机制的 MAS 组织结构及其协作机制，使系统中的各系统节点 Agent 朝着有利于相互适应协调的方向进化，有利于实现整个连锁零售企业精益物流供应链复杂适应系统以及系统中各个子系统的可持续发展。

（3）在连锁零售企业精益物流供应链复杂适应系统中，是采用各种协同进化算法实现 MAS 的协同进化机制的，而且基于这些协同进化算法，容易通过计算机执行程序来对节点 Agent 之间的协同进化模型进行求解。

在以生物协同进化理论为基础的基于协同进化机制的连锁零售企业精益物流供应链复杂适应系统的 MAS 中，系统节点 Agent 采用复杂人 Agent 模型来描述。复杂人 Agent 具有适应性、自主性和智能性，并且具有不同的愿望、意图、知识和行为，即多个复杂人 Agent 各自具有不同的目标，在开放的、动态的多 Agent 环境下，为了实现连锁零售企业精益物流供应链复杂适应系统的整体目标，多个复杂人 Agent 之间必须相互学习、协同发展。在连锁零售企业精益物流供应链复杂适应系统中 MAS 的系统节点 Agent 层，多个复杂人 Agent 采用以生物协同进化理论为基础的协同进化机制进行合作与竞争。

由于在系统节点 Agent 层的多群体协同进化过程中，是在同时考虑了其他群体的合作与竞争协作因素的条件下，对某个群体的个体适应度(Fitness)进行评估的。因此，在连锁零售企业精益物流供应链复杂适应系统中 MAS 的系统节点 Agent 层，需要对已经建立的复杂人 Agent 模型进行如下的扩充。

① 每个复杂人 Agent 自身维护一个采用进化算法的群体，参与系统的合作与竞争，其进化群体为 Agent 提供行为决策功能。

② 每个复杂人 Agent 按照以生物协同进化理论为基础的协同进化机制，通过其具有的外部环境整合函数，对该 Agent 输出到外部环境的动作进行适应度评估，并根据适应度评估结果产生一个“认知输入”，用于Agent对自身的信念集进行修正。

③ 复杂人 Agent 内部的协同进化决策器是根据自身的规则库以及规则适应度建立的，协同进化决策器兼顾了自身和其他复杂人 Agent 的协作要求，按照以生物协同进化理论为基础的协同进化机制进行决策，给出复杂人 Agent 的最优行为，并产生与外部环境或其他复杂人 Agent 进行交互的作用信号。

根据上述要求扩展后的复杂人 Agent 具有了协作能力。本节采用扩展复杂人 Agent 构造连锁零售企业精益物流供应链复杂适应系统中 MAS 的系统节点 Agent 层。在这个 MAS 的系统节点 Agent 层中，存在着多个相互协作的扩展复杂人 Agent，而且扩展复杂人 Agent 是通过其内部协同进化决策器中的进化群体为其提供行为决策的，各个扩展复杂人 Agent 的进化群体之间是按照以生物协同进化理论为基础的协同进化机制进化的，并且协同进化机制采用多物种协同进化算法。

## 3.3 智能协同决策体系中决策信息获取和共享机制

连锁零售企业精益物流供应链智能协同决策信息系统集成是通过数据驱动的，包括连锁零售主导企业的各种应用系统周期性迁移来的数据；从连锁零售企业精益物流供应链伙伴企业来的有关数据；从连锁零售企业精益物流供应链外部来的数据等。这些信息往往是大量的数据，并可能是非结构化的。面对快速变化的市场和竞争环境，特别是对于连锁零售企业精益物流供应链的协同决策问题，希望决策支持系统能够对过去的大量历史数据进行分析、处理和基于知识的数据挖掘，从而获得管理者希望的有价值的决策支持信息，而基于联机事务处理(On-Line Transaction Processing, OLTP)的决策支持系统已经无法满足日益增长的需求[160-163]。

因此，需要重新组织数据来创建一个连锁零售企业精益物流供应链智能协同决策系统的分析和处理环境，创造协同效益，提高分析和决策的效率。数据仓库是进行分析和处理的数据存储技术[164-167]，而基于数据仓库和OLAP的智能决策支持系统可以适应快速变化的市场和竞争环境[168-170]，合理地解决连锁零售企业精益物流供应链协同决策管理过程中存在异构的、模糊的、非结构化的决策问题，具有较高的决策科学性和精益性。

### 3.3.1 智能协同决策体系中数据仓库系统的设计

数据仓库是一个面向主题的、时变的、非易失的、集成的数据集合，支持管理的决策过程[171]。所谓面向主题，是指与传统数据库的面向应用相对应，决策者并不集中于企业的日常操作和事务处理，而侧重于数据仓库的数据建模与分析，通过数据仓库排除对决策无用的数据，提供特定主题的简明视图。所谓时变的，是指数据仓库中的关键结构隐式或显式地包含时间元素，数据仓库中记录了组织顺延的各个阶段的以及从过去某一时点到目前的历史数据信息。所谓非易失的，是指一旦数据进入数据仓库以后，一般情况下将被长期保留，数据在数据仓库的时限通常为5～10年，即数据不是即时刷新而是定时更新的；另外，数据仓库的数据总是与源数据物理地分离存放。所谓集成的，是指使用数据清理和数据集成技术对数据仓库中来自于不同成员企业的多个异种数据源的数据进行处理，确保编码结构、属性度量和命名约定等指标的一致性[172,173]。

本节着重讨论连锁零售企业精益物流供应链智能协同决策体系中数据仓库系统的设计和实现方案。

通常根据明确的应用需求来设计传统的数据库，并严格遵循系统生命周期的阶段来划分每个阶段，即采用收集应用需求→分析应用需求→构建数据库。每个阶段都规定了明确的任务，上一阶段确定任务完成后，产生一定格式的文档交给下一阶段。而数据仓库是面向主题的、集成的、时变的和非易失的，并且数据仓库的使用者一般是中高层的管理人员，其原始需求往往并不明确，并且今后还会不断地变化和增加，因此，数据仓库系统的设计与传统数据库系统的设计有着本质的区别。因为原型法从构建系统简单的基本框架着手，进而不断丰富与完善整个系统，所以数据仓库的设计适合采用原型法。

但是，设计数据仓库采用的原型法和一般意义上的原型法是有区别的。由于数据仓库是在海量数据的基础上，利用ETL工具，将已有的数据库中的数据通过抽取、转换、清洗、装载导入数据仓库，围绕决策主题组织数据，因此数据仓库的设计是由数据驱动的；同时，为了满足管理层需求的多样性和不确定性特点，设计出能够真正满足决策需要的数据仓库系统，把数据转换成决策支持信息，还需要采用以“商业需求为前导”的“用户需求驱动”。

在连锁零售企业精益物流供应链智能协同决策体系中，数据仓库系统的设计采用“自顶而下”的方法。首先设计面向连锁零售企业精益物流供应链系统的全局数据仓库，整个连锁零售企业精益物流供应链系统的协同决策数据存储在全局数据仓库中，并且按照不同的主题来组织数据。然后在全局数据仓库基础上设计面向具体业务(主题)的应用层数据集市(Data Mart，DM)，如供应商选择与订单分配协同决策数据集市、综合绩效评价数据集市和顾客管理数据集市等。数据集市与全局数据仓库不同的是，数据集市是针对连锁零售企业精益物流供应链协同决策管理过程中某个具体业务建立的，它支持连锁零售企业精益物流供应链系统对已有数据进行分析和挖掘，找到进入新市场的具体解决方案或者获得重要的竞争优势。全局数据仓库面向连锁零售企业精益物流供应链协同决策管理系统中最基本分析需求，即原子级用户需求，将数据组织完全独立于任何应用逻辑。而在应用层数据集市中，为了提高分析效率，将数据组织与分析处理逻辑相结合。

在连锁零售企业精益物流供应链智能协同决策体系中，数据仓库系统的实现采用“自底而上”的数据集市方法。这里的数据集市是数据仓库中的数据子集，是面向连锁零售企业精益物流供应链系统中的成员企业主题的，是按照逻辑结构或物理结构进行划分的。数据集市是面向连锁零售企业精益物流供应链系统中的某个成员企业的，而数据仓库则是面向整个连锁零售企业精益物流供应链系统的。为了使信息的利用更快捷、灵活，减少数据处理量，数据集市只存放了某个成员企业主题需要的决策信息，其目的是大大减少建设成本；而数据仓库中存放了连锁零售企业精益物流供应链系统的整体协同决策信息。在“自顶而下”的全局数据仓库设计框架指导下，这些数据集市具有很好的可重用性和一致性，也易于调整。连锁零售企业精益物流供应链成员企业的数据集市中的数据经过数据再抽取与集成，则构成了连锁零售企业精益物流供应链智能协同决策体系的全局数据仓库，其实现过程如图3.5所示。

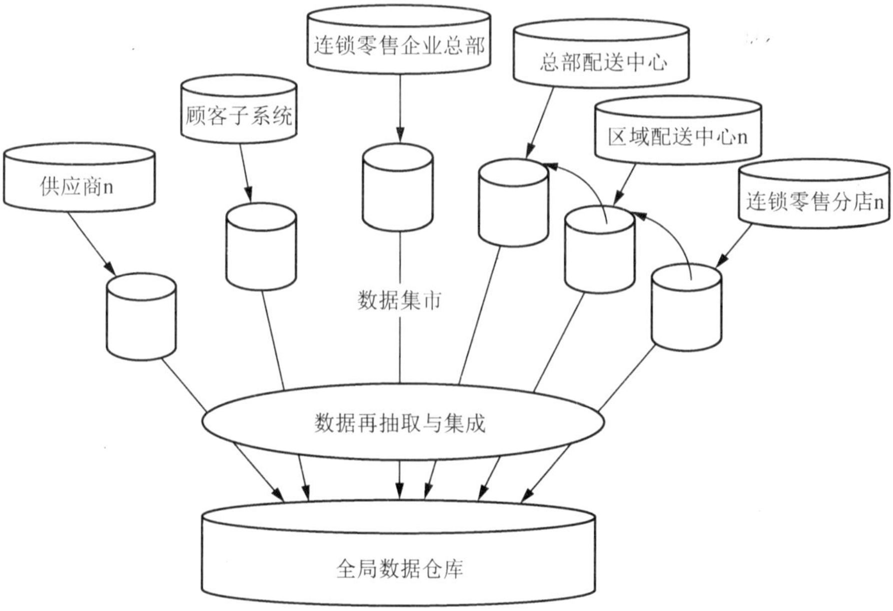


图3.5　智能协同决策体系中数据仓库的实现过程

在连锁零售企业精益物流供应链智能协同决策体系的数据仓库实现过程中，连锁零售分店数据集市进行顾客商品需求预测与独立需求库存量决策后，将连锁零售分店的独立需求库存量决策结果传输给区域配送中心数据集市；区域配送中心数据集市进行区域仓储独立需求库存量协同决策后，将区域仓储独立需求库存量协同决策结果传输给总部配送中心数据集市。

数据集市是面向主题的维度数据库，通常是由事实和维度表构成“星型模式”，当有更多的表来表示复杂的维表时，则由事实和维度表构成“雪片模式”。为了减少分布式模型的管理冗余，目前数据集市管理的趋势是采用集中管理方式。数据仓库和数据集市之间是全局和局部的关系，所以数据集市要从整体观念来建立，不能互相独立地建立。

连锁零售企业精益物流供应链智能协同决策体系中的全局数据仓库系统是一个由许多不同组件构成的组合体，它包括的组件为：①数据准备区；②全局数据仓库；③应用层数据集市，即数据集市1——供应商选择与订单分配协同决策数据集市；数据集市2——综合绩效评价数据集市；数据集市3——顾客管理数据集市；④用户终端，其拓扑关系如图3.6所示。

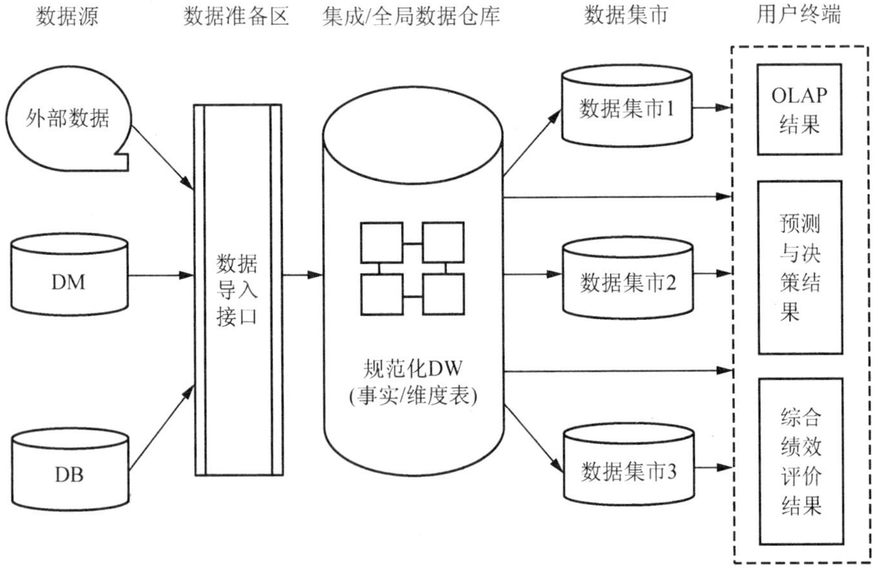


**图3.6　智能协同决策体系中数据仓库系统的拓扑视图**

数据准备区利用ETL工具，将源数据通过抽取、转换、清洗、装载导入数据仓库；然后将分析决策所需的大量数据从事务型数据库中分离出来，或者将来自连锁零售企业精益物流供应链成员企业的数据集市中的数据进行再抽取与集成。数据集市与数据仓库共同支持用户终端的OLAP、预测与决策和综合绩效评价。

### 3.3.2　基于Web的分布式OLAP结构

连锁零售企业精益物流供应链智能协同决策系统中的OLAP服务能够为决策人员提供决策支持服务。它根据管理者的查询要求，快速、灵活地以直观易懂的形式将大数据量的复杂查询结果、分析结果提供给管理者，使管理者能够及时了解市场变化、掌握连锁零售企业精益物流供应链的运营状况和客户实际需求，制订出更加合理的决策。

由于连锁零售企业精益物流供应链智能协同决策系统中的决策活动和决策数据具有分布性，本节提出一种基于 Web 的分布式 OLAP 三层结构方案，如图 3.7 所示。

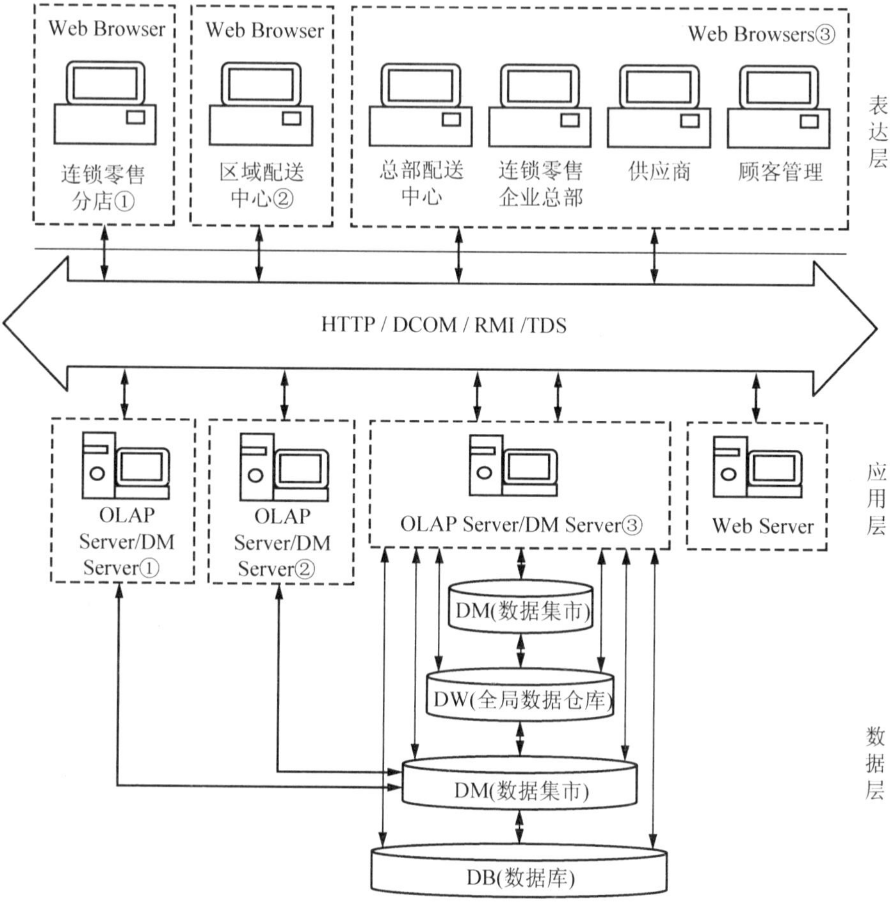


图 3.7　基于 Web 的分布式 OLAP 三层体系结构

这种结构的优点是将数据仓库管理系统、应用程序逻辑和图形用户界面(GUI)用数据层、应用层和表达层严格地区分开来。OLAP 服务器/数据挖掘服务器（OLAP Server/DM Server）可以通过高级计算引擎搜索、数据挖掘技术来查询和分析用户所需要的信息、挖掘潜在的管理规则，实现多维数据模型的高级计算引擎和高速数据缓存的功能。在 OLAP 服务器/数据挖掘服务器中存储着连锁零售企业精益物流供应链智能协同决策系统中的各种复杂的应用逻辑集，由客户端从 Web 服务器下载 Java Applet，调用 OLAP 服务器/数据挖掘服务器上的各种复杂的应用逻辑集，并采用统一的 Web 界面将查询结果、分析与决策结果展示给管理者。此外，部分简单的个人应用逻辑还可以留驻在客户端的计算机中。数据仓库服务器和数据集市服务器用来存储大量的协同决策需要的各种物理数据，其重点在于如何组织数据仓库或数据集市中的综合数据。OLAP 服务器/数据挖掘服务器对数据集市服务器或数据仓库服务器的位置具有透明性。基于 Web 的分布式 OLAP 三层体系结构可以方便客户端的操作，客户端的管理者使用熟悉、简单的 Web 界面就可以与 OLAP 服务器/数据挖掘服务器进行交互操作。

## 3.4 本章小结

连锁零售企业精益物流供应链系统高效、稳定地运营取决于连锁零售企业精益物流供应链成员企业之间的信息共享和集成程度以及在不确定性环境下对系统信息进行处理和分析的能力。本章研究了连锁零售企业精益物流供应链环境下协同决策体系的架构与设计问题。分析了连锁零售企业精益物流供应链管理中决策活动的特点，创建了连锁零售企业精益物流供应链智能协同决策体系框架。利用复杂适应系统研究方法，复杂适应系统的开放、动态、演化建模思想和基于 Multi-Agent 理论与技术的复杂系统建模方法，建立了连锁零售企业精益物流供应链复杂适应系统中 MAS 的理论与结构模型，着重研究了 MAS 在连锁零售企业精益物流供应链智能协同决策系统中的应用，提出了 MAS 中 Agent 联邦的概念和功能组成，建立了

MAS的真实Agent模型和概念Agent模型。在概念Agent模型中建立了基于混合型Agent的复杂人Agent的概念模型和内部结构模型。在分析连锁零售企业精益物流供应链复杂适应系统的MAS中系统节点Agent之间的协同进化关系的基础上，进行了系统节点Agent之间的协同进化机制的研究，根据以生物协同进化理论为基础的协同进化机制对系统节点Agent层的复杂人Agent进行了扩充。连锁零售企业精益物流供应链智能协同决策体系中数据仓库系统以及基于Web的分布式OLAP三层体系结构的建立，实现了连锁零售企业精益物流供应链智能协同决策过程中决策信息获取与共享的机制。

# 第 4 章　连锁零售企业精益物流供应链库存量协同决策与优化

精益物流是现代物流发展的必然趋势，以消除浪费、创造附加价值为竞争优势。相对一般意义上的物流，它更侧重于“精”和“益”。“精”是在质量方面追求完美体现；“益”是追求最小化成本。实现精益物流的目标是尽可能地降低物流成本，提高物流服务水平，消除连锁零售企业精益物流供应链上的一切浪费。本章以连锁零售企业精益物流供应链中最大的浪费——库存为切入点，基于精益物流思想进行连锁零售企业内部库存的协同决策与优化控制。

## 4.1　连锁零售企业精益物流供应链中 MAS 演化的模型层次

第 3 章中主要从定性的角度对连锁零售企业精益物流供应链复杂适应系统中 MAS 的建模问题进行了研究，分析了 MAS 的组织结构和联邦功能，并建立了 MAS 的真实 Agent 模型和概念 Agent 模型。本章主要是从定量的角度对连锁零售企业精益物流供应链复杂适应系统中 MAS 的建模问题展开讨论，通过对 MAS 的演化优化研究，解决连锁零售企业精益物流供应链独立需求库存量协同决策问题。

从第 3 章的分析中可知，个体 Agent 是连锁零售企业精益物流供应链复杂适应系统中 MAS 的最底层构成单元。个体 Agent 构成了区域 Agent，区域 Agent 构成了系统节点 Agent，系统节点 Agent 构成了整个连锁零售企业精益物流供应链复杂适应系统的系统层。连锁零售企业精益物流供应链复杂适应系统中 MAS 的层次结构如图 4.1 所示。

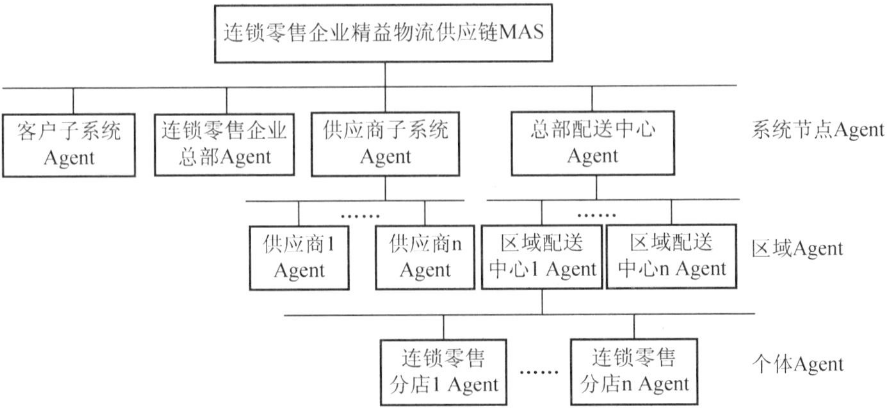


图 4.1　复杂适应系统中 MAS 的层次结构

### 4.1.1　智能主体 Agent 的学习方式

根据连锁零售企业精益物流供应链复杂适应系统理论，底层个体Agent的微观行为经过不断相互作用形成了 MAS 的整体演化。因此，个体 Agent 的学习和适应能力是系统演化优化的基础。在 MAS 的不同演化优化层次上的智能主体 Agent 具有不同的学习方式。

1. 个体学习

个体 Agent 具有个体学习方式。个体 Agent 为了提高自身的属性和性能，增强对环境的适应性，在与环境的交互作用过程中，在与其他个体 Agent的竞争过程中，个体 Agent 不断调整自身的决策规则和知识，增强个体学习能力。

2. 群体内部的学习

区域 Agent 和系统节点 Agent 具有群体内部的学习方式。连锁零售企业精益物流供应链复杂适应系统的区域 Agent 和系统节点 Agent 都是由一群子 Agent 组成的，群体内的子 Agent 相互学习和竞争，这种学习是一些经验、知识和信息在群体内共享，使得群体行为不断优化。

3. 群体之间协作与竞争的学习

区域 Agent 之间或系统节点 Agent 之间具有群体之间协作与竞争的学习方式。在区域 Agent 群体内或系统节点 Agent 群体内的子 Agent 除了在群体内部进行学习和竞争外，还要和群体外部的其他区域 Agent 群体内或系统节点 Agent 群体内的子 Agent 进行协同进化，从而实现群体之间的协作与竞争的学习，不断优化各自的行为方式。

4. 代间学习

类似于人类发展过程中，代代相传的各种经验、知识和技术。代间学习发生在连锁零售企业精益物流供应链复杂适应系统的 MAS 的整个演化优化过程中，父代的良好性能、属性和结构通过遗传传递给子代。

### 4.1.2 MAS 演化优化的层次模型

为了提高整个连锁零售企业精益物流供应链复杂适应系统中 MAS 的适应性和智能性，本书依据上述的不同学习方式建立了各层次的优化模型，以实现 MAS 的演化优化。建立优化模型时应该考虑以下 3 个方面。

1. 调整、修改和产生新的 Agent 规则

MAS 所具有智能度主要取决于个体 Agent 的智能度，而影响个体 Agent 智能度的关键因素之一是 Agent 的规则。在连锁零售企业精益物流供应链

复杂适应系统的 MAS 中，为了提高整个 MAS 的适应性，以较大的适应度保存适应者，即个体 Agent 采取适者生存，不适者淘汰的策略。个体 Agent 在与环境的交互作用过程中，或在与其他个体 Agent 的竞争中，通过不断地学习，根据过去的成功经验来调整自身的规则和策略，提高个体 Agent 的适应度和智能度。这样在 Agent 间的相互竞争和环境变化中，个体 Agent 就能够具有更高的智能度和演化发展的优势。另外，个体 Agent 还可以根据已有的规则产生出新的、适应性更强的规则，使 MAS 的适应能力和智能度提高到一个全新的高度。

2. 群体行为优化

区域 Agent 和系统节点 Agent 都是由许多子 Agent 组成的，这些子 Agent 之间相互学习、相互影响，表现较差的子 Agent 向表现优秀的子 Agent 学习，形成群体内部个体之间的相互学习，学习结果使其他的子Agent 行为不断受到表现优秀的子 Agent 行为的影响，优秀的表现逐渐地扩大到整个群体，从而优化了区域 Agent 或系统节点 Agent 群体的行为。

3. Agent 群体之间共同进化

在连锁零售企业精益物流供应链复杂适应系统的 MAS 中，存在着资源、信息等各方面的竞争。在区域 Agent 之间、系统节点 Agent 之间这种竞争问题无法寻求到最优解，只能寻求使矛盾各方“多赢”的“帕雷托”最优解，在各种矛盾之中进行平衡，使矛盾各方在竞争中共同进化。

本章依据上述的不同学习方式和应该考虑的 3 个方面，针对 MAS 不同层次具有的不同特点和功能要求，建立不同层次的优化模型。由于连锁零售企业精益物流供应链复杂适应系统中的 Agent 和遗传算法[174]具有很多相同和相近的特性，因此不同层次的优化模型应采用不同的遗传算法进行求解。本书构建的连锁零售企业精益物流供应链复杂适应系统中 MAS 演化优化的层次模型如图 4. 2 所示。本章主要对 MAS 的个体 Agent 演化层和区域 Agent 群体内部优化层进行深入研究，关于系统节点 Agent 群体之间的协同进化问题将在第 5 章中详细讨论。

| 优化对象 | 优化内容 | 优化模型 | 优化算法 |
|---|---|---|---|
| 系统节点Agent | 群体之间的协同进化 | 供应商数量选择与订单分配联合多目标优化与协同决策模型 | 多目标共生型协同进化遗传算法 |
| 区域Agent | 群体内部的优化 | 区域仓储独立需求库存量协同决策模型 | 细粒度模型遗传算法 |
| 个体Agent | 个体的规则演化与学习 | 连锁零售企业分店独立需求库存量决策模型 | 遗传算法 |

图 4. 2　MAS 演化优化的层次模型

## 4. 2　基于遗传算法的 Agent 行为优化

精益库存管理的实质是运用精益思想对整个连锁零售企业精益物流供应链从各方面进行持续改进，消除物流过程中一切不必要的浪费，从而使物流在整个供应链上进行有效、平滑的流动，达到价值流在最大程度上增值的目的，即达到尽善尽美。精益库存管理系统具备拉动型、低成本、高质量、不断完善 4 个方面的特点。

### 4. 2. 1　连锁零售企业分店独立需求库存量决策模型

由于连锁零售企业精益物流供应链中连锁零售主导企业内部和外部不确定性(包括连锁零售企业内部的不确定性和供应链节点企业之间的不确定性)的存在，因此有必要在连锁零售企业精益物流供应链中存储一定数量的库存。虽然连锁零售企业精益物流供应链的各个节点企业都存储一定的库存，但是这些库存类型是不同的，按照用户对库存的需求类型可以划分为独立需求库存和相关需求库存。独立需求库存是指顾客对某种库存物品的需求，表现出对这种库存需求的独立性，与其他种类的库存无关。从库存管理的角度来说，独立需求是指那些随机的、连锁零售企业自身不能控制而是由市场的顾客根据自身的需求所决定的需求量，如顾客对最终产品等的需求量。而相关需求库存是由独立需求库存衍生而来的。本章将对连锁零售企业精益物流供应链系统中的独立需求库存量进行研究。

连锁零售分店中的库存管理就是对各种商品进行保管以及商品库存的成本和效益的优化控制。如果库存量多于顾客对商品的需求量，则会造成资金的浪费，使效益减少；如果库存量少于顾客对商品的需求量，当有顾客需求时不能及时有效地提供满意的顾客服务，不仅影响企业信誉，而且减少了顾客的忠实度。[175,176]因此，商品库存成本和库存量的优化控制成为了库存管理的关键问题。本节在库存商品需求预测的基础上，对连锁零售分店独立需求库存量和库存成本进行决策和优化控制，对连锁零售分店库存管理具有指导意义。

1. 连锁零售分店库存商品的最优需求预测

连锁零售企业精益物流供应链以顾客需求作为价值流动力，根据连锁零售分店的实时销售数据(POS)来预测确定供应链的独立需求库存量，以实现最低水平的供应链库存，从而获得更大的收益。但是，市场不确定性使得连锁零售分店的销售量具有较大的随机波动性，同时销售量又具有明显的季节特性和长期规律性，即连锁零售分店的实时销售数据(POS)表现出显著的时间序列性。因此，本节利用专家判定法综合考虑多种影响因素进行商品最优需求预测。

1）需求预测模型提出的背景

连锁零售分店按照定时补货法及时检查库存和订货，保持合理的库存量。要在保证一定的客户服务水平的前提下，确定订货量使分店库存成本最小，首先需要解决的问题是如何利用科学的建模理论和分析方法建立可靠的需求预测模型。

2）连锁零售分店需求预测模型

综合考虑历史销售数据和其他影响销售的因素而做出的需求预测，称之为“前驱性预测”。影响连锁零售分店需求预测的因素如下。

$B(t)$：时期 $t$ 商品历史需求量的均值，主要取决于商品本身的性质。

$S(t)$：时期 $t$ 在基本需求 $B$ 的基础上考虑季节因素的需求预测值。

$P(t)$：时期 $t$ 的促销因素预测值。促销活动对于连锁零售企业的商品销售量有很大的促进作用；

$T(t)$：时期 $t$ 的销售趋势预测值。主要取决于区域消费人口和类型的变化，影响随后时期内商品的基本需求水平。

$C(t)$：时期 $t$ 的周期因素预测值，主要取决于国家长期的经济状况。

$I(t)$：时期 $t$ 的其他因素预测值。如果增加了其他因素，可以对其他因素 $I(t)$ 进行扩展，以满足预测的需要。

商品最优需求预测模型为

$$U(t) = B(t)P_1 + S(t)P_2 + P(t)P_3 + T(t)P_4 + C(t)P_5 + I(t)P_6 \tag{4-1}$$

式中　$U(t)$ ——时期 $t$ 商品的最优需求预测数量；

$P_1 \sim P_6$ ——影响需求估计 $U(t)$ 的各个因素相对应的权值。

根据各元素之间的相对重要性构造专家判定矩阵来确定 $P_1 \sim P_6$ 的值。因为是判定单级权重，采用1、3、5、7、9 打分制构造一个 $B(t) \sim I(t)$ 的 $6 \times 6$ 的专家判定矩阵，专家判定 $i$ 行 $j$ 列矩阵的元素 $a_{ij}$ 表示将两个因素比较后相对重要性的数值：1 表示两者同样重要，3 表示前者比后者重要一点，5 表示明显重要，7 表示重要得多，9 表示极其重要。2、4、6、8 的重要性分别介于它们之间，并满足 $a_{ji} = 1/a_{ij}$ 。

专家判定矩阵 **A** 为

$$\boldsymbol{A}=\begin{bmatrix}1 & & & & & a_{ij}\\ & 1 & & & & \\ & & 1 & & & \\ & & & 1 & & \\ & & & & 1 & \\ 1/a_{ij} & & & & & 1\end{bmatrix}$$

根据历史数据和相对应的权重自动地将 $B(t)$、$S(t)$、$T(t)$、$C(t)$ 的相对重要性数值填入专家判定矩阵 **A**，而 $P(t)$、$I(t)$ 的相对重要性数值由连锁零售分店管理者根据销售策略的变化进行相应的调整后填入专家判定矩阵 **A**。根据矩阵理论，通过方根的归一化求得对应专家判定矩阵的非零最大特征值 $\lambda_{\max}$ 的矩阵 **A** 的特征向量 $\boldsymbol{\omega}'$，即权重向量 $\boldsymbol{\omega}'$。

首先计算 $\boldsymbol{\omega}$，其分量计算公式为：

$$\boldsymbol{\omega}_i=\sqrt[6]{\prod_{j=1}^{6}a_{ij}}\ (i=1,2,\cdots,6)$$

然后求出 $\boldsymbol{\omega}_i$ 规范化值为

$$\boldsymbol{\omega}'_i=\omega_i\Big/\sum_{i=1}^{6}\omega_i\ (i=1,2,\cdots,6)$$

式中 $\boldsymbol{\omega}'_1\sim\boldsymbol{\omega}'_6$——$B(t)$、$S(t)$、$P(t)$、$T(t)$、$C(t)$、$I(t)$ 各个因素的权重 $P_1\sim P_6$。

专家判定矩阵 **A** 的最大特征根为

$$\lambda_{\max}=\sum_{i=1}^{6}\frac{(A\omega)_i}{(6\omega)_i}\tag{4-2}$$

构造专家判定矩阵后，必须对专家判定矩阵进行一致性检验，当一致性指标 $CI=\dfrac{\lambda_{\max}-6}{6-1}$、$RI=1.24$、$CR=CI/RI<0.1$ 时，专家判定矩阵具有满意的一致性；否则，专家判定矩阵的打分存在问题，必须进行重新计算。

3）算例

连锁零售分店根据商品历史需求量的均值 $B(t)$ 、考虑季节因素的需求预测值 $S(t)$ 、促销因素预测值 $P(t)$ 、销售趋势预测值 $T(t)$ 、周期因素预测值 $C(t)$ 、其他因素预测值 $I(t)$ 几个因素进行某核心商品单日最优需求预测。

根据前面定义的打分法建立专家判定矩阵，然后计算 $\omega_i = 6\sqrt{\prod_{j=1}^{6}\alpha_{ij}}$（$i = 1,2,\cdots,6$），最后求出规范化的 $\omega'_i = \omega_i \Big/ \sum_{i=1}^{6}\omega_i$（$i = 1,2,\cdots,6$），即 6 个因素对应的权值 $\omega'_1 \sim \omega'_6$，即 $P_1 \sim P_6$。

$$
\boldsymbol{A} = \begin{bmatrix}
 & B & S & P & T & C & I & \omega'_i \\
B & 1 & 5 & 5 & 3 & 5 & 3 & 0.427 \\
S & 0.2 & 1 & 0.333 & 0.333 & 2 & 0.333 & 0.066 \\
P & 0.2 & 3 & 1 & 0.5 & 0.5 & 0.333 & 0.08 \\
T & 0.333 & 3 & 2 & 1 & 2 & 2 & 0.187 \\
C & 0.2 & 0.5 & 2 & 0.5 & 1 & 0.5 & 0.08 \\
I & 0.333 & 3 & 3 & 0.5 & 2 & 1 & 0.159
\end{bmatrix}
$$

$\lambda_{max} = 6.295$、$CI = 0.059$、$RI = 1.24$、$CR = CI/RI = 0.05 < 0.1$（一致性检验合格）。

连锁零售分店对 6 个影响因素做出的估计如下：

$$[B(t) \quad S(t) \quad P(t) \quad T(t) \quad C(t) \quad I(t)] = [33 \quad 43 \quad 48 \quad 46 \quad 36 \quad 38]$$

那么商品最优需求预测为

$$
\begin{aligned}
U(t) &= [B(t) \quad S(t) \quad P(t) \quad T(t) \quad C(t) \quad I(t)][\omega'_1 \quad \omega'_2 \quad \omega'_3 \quad \omega'_4 \quad \omega'_5 \quad \omega'_6]^{\mathrm{T}} \\
&= [33 \quad 43 \quad 48 \quad 46 \quad 36 \quad 38][0.427 \quad 0.066 \quad 0.08 \quad 0.187 \quad 0.08 \quad 0.159]^{\mathrm{T}} \\
&= 38(\text{件})
\end{aligned}
$$

2. 独立需求库存量决策模型

连锁零售分店库存控制是一个复杂的管理问题，库存管理的订货量和安全库存量等决策问题需要根据连锁零售企业精益物流供应链协同决策信息管理系统提供的准确动态库存数据进行决策。连锁零售分店库存控制需支持正确地处理进、出、存、盘等业务，在满足客户需求的条件下，以最小化连锁零售分店库存成本，获得更高的经济效益。在连锁零售分店库存控制模型中，决策变量相互之间是非线性关系，并且存在着十分严重的耦合现象，难以采用通常的线性规划方法进行库存控制模型求解。因此，本节首先建立连锁零售分店库存决策和优化控制模型，然后应用基于遗传算法的 Agent 行为优化算法，对连锁零售企业精益物流供应链系统中连锁零售分店的独立需求库存行为优化问题进行求解。

连锁零售企业精益物流供应链系统中的连锁零售分店根据商品最优需求预测量进行商品的库存，另外，压缩库存资金是提高企业资金周转的一个重要环节，连锁零售分店在满足顾客需求的前提下压缩与库存有关的费用（订货费用、存储费用、运输费用和缺货费用）。因此，一个合理的连锁零售分店库存模型能够根据商品采购、商品最优需求预测量和商品仓储等具体情况，确定决策变量：订货量(分店独立需求库存量)，使连锁零售分店库存综合成本最小。

模型假设连锁零售分店采取周期检查的库存策略，检查周期为 7 天；模型只对一种核心商品情况进行讨论；连锁零售分店只能通过区域配送中心定期补货；相对于运输车辆的运量，连锁零售分店的商品需求量能够满足较高的满载率，在一次配送中配送车辆只为唯一的连锁零售分店供货。

模型中用到的符号及其含义如下。

$h(h \geqslant 0)$：单位商品的库存费用。

$n$：一周中商品入库次数。

$X_i$：商品第 $i$ 次入库时的订货量（假设区域配送中心的补货提前期为零）。

$p(p>0)$：单位商品的订货费用。

$S^{safe}$：商品的安全库存。

$Q$：商品的仓库库存限量。

$S_i$：商品第 $i$ 次入库时的当前库存。

$S'_i$：商品第 $i$ 次入库时的脱需库存。

$c(c>0)$：单位商品的脱需费用。

$U_i$：第 $i$ 次入库时段中商品需求量。

$d$：区域配送中心与连锁零售分店两者之间的距离。

$b$：单位里程、单位批量的平均运输费用，它与每次的运输批量 $X_i$ 呈非线性函数关系。

连锁零售分店库存决策和优化控制模型如下：

$$\min f(x) = \sum_{i=1}^{n}(hS_i + cS'_i + pX_i + X_i bd) + \in \quad (4-3)$$

$S_{i+1} = \max(0, S_i + X_i - U_i)$ （$i = 1,2,\cdots,n-1$；当 $i=0$；$S_1$ 为商品第 1 次入库时的当前库存量的实际检测值） (4-4)

$$S_i' = \max(0, U_i - X_i - S_i) \quad (i = 1,2,\cdots,n) \quad (4-5)$$

$$s.t. \quad 0 \leqslant S^{safe} + U_i \leqslant S_i + X_i \leqslant Q \quad (i = 1,2,\cdots,n) \quad (4-6)$$

$$S^{safe}, X_i, Q \geqslant 0 \quad (i = 1,2,\cdots,n) \quad (4-7)$$

式(4-3)描述的决策过程是目标函数，它要求最小化商品的订货、存储、运输和缺货等综合费用。其中最后一项为辅助目标，$\in$ 为一任意小的正数。式(4-4)表示连锁零售分店的当前库存量。式(4-5)表示连锁零售分店的当前脱需库存量。式(4-6)是库存能力约束方程，商品的库存量既不能高于仓库库存限量 $Q$，又不能低于安全库存 $S^{safe}$。式(4-7)表示非负的各种库存参数。

影响目标函数总成本的关键因素是订货批量 $X_i$。在满足约束条件的前提下，订货批量越小，$S^{safe}$ 越少，存储费用越少；同时，订货批量越小，订货费用越少，因为订货成本还受到订货批量的影响。订货费用、存储费用以及运输费用还要受到不同的采购方式的影响。式(4-3)所描述的连锁零售分店库存决策和优化控制模型中，各参数相互之间是非线性关系，并且存在一定的耦合现象，采用常规的线性优化方法很难有效地对连锁零售分店库存决策和优化控制模型进行求解。而遗传算法是一种自动寻优算法，具有内在的隐并行性和更好的全局寻优能力，因此，采用遗传算法能够更好地对连锁零售分店库存决策和优化控制模型进行求解。

### 4.2.2 基于遗传算法的 Agent 行为优化算法

在连锁零售企业精益物流供应链复杂适应系统中，MAS 各个层次上的行为优化构成了 MAS 的演化优化，各个层次上的行为优化包括个体 Agent 的行为优化、区域 Agent 的群体行为优化以及系统节点 Agent 间的行为优化。本书认为，采用行为概念，更能够突出 MAS 中智能主体的特点。

在连锁零售企业精益物流供应链复杂适应系统的 MAS 中，个体 Agent 可以具有基于消息驱动的行为方式、基于时间推进的行为方式，以及混合行为方式。

在一定行为条件下采取具体行动，是 Agent 的基于消息驱动的行为方式。在连锁零售企业精益物流供应链复杂适应系统的 MAS 中，采用多元组 $((xvb_1, xvz_1), (xvb_2, xvz_2), \cdots, (xvb_n, xvz_n))$ 描述个体 Agent 的基于消息驱动的行为方式模式。其中，$xvb_n$ 是行为变量，代表某个行为条件；$xvz_n$ 是行为值，代表一定行为条件下采取的具体行为。

Agent 根据自身的需求随着时间的推进而采取行动，不需要外来消息触发，这是 Agent 的基于时间推进的行为方式。在连锁零售企业精益物流供应链复杂适应系统的 MAS 中，采用多元组 $((sjt_1, xvz_1), (sjt_2, xvz_2), \cdots, (sjt_n, xvz_n))$ 描述个体 Agent 的基于时间推进的行为方式模式。其中，$sjt_n$ 是时间变量，代表某个时间片；$xvz_n$ 是行为值，代表在某个时间片采取的具体行为。

这两种行为可以发送内部消息或对外界环境发送外部消息，影响环境的变化。

实际上，在连锁零售企业精益物流供应链复杂适应系统的 MAS 中，个体 Agent 往往同时具有这两种行为方式模式，即 Agent 的混合行为方式模式。其定义为：在连锁零售企业精益物流供应链复杂适应系统的 MAS 中的个体 Agent 的混合行为方式模式为多元组 $((xvb_1, xvz_1), (xvb_2, xvz_2), \cdots, (xvb_n, xvz_n), (sjt_1, xvz_1), (sjt_2, xvz_2), \cdots, (sjt_m, xvz_m))$ 。

在连锁零售企业精益物流供应链复杂适应系统中，MAS 的个体 Agent 基于遗传算法的学习机制如图 4.3 所示。

下面将根据 Agent 的基于遗传算法的学习机制来研究 MAS 的个体 Agent 的行为优化问题。

若 MAS 的个体 Agent 具有 $x$ 种混合行为方式模式，即存在如下的 $x$ 个多元组。

$$((xvb_1, xvz_1), (xvb_2, xvz_2), \cdots, (xvb_n, xvz_n), (sjt_1, xvz_1), (sjt_2, xvz_2), \cdots, (sjt_m, xvz_m))_1$$

$$((xvb_1, xvz_1), (xvb_2, xvz_2), \cdots, (xvb_n, xvz_n), (sjt_1, xvz_1), (sjt_2, xvz_2), \cdots, (sjt_m, xvz_m))_2$$

$$\vdots$$

$$((xvb_1, xvz_1), (xvb_2, xvz_2), \cdots, (xvb_n, xvz_n), (sjt_1, xvz_1), (sjt_2, xvz_2), \cdots, (sjt_m, xvz_m))_x$$

定义 MAS 的个体 Agent 的适应度为多元组的函数，即有

$$F = f(((xvb_1, xvz_1), (xvb_2, xvz_2), \cdots, (xvb_n, xvz_n), (sjt_1, xvz_1), (sjt_2, xvz_2), \cdots, (sjt_m, xvz_m))_i)\ (i = 1, 2, \cdots, x) \quad (4-8)$$

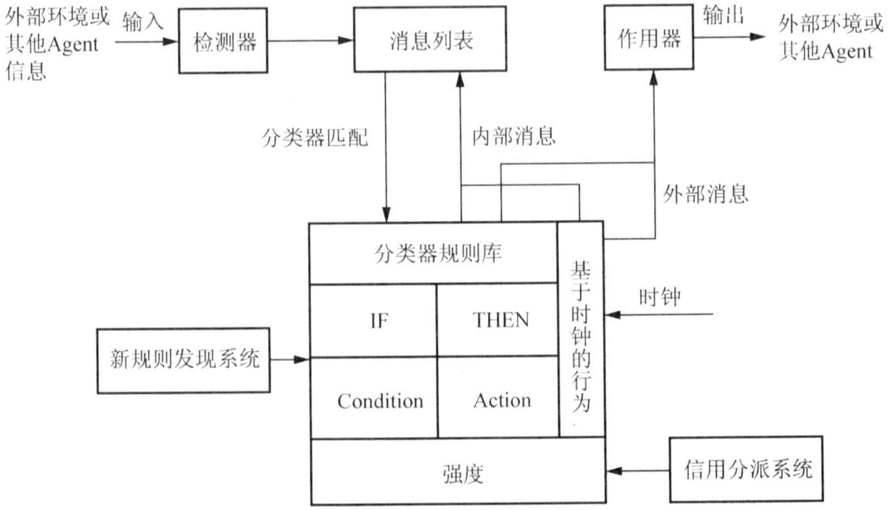


图 4.3 Agent 的基于遗传算法的学习机制

其中，Agent 行为优化问题的一个解对应一个多元组，Agent 行为优化问题的解空间是由 $x$ 个多元组构成的。采用适应度函数对每一个多元组进行评估，得到每一个多元组的适应度值，而 Agent 的优化行为方式模式就是具有最大适应度值的多元组。

采用遗传算法[177,178]求解 Agent 的优化行为方式模式的具体方法：首先将 Agent 行为优化问题解空间的一个解称为一个个体(Individual)，组成第一代种群(Population)的若干个个体是随机生成的，即 Agent 行为优化问题的解空间。然后进入选择过程，即根据个体的目标函数产生个体的适应度函数，采用适应度函数对种群中的每个个体的适应度进行评价，个体进入下一代的概率根据其适应度的大小来确定，通常这个概率是和适应度成正比的。被选择进入下一代的个体，通过“交叉”和“变异”操作，形成新的一代种群，开始下一次循环，直到满足系统的目标为止。

基于遗传算法的个体 Agent 行为优化算法的基本流程如图 4.4 所示。

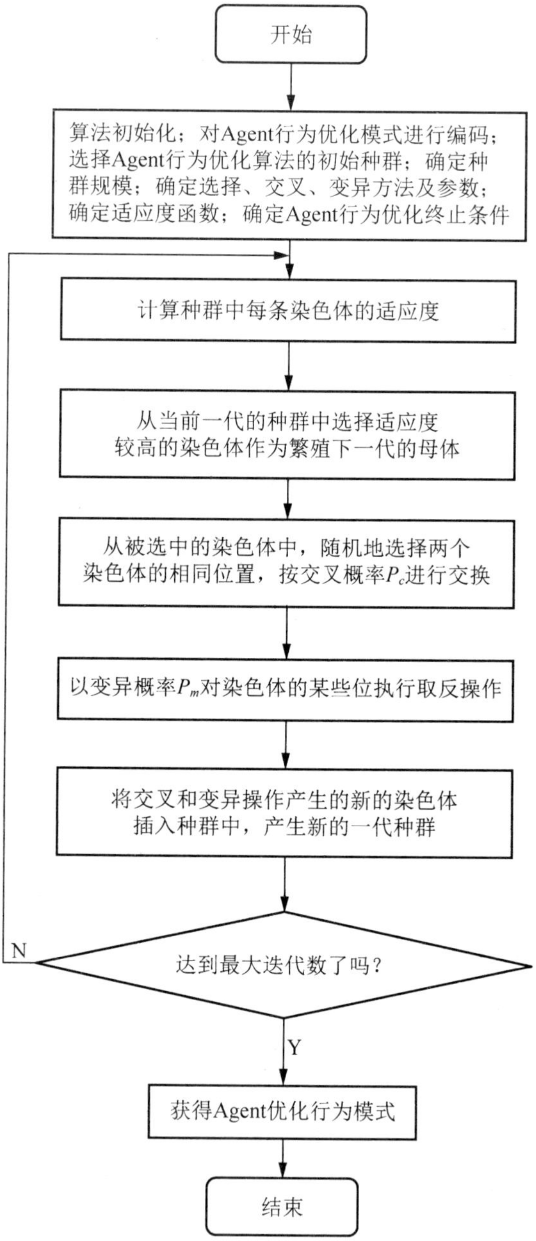


图 4.4　基于遗传算法的个体 Agent 行为优化算法的基本流程

### 4.2.3 算例

1. 问题描述

设商品的仓库库存限量 $Q = 100$（件），安全库存 $S^{safe} = 39.0$（件），单位商品的库存费用 $h = 1.0$，单位商品的脱需费用 $c = 9.0$，单位商品的订货费用 $p = 2.0$，$b$ 在此范围内设为定值。$n = 7$，$U = [10,10,38,26,30,36,40]$。种群规模为 30 条染色体，最大遗传代数为 120，决策变量的个数为 7。

2. 基于遗传算法的求解

1）编码选择

遗传算法不能直接处理 Agent 行为优化问题的解空间的解数据，需要将解数据表示成遗传空间的基因型串结构数据，转换方法可以采用编码方法。本节采用定长度的二进制编码方式。

2）控制参数初始化确定

遗传算法的初始种群个体都是通过随机方法产生的[179]。遗传算法的最终效率和性能都会受到群体规模的影响，因此群体规模经验取值一般为 $M = 20 - 100$，本节种群规模设置为 30 条染色体。交叉算子的应用频率是由交叉概率来控制的，交叉率过低，搜索可能会停滞不前；而交叉概率越高，群体中串的更新就越快，这样高性能的串被破坏得也就越快。交叉概率 $P_c$ 的经验取值一般为 0.60～0.95，本节设置的交叉概率为 0.60。种群多样性的增加是通过变异操作产生的，变异概率 $P_m$ 的经验取值一般为 0.001～0.01，本节变异概率取为 0.006。

3）设计适应度函数

遗传算法采用适应度函数对种群中的个体性能进行评价，适应度值越小表示个体性能越差；反之，适应度值越大表示个体性能越好。遗传算法是根据适应度值对个体进行选择的，个体的适应度值越高，在下一代中产

生更多的子个体的机会越多。[180]由于遗传算法的适应度函数一般是求最大值，所以本节取目标函数的负值为适应度函数，即

$$\max F(x) = C_{\max} - f(x) = C_{\max} - \left(\sum_{i=1}^{n}(hS_i + cS'_i + pX_i + X_i bd) + \in\right) \tag{4-9}$$

式中 $C_{\max}$——一个适当的相对比较大的数，是$f(x)$的最大估计值。

4）确定选择策略

遗传算子遵守优胜劣汰的原则来选择个体，不断在各代种群中进行寻优，从而不断增加种群中优秀个体的数量，保证系统整个进化过程朝着更优化的方向进行。有很多种选择算子，本节采用随机遍历抽样(SUS)选择法。这一选择法是具有零偏差和最小个体扩展的单状态抽样算法。SUS使用$N$个相等距离的指针，这里$N$是要求选择的个数。种群被随机排列，在$[0, \mathrm{Sum}/N]$范围内产生一随机数作为指针ptr，$N$个个体由相隔一个距离的$N$个指针$[\mathrm{ptr}, \mathrm{ptr}+1, \mathrm{ptr}+2, \cdots, \mathrm{ptr}+N-1]$选择，选取适应度范围在指针位置的个体。一个个体确保被选择的最少次数$\lfloor et(i) \rfloor$和不超过$\lceil et(i) \rceil$，因此获得最小的个体扩展，另外个体完全按它们在种群中的地位选择，SUS具有零偏差。

5）设计遗传算法

遗传算子包括交叉算子、变异算子和繁殖算子。交叉算子是模拟生物界的有性繁殖，遗传算法区别于其他所有优化算法的根本所在是引入了交叉算子。遗传算法的性能在很大程度上依赖于交叉算子的性能。变异算子是与交叉算子或繁殖算子一起连续发生的操作，即一个给定个体可以在一代内进行交叉和变异，或进行繁殖和变异。在连锁零售分店的独立需求库存个体行为优化中，本书采用多点交叉方式和基本位变异算子。

6）确定算法的终止准则

遗传算法无法用传统的方法来判定算法的收敛与否以终止算法，因为它没有利用目标函数的梯度等信息，所以无法确定个体在解空间的位置。

本书采用预先规定一个最大迭代数的方法，达到最大迭代数时即终止算法，最大迭代数设置为120。

3. 决策与优化结果

本书运用MATLAB 7.0和英国谢菲尔德大学开发的遗传算法工具箱实现基于遗传算法的Agent行为优化算法。[181,182]经过120次迭代后连锁零售分店库存决策与优化控制的最优解及种群性能跟踪，如图4.5所示。经过120次迭代后连锁零售分店库存决策与优化控制的最优控制向量如图4.6所示。行为决策与优化参数(连锁零售分店独立需求库存量)为一周内的连锁零售分店第$i$次订货批量(件)($i=1,2,3,\cdots,7$)。

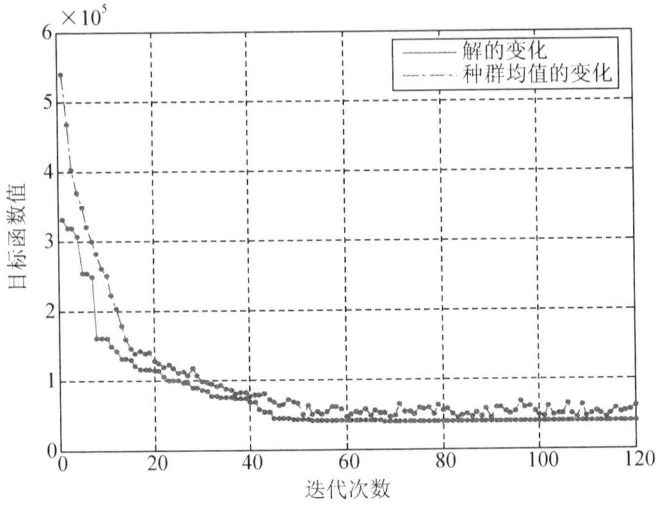


图4.5 分店库存决策与优化控制的最优解及种群性能跟踪

最优行为决策与优化参数为

$X_1=10.9928$，$X_2=25.1720$，$X_3=69.9881$，$X_4=18.6479$，

$X_5=13.4418$，$X_6=11.8749$，$X_7=39.8825$

最优目标函数值(即最小连锁零售分店库存综合费用)为39220元。

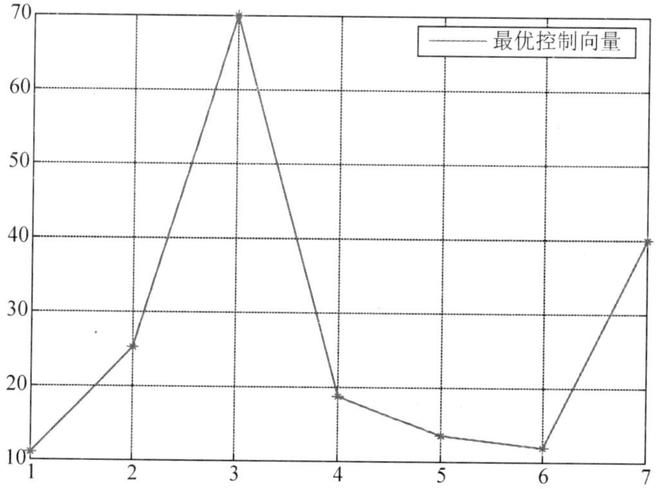


图 4.6　分店库存决策与优化控制的最优控制向量

## 4.3　基于细粒度模型遗传算法的 Agent 群体行为优化

在 4.2 节中研究了连锁零售企业精益物流供应链复杂适应系统的 MAS 中个体 Agent 的行为优化问题，本节将在此基础上研究区域 Agent 的群体行为优化问题。区域 Agent 是由一组相互关联、相互影响的个体 Agent 组成的，生活在一定的局部环境中。群体中个体 Agent 的数量是可以改变的，即区域 Agent 的群体组织是开放的。而且，区域 Agent 中的个体 Agent 可以具有不同的行为方式模式，也可以具有相同的行为方式模式。

### 4.3.1　区域仓储独立需求库存量协同决策模型

本节主要研究由一个区域配送中心向 $n$ 个地理位置分散的连锁零售分店进行库存补充，以及单一商品确定型需求条件下，区域配送中心库存决策和优化控制问题。在满足 $n$ 个连锁零售分店商品需求的前提下，使区域配送中心总成本最小。

模型假设区域配送中心仅处理一种核心商品品种；连锁零售分店的商品由区域配送中心供给，连锁零售分店之间不存在商品调剂的情况；各连锁零售分店的补货周期相同；各连锁零售分店的需求是具体的、确定的，但各连锁零售分店的需求量可以不同；区域配送中心的商品需求量相对于运输车辆的运量能够满足较高的满载率，总部配送中心对区域配送中心采取整车配送的策略，即配送车辆在一次配送中只为唯一的区域配送中心供货；区域配送中心定期通过且只能通过总部配送中心补货；总部配送中心的补货提前期为零。

模型中用到的符号及其含义如下。

$h_z(h_z \geqslant 0)$：区域配送中心的单位商品库存费用。

$N$：连锁零售分店的总数。

$j$：第 $j$ 个连锁零售分店，$j = 1,2,\cdots,N$。

$X_{ij}$：商品第 $i$ 次入库时第 $j$ 个连锁零售分店向区域配送中心的订货量。

$X_{zi}$：商品第 $i$ 次配送时区域配送中心订货量(假设总部配送中心的补货提前期为零)。

$S_z^{safe}$：区域配送中心的商品安全库存。

$S_{zi}$：商品第 $i$ 次配送时区域配送中心的当前库存。

$S'_{zi}$：商品第 $i$ 次配送时区域配送中心的脱需库存。

$U_{zi}$：商品第 $i$ 次配送时区域配送中心的商品需求量。

$Q_z$：区域配送中心的商品仓库库存限量。

$p_z(p_z > 0)$：区域配送中心单位商品的订货费用。

$c_z(c_z > 0)$：区域配送中心单位商品的脱需费用。

$p_s$：区域配送中心一次配送作业的固定费用。

$d_z$：区域配送中心与总部配送中心两者之间的距离。

$b_z$：单位里程、单位批量的平均运输费用，它与每次运输批量 $X_{zi}$ 呈非线性函数关系。

区域配送中心库存决策和优化控制模型如下：

$$\min f_z(x) = \sum_{i=1}^{n} (h_z S_{zi} + c_z S'_{zi} + X_{zi} b_z d_z + N p_s) + p_z \sum_{i=1}^{n} X_{zi} + \in \tag{4-10}$$

$$U_{zi} = \sum_{j=1}^{N} X_{ij} \ (i = 1,2,\cdots,n) \tag{4-11}$$

$S_{z(i+1)} = \max(0, S_{zi} + X_{zi} - U_{zi})$ （$i = 1,2,\cdots,n-1$；当 $i = 0$ 时，$S_{z1}$ 为区域配送中心补货周期初的当前库存量的实际检测值） (4-12)

$$S'_{zi} = \max(0, U_{zi} - X_{zi} - S_{zi}) \quad (i = 1,2,\cdots,n) \tag{4-13}$$

$$s.t. \quad 0 \leqslant S_z^{\text{safe}} + U_{zi} \leqslant S_{zi} + X_{zi} \leqslant Q_z \quad (i = 1,2,\cdots,n) \tag{4-14}$$

$$S_z^{\text{safe}}, X_{zi}, Q_z \geqslant 0 \quad (i = 1,2,\cdots,n) \tag{4-15}$$

式(4-10)描述的决策过程是目标函数，它要求最小化商品的订货、存储、运输和缺货等综合费用。其中最后一项为辅助目标，$\in$ 为一任意小的正数。式(4-11)表示商品第 $i$ 次入库时各个连锁零售分店向区域配送中心的订货量构成了商品第 $i$ 次配送时区域配送中心的商品需求量。式(4-12)表示区域配送中心的当前库存量。式(4-13)表示区域配送中心的当前脱需库存量。式(4-14)是库存能力约束方程，商品的库存量既不能高于仓库库存限量 $Q_z$，又不能低于安全库存 $S_z^{\text{safe}}$。式(4-15)表示非负的各种库存参数。

影响目标函数总成本的关键因素是订货批量 $X_{zi}$。在满足约束条件的前提下，订货批量越小，$S_z^{\text{safe}}$ 越少，存储费用越少；同时，订货批量越小，订货费用越少，即订货成本还受到订货批量的影响。订货费用、存储费用以及运输费用还要受到不同的采购方式的影响。式(4-10)所描述的区域配送中心库存决策和优化控制模型中，各参数相互之间是非线性关系，并且存在一定的耦合现象，若采用常规的线性优化方法很难有效地对区域配送中心库存决策和优化控制模型进行求解。而遗传算法是一种自动寻优算法，具有内在的隐并行性和更好的全局寻优能力，因此采用遗传算法能够更好地对区域配送中心库存决策和优化控制模型进行求解。

### 4.3.2 基于细粒度模型遗传算法的Agent群体行为优化算法

在连锁零售企业精益物流供应链复杂适应系统的MAS中，每个个体Agent是相对独立的，它们的行为优化方式基于经验和推理的内部学习方式。但是，每个个体Agent还会受到其他个体Agent和环境的影响，在与其他个体Agent和环境的交互中进行学习。因为每个个体Agent只能与局部范围内的其他个体Agent和环境进行交互作用，所以这种学习方式具有局部性。在个体Agent之间相互作用的过程中，表现优秀的个体Agent的优良行为逐步被其他个体Agent学习，因此使得一定的局部范围内的Agent群体行为得到优化。连锁零售企业精益物流供应链复杂适应系统的MAS中的区域Agent是有组织的、大范围内的Agent联邦组织。对于由个体Agent组成的区域Agent群体行为优化问题，适合采用基于细粒度模型的遗传算法来处理。

细粒度模型遗传算法是在并行系统中，将遗传算法中的每个基因型个体分别分配到不同的处理器上，相互独立地、并行执行进化的分布式计算模式。[183]在属于同一群体领域的基因型个体Agent之间进行细粒度模型遗传算法中的各种遗传操作，需要很少的或无须全局控制。对于选择操作，在细粒度模型遗传算法中除了遗传算法中常用的选择方法外，还可以采用随机行走选择，即把一条随机生成的二维网格路径上的两个最佳个体选择为亲本。

在连锁零售企业精益物流供应链复杂适应系统的MAS中，如果把细粒度模型遗传算法中的基因型个体代表区域Agent群体中的个体Agent，并把基因型个体之间的遗传操作代表个体Agent之间相互学习、相互影响的行为，细粒度模型遗传算法中基因型个体所处的处理器代表个体Agent生活的局部环境，那么由多个个体Agent行为（连锁零售分店的库存行为）涌现出的区域Agent群体的行为优化问题，就可以采用基于细粒度模型遗传算法的Agent群体行为优化算法进行求解。本书建立的基于细粒度模型遗传算法的Agent群体行为优化算法的流程如图4.7所示。

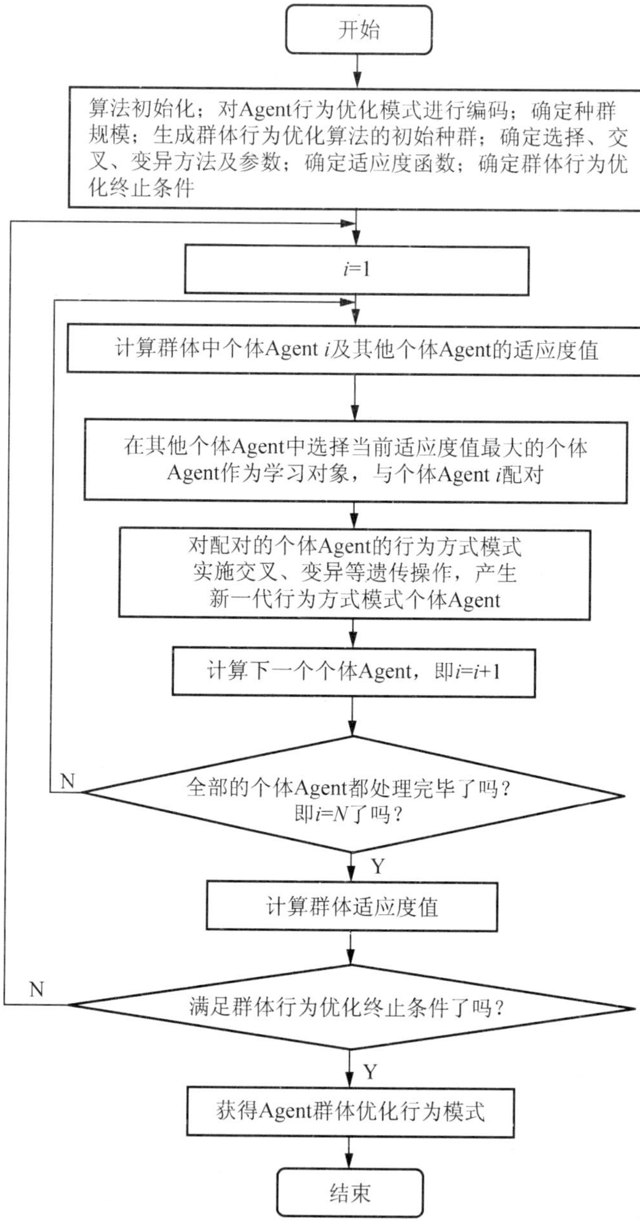


图 4.7　基于细粒度模型遗传算法的 Agent 群体行为优化算法流程

### 4.3.3 算例

1. 问题描述

假设连锁零售企业在某地区有一个配送中心，配送中心主要为该地区10家连锁零售分店补货，补货方式均采用整车直接配送，且10个连锁零售分店需求特点均相同。则每个连锁零售分店在进行库存决策和优化控制时，会关注自己邻居连锁零售分店的库存决策和优化控制行为，并向获得最大适应度的邻居学习，从而改变自己库存决策和优化控制行为；即区域Agent群体中的10个连锁零售分店个体Agent通过相互学习、相互作用对各自的库存行为和区域Agent群体库存行为进行优化。

假设在区域配送中心，商品的仓库库存限量 $Q_z = 1000$（件），安全库存 $S_z^{safe} = 390.0$（件），单位商品的库存费用 $h_z = 0.8$，单位商品的脱需费用 $c_z = 20.0$，单位商品的订货费用 $p_z = 3.0$，区域配送中心一次配送作业的固定费用 $p_s = 4.0$，$b$ 在此范围内设为定值。$n = 7$，$N = 10$。种群规模为30条染色体，最大遗传代数为120，决策变量的个数为7。区域Agent群体库存行为优化问题将采用图4.7所示的基于细粒度模型遗传算法的Agent群体行为优化算法进行求解。

2. 决策与优化结果

经过120次迭代后各连锁零售分店库存决策与优化控制的最优解及种群性能跟踪如图4.8所示；经过120次迭代后10个分店群体库存决策与优化控制的最优解及种群性能跟踪如图4.9所示；经过120次迭代后10个分店群体库存决策与优化控制的最优控制向量如图4.10所示。行为决策与优化参数（区域仓储独立需求库存量）为一周初的区域配送中心订货批量 $X_z$（件）。

最优行为决策与优化参数为

$$X_{z1} = 193.5700,\quad X_{z2} = 795.3253,$$

$$X_{z3} = 105.1559,\quad X_{z4} = 170.4552,$$

$$X_{z5} = 144.3548,\quad X_{z6} = 125.7666,$$

$$X_{z7} = 397.5581$$

$$X_z = \sum_{i=1}^{7} X_{zi} = 1932.1859\text{（件）}$$

最优目标函数值（即最小区域配送中心库存综合费用）为532480元。

对比图4.8至图4.10可以看出，由于每个连锁零售分店Agent都向其具有最优行为的邻居进行学习，从而优化了自身的行为，同时也达到了群体行为优化的结果。所以，10个连锁零售分店Agent经过群体行为优化后，库存决策与优化控制的最优解比连锁零售分店Agent经过个体行为优化后库存决策与优化控制的最优解以更快的速度收敛。

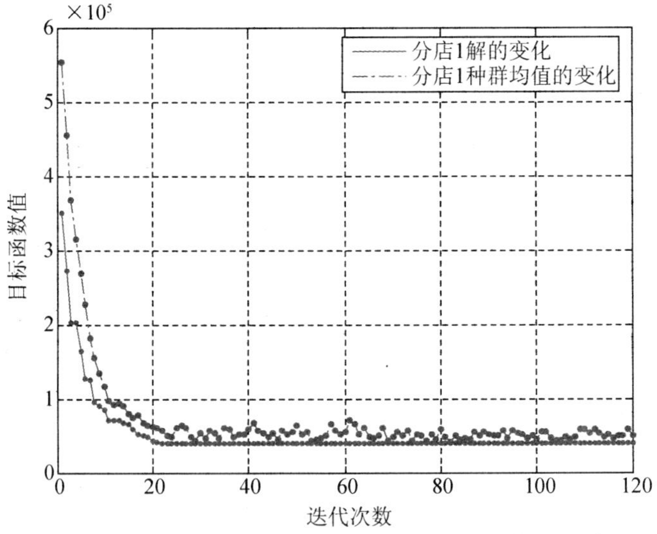


(a) 分店1库存决策与优化控制的最优解及种群性能跟踪

**图4.8　分店库存决策与优化控制的最优解及种群性能跟踪**

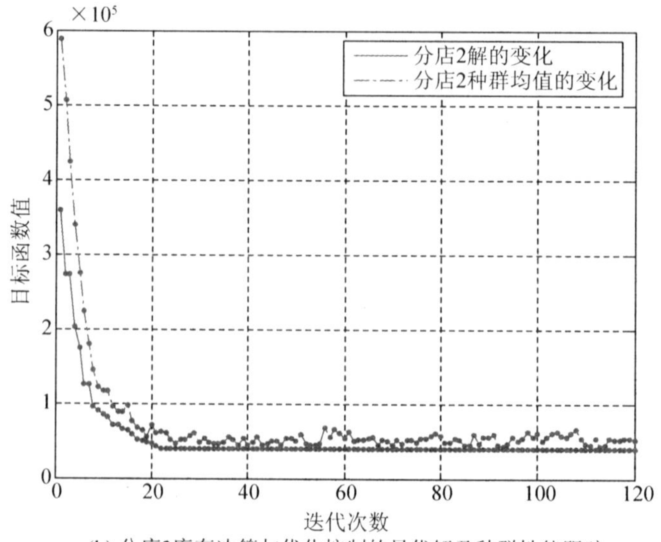


(b) 分店2库存决策与优化控制的最优解及种群性能跟踪

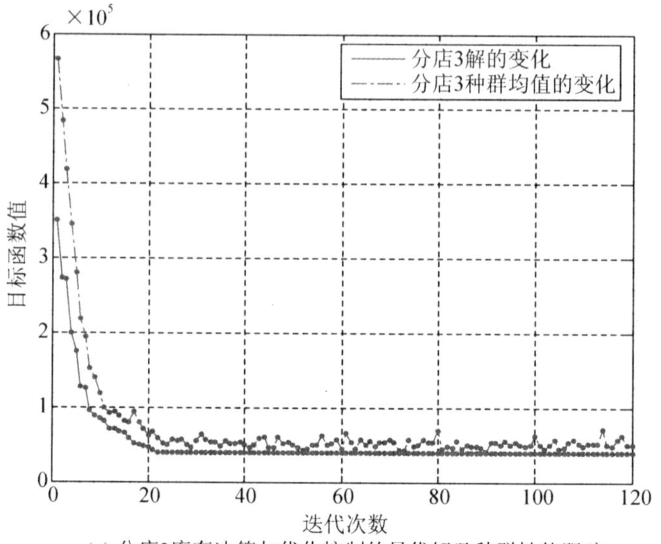


(c) 分店3库存决策与优化控制的最优解及种群性能跟踪

**图4.8 分店库存决策与优化控制的最优解及种群性能跟踪（续）**

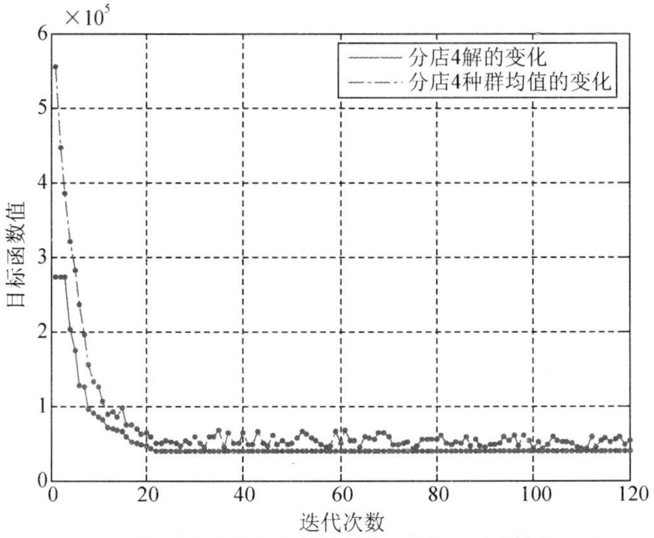


(d) 分店4库存决策与优化控制的最优解及种群性能跟踪

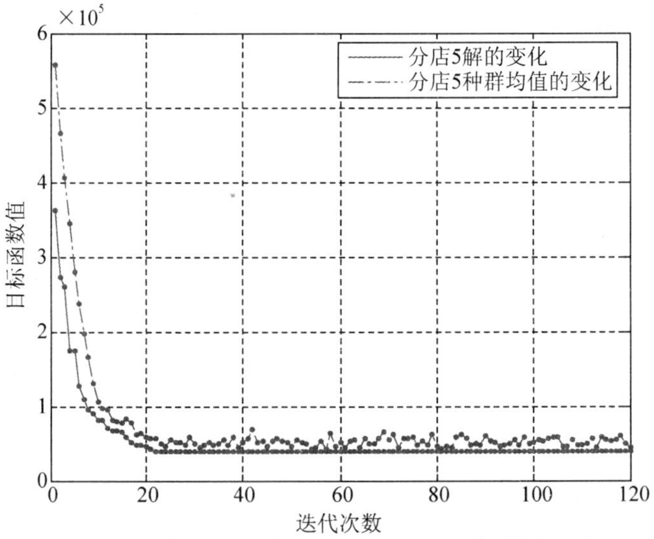


(e) 分店5库存决策与优化控制的最优解及种群性能跟踪

**图 4.8 分店库存决策与优化控制的最优解及种群性能跟踪（续）**

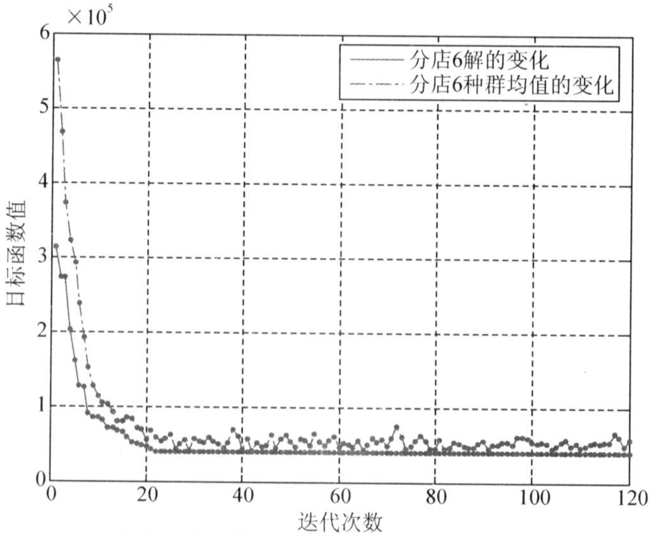


(f) 分店6库存决策与优化控制的最优解及种群性能跟踪

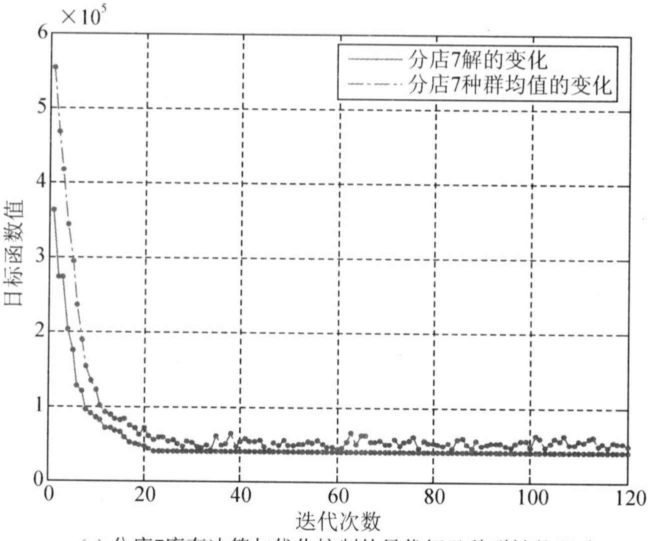


(g) 分店7库存决策与优化控制的最优解及种群性能跟踪

**图 4.8　分店库存决策与优化控制的最优解及种群性能跟踪（续）**

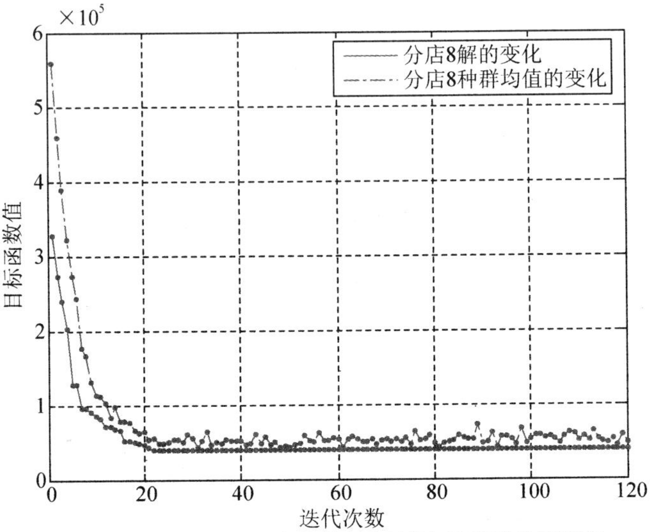


(h) 分店8库存决策与优化控制的最优解及种群性能跟踪

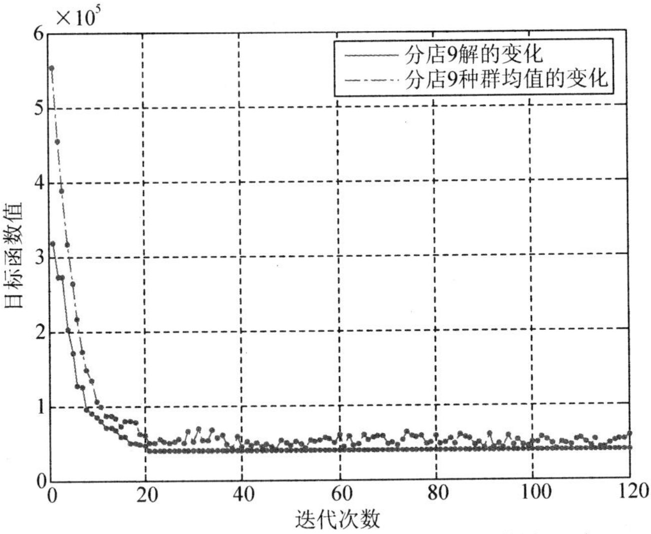


(i) 分店9库存决策与优化控制的最优解及种群性能跟踪

**图4.8　分店库存决策与优化控制的最优解及种群性能跟踪（续）**

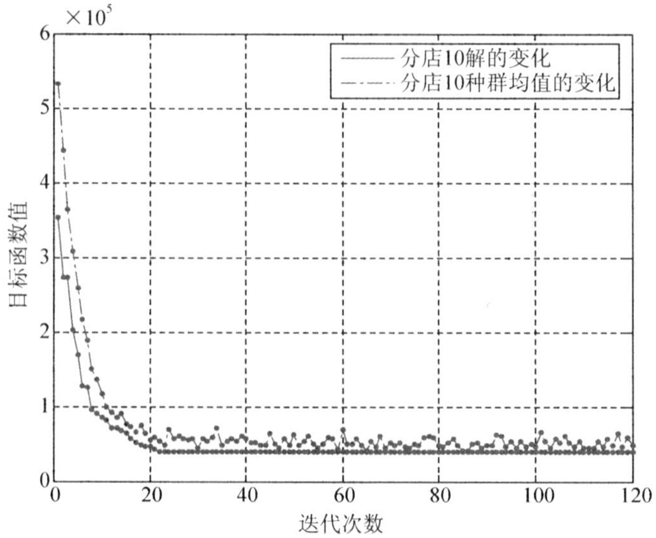


(j) 分店10库存决策与优化控制的最优解及种群性能跟踪

图4.8 分店库存决策与优化控制的最优解及种群性能跟踪（续）

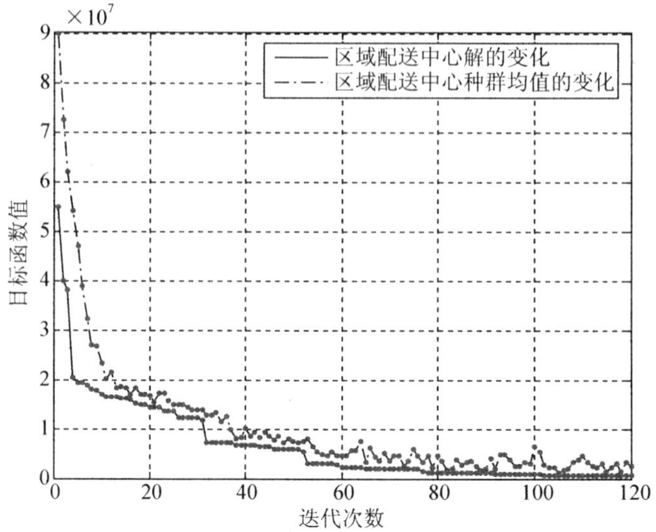


图4.9 10个分店群体库存决策与优化控制最优解及种群性能跟踪

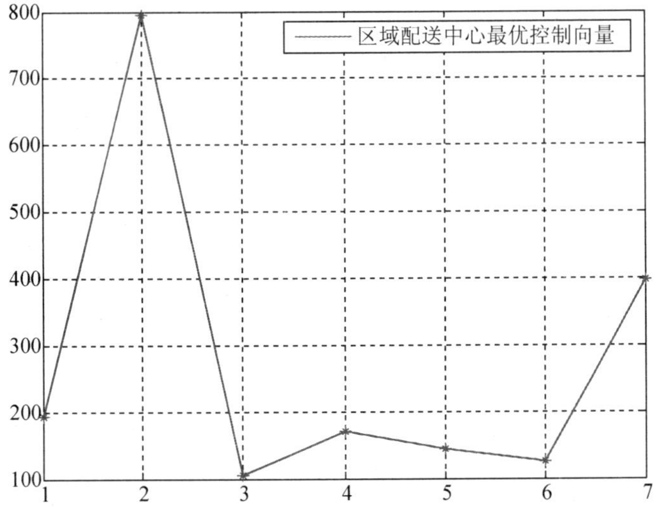


图 4.10 10 个分店群体库存决策与优化控制的最优控制向量

## 4.4 本章小结

精益供应链管理作为我国零售业新的经济利润增长点，其通过提高大型连锁零售企业的拉动式快速反应能力，实现整个供应链的上下游企业的联盟，从而大幅度削减整个供应链流程中的成本和浪费现象。[184] 精益供应链管理通过对供应链中的物流、资金流、信息流的精益化管理，为消费者潜在的消费需求转化成现实的消费满足提供了可能和必要的物质条件。[185]

根据连锁零售企业精益物流供应链复杂适应系统理论，MAS 各个层次上的行为优化构成了 MAS 的演化优化。本章从分析 MAS 的不同层次上的智能主体 Agent 的学习方式入手，建立了基于不同遗传算法的连锁零售企业精益物流供应链复杂适应系统中 MAS 演化优化的层次模型。MAS 演化优化的层次模型包括 3 层：①个体 Agent 的行为优化层；②区域 Agent 群体行为优化层；③系统节点 Agent 间的多目标行为优化层。其中，底层个体 Agent 微观行为不断相互作用的涌现形成了 MAS 的演化基础，因此个体

Agent 的学习和适应能力对于系统演化优化是非常重要的。

在微观个体行为优化级，连锁零售企业精益物流供应链库存量决策以顾客需求作为价值流动力，利用专家判定法和前驱性预测方法预测连锁零售分店的商品最优需求量，并采用基于遗传算法的个体 Agent 行为优化算法进行连锁零售分店独立需求库存量的决策与优化控制。在群体行为优化级，连锁零售企业精益物流供应链库存量决策借鉴细粒度模型遗传算法的遗传操作具有局部性的特点，模拟微观群体的交互作用的局部性，并采用基于细粒度模型遗传算法的 Agent 群体行为优化算法进行区域仓储独立需求库存量的协同决策与优化控制。

# 第5章 供应商选择与订单分配联合优化与协同决策

在一个企业的运营过程中，需要从一些供应商处采购商品、零件和服务等。在过去十几年中，很多企业开始采用大幅度减少供货商数量的采购策略[186]，甚至演化为“单一源采购”，即一个供货商负责某一种商品的所有供给。当减少供应商数量时，企业可以减少交易成本，增加经济效益，但是，因为供应商具有很多的不确定性，如供应商能否保证货物的质量；能否在库存提前期供货；能否保证货物的运输安全；能否提供优质的服务；能否保证其自身的财务状况运行良好等，从而导致企业采购具有更大的风险，而且一些供应风险根本无法预测。采用以往的多源采购策略，可以使采购风险减少，但同时交易成本大幅增长，产生严重的浪费。连锁零售企业精益物流供应链的核心理念是减少一切浪费，尽力降低成本。因此，精益物流供应链的核心零售企业必须在因控制不确定因素所付出的成本与成功控制不确定因素所获得的收益间作出正确权衡，进行供应商数量选择与订单分配联合优化与协同决策问题研究具有重要的现实意义。

本章在不确定顾客需求及供应可靠度随机的环境下，根据供应商有无提供增量价格折扣方式，建立了相应的供应商数量选择与订单分配联合多目标优化与协同决策模型，并采用基于多目标共生型协同进化遗传算法的Agent群体间行为优化算法进行求解，研究供应商系统节点Agent群体与总部配送中心系统节点Agent群体之间的行为优化问题。

## 5.1 供应商数量选择与订单分配联合优化与协同决策模型

供应商供应能力的不确定性直接影响连锁零售企业精益物流供应链的

运作，选择适宜的供应源既可以有效分散供应中断的风险，又可保证成本的最小化。本节在不确定环境下，针对无折扣采购和有折扣采购不同情形，对多商品和多目标的供应商数量选择与订单分配联合优化与协同决策问题进行研究，建立相应的供应商数量选择与订单分配联合多目标优化与协同决策模型。

### 5.1.1 无折扣采购联合优化与协同决策模型

#### 1. 问题描述与基本假设

当供应商生产能力有限时，单一供应源可能无法满足采购商的总订货需求，因此，需要选择 $X \geqslant 1$ 个供应商。

本节在研究多商品和多目标的供应商数量选择及其订单分配联合优化与协同决策问题中，以成本、质量、服务水平 3 个准则为目标函数，构建供应商数量选择与订单分配联合多目标优化与协同决策模型。假设连锁零售企业总部配送中心 Agent 的商品需求为随机需求，并且服从正态分布，下面将以买方选择供应商数量最少为目标函数，构建连锁零售企业总部配送中心 Agent 的随机约束规划决策模型。

假设每个供应商都能够同时提供彼此之间相互独立的多种商品，都不会发生商品供货短缺现象。在采购需求量随机变化、且服从正态分布的情况下，连锁零售企业总部配送中心 Agent 向 $n$ 个供应商采购 $m$ 种商品，并且采购的所有同种商品都采用预先商定的统一价格，不考虑数量折扣。因为研究的是单阶段采购问题，所以在联合优化与协同决策模型中不考虑库存成本。

#### 2. 符号含义

模型中用到的符号及其含义如下。

$j$：采购商品种类的序号，$j = 1,2,\cdots,m$。

$i$：被选择供应商的序号，$i=1,2,\cdots,n$。

$n$：被选择供应商的数量。

$D_j$：在计划期内，商品 $j$ 的总采购需求量，服从正态分布 $N\sim(\mu_j,\sigma_j^2)$。

$\mu_j$：在计划期内，商品 $j$ 的平均采购需求量。

$\sigma_j^2$：在计划期内，商品 $j$ 采购需求量的方差。

$x_{ij}$：表示总部配送中心 Agent 从供应商 $i$ 处采购商品 $j$ 的数量（决策变量）。

$q_{ij}$：供应商 $i$ 提交的商品 $j$ 中报废商品百分比。

$cp_{ij}$：在不考虑折扣的情况下，向供应商 $i$ 订购商品 $j$ 的单位成本为商品单价与运输成本之和。

$cq_{ij}$：由于从供应商 $i$ 处采购到不合格的商品 $j$ 造成的单位成本损失。

$u_{ij}$：从供应商 $i$ 处，能够获得商品 $j$ 的最大数量。

$d_{ij}$：供应商 $i$ 提交的商品 $j$ 中出现的商品延迟交货率。

$co_i$：从供应商 $i$ 处订货的订货成本。

$g_{ij}$：针对供应商品 $j$，供应商 $i$ 得到的评价等级。

$g_j$：针对供应商品 $j$，总部配送中心 Agent 要求其供应商应该具备的最低评价等级。

$f_{ij}$：针对供应商品 $j$，供应商 $i$ 所具有的供应配额柔性。

$f_j$：针对供应商品 $j$，总部配送中心 Agent 要求其供应商应该具备的最低配额柔性。

$s_{ij}$：针对供应商品 $j$，第 $i$ 个供应商能够提供的售后服务水平。

$s_j$：针对供应商品 $j$，总部配送中心 Agent 要求其供应商应该具备的最低售后服务水平。

$\alpha$：限制机会约束条件成立的概率大小的置信水平。

$y_{ij},y_i$：中间变量，其值为 0 或 1。

3. 联合优化与协同决策模型

以成本、质量、服务水平3个准则为目标函数，构建供应商数量选择与订单分配联合多目标优化与协同决策模型如下。

成本目标，使商品运输费用、采购费用和由于采购不合格的商品造成的成本损失最小化：

$$\min Z_1 = \sum_{i=1}^{n}\sum_{j=1}^{m} cp_{ij}x_{ij} + \sum_{i=1}^{n}\sum_{j=1}^{m} q_{ij}x_{ij}cq_{ij} + \sum_{i=1}^{n} y_i co_i \tag{5-1}$$

质量目标，使采购商品中的废品数量最小化：

$$\min Z_2 = \sum_{i=1}^{n}\sum_{j=1}^{m} q_{ij}x_{ij} \tag{5-2}$$

服务水平目标，使采购商品中延迟交货的数量最小化：

$$\min Z_3 = \sum_{i=1}^{n}\sum_{j=1}^{m} d_{ij}x_{ij} \tag{5-3}$$

上述模型中，$i = 1,2,\cdots,n$；$j = 1,2,\cdots,m$。其中式(5-1)表示成本最小化(包括商品运输费用、采购费用和由于采购不合格的商品造成的成本损失)目标；式(5-2)针对质量目标，使采购商品中的废品率最小化；式(5-3)针对服务水平目标，使采购商品中延迟交货的数量最小化。

4. 考虑买方需求的供应商数量的选择及订单分配的确定

在供应商数量选择与订单分配联合多目标优化与协同决策问题研究中，假设连锁零售企业总部配送中心Agent的商品需求为随机需求，并且服从正态分布，使买方选择供应商数量最少为目标函数，构建连锁零售企业总部配送中心Agent随机约束规划决策模型如下。

$$\min Z_{zx} = \sum_{i=1}^{n}\sum_{j=1}^{m} y_{ij} = \sum_{i=1}^{n} y_i \tag{5-4}$$

$$s.t.\begin{cases} pr\left[\sum_{i=1}^{n} x_{ij} \geqslant D_j\right] \geqslant \alpha \\ pr\left[\sum_{i=1}^{n} g_{ij}x_{ij} \geqslant g_jD_j\right] \geqslant \alpha \\ pr\left[\sum_{i=1}^{n} s_{ij}x_{ij} \geqslant s_jD_j\right] \geqslant \alpha \\ pr\left[\sum_{i=1}^{n} f_{ij}x_{ij} \geqslant f_jD_j\right] \geqslant \alpha \end{cases} \tag{5-5}$$

$$\text{s. T.}\begin{cases} x_{ij} \geqslant 0 \quad \text{并且是整数} \\ y_{ij} = \begin{cases} 0, & \text{不在供应商 } i \text{ 处采购第 } j \text{ 种产品} \\ 1, & \text{在供应商 } i \text{ 处采购第 } j \text{ 种产品} \end{cases} \\ y_i = \begin{cases} 0, & \text{在供应商 } i \text{ 处不采购任何产品} \\ 1, & \text{在供应商 } i \text{ 处至少采购一种产品} \end{cases} \end{cases} \tag{5-6}$$

$$y_i \leqslant \sum_{j=1}^{m} y_{ij} \leqslant my_i \tag{5-7}$$

$$y_{ij} \times 1 \leqslant x_{ij} \leqslant y_{ij} \times u_{ij} \tag{5-8}$$

上述模型中，$i = 1,2,\cdots,n$；$j = 1,2,\cdots,m$。式(5-4)表示使买方选择供应商数量最少化的目标函数式；式(5-5)表示供应商满足商品需求、评价等级要求、售后服务要求和柔性配额需求的4个机会约束，$pr\{\cdot\}$ 表示 $\{\cdot\}$ 中事件以置信水平 $\alpha$ 成立的概率；式(5-6)是非负采购量约束；式(5-7)表示一个订单包含了在一个供应商处采购的所有种类商品；式(5-8)表示在供应商 $i$ 采购商品 $j$ 的上下限数量约束。

5. 模型中的不确定性

连锁零售企业总部配送中心 Agent 的商品需求为随机需求，并且服从正态分布，表现为式(5-5)机会约束中的 $D_j$。为了防止模型的求解过程过于复杂，导致模型的实用性和可操作性变差，本节根据事先给定的置信水平，把机会约束转化为它们各自的等价类，即把式(5－5)描述的随机约束规划决策模型中的机会约束转化为下式算法。

$$s.t.\begin{cases}\sum_{i=1}^{n} x_{ij} \geqslant \mu_j + \Phi^{-1}(\alpha)\sigma_j \\ \sum_{i=1}^{n} g_{ij}x_{ij} \geqslant g_j(\mu_j + \Phi^{-1}(\alpha)\sigma_j) \\ \sum_{i=1}^{n} s_{ij}x_{ij} \geqslant s_j(\mu_j + \Phi^{-1}(\alpha)\sigma_j) \\ \sum_{i=1}^{n} f_{ij}x_{ij} \geqslant f_j(\mu_j + \Phi^{-1}(\alpha)\sigma_j)\end{cases}$$

式中　$\Phi(C) = 1/\sqrt{2\times\pi}\int_{-\infty}^{t} e^{-x^2/2}dt = \alpha, \Phi^{-1}(\alpha) = C$ 是其反函数。

### 5.1.2　有折扣采购联合优化与协同决策模型

#### 1. 问题描述与基本假设

当供应商生产能力有限时，单一供应源可能无法满足采购商的总订货需求，因此，需要选择 $X \geqslant 1$ 个供应商。

本节中所阐述的是多准则的供应商数量选择与订单分配联合优化与协同决策问题。一个采购商在多个供应商处采购多种商品，各个供应商以提供增量价格折扣方式来激励采购商购买商品。所谓增量价格折扣，就是采购量在不同的折扣数量范围，采用不同的价格购买同一种商品。本节在研究多目标和多种商品的供应商数量选择及其订单分配联合优化与协同决策问题中，以成本、质量、服务水平 3 个准则为目标函数，采用增量价格折扣采购方式，构建供应商数量选择与订单分配联合多目标优化与协同决策模型。假设连锁零售企业总部配送中心 Agent 的商品需求为随机需求，并且服从正态分布，以买方选择供应商数量最少为目标函数，构建连锁零售企业总部配送中心 Agent 随机约束规划决策模型。

假设多个供应商都能够同时提供彼此之间相互独立的多种商品，都不会发生商品供货短缺现象。在采购需求量随机变化、且服从正态分布的情况下，连锁零售企业总部配送中心 Agent 向 $n$ 个供应商采购 $m$ 种商品，并且采购的所有同种商品都采用预先商定的统一价格，同时考虑数量折扣。本节采用全部数量的折扣方式，即当订购数量属于某种折扣方式数量范围内时，所有商品都采用同一折扣价格。因为研究的是单阶段采购问题，所以在联合优化与协同决策模型中不考虑库存成本。

2. 符号含义

模型中用到的符号及其含义如下。

$j$：采购商品种类的序号，$j = 1,2,\cdots,m$。

$i$：被选择供应商的序号，$i = 1,2,\cdots,n$。

$n$：被选择供应商的数量。

$t$：折扣阶段序号，$t = 1,2,\cdots,T$。

$D_j$：在计划期内，商品 $j$ 的总采购需求量，服从正态分布 $N \sim (\mu_j, \sigma_j^2)$。

$\mu_j$：在计划期内，商品 $j$ 的平均采购需求量。

$\sigma_j^2$：在计划期内，商品 $j$ 采购需求量的方差。

$x_{ij}$：表示总部配送中心 Agent 从供应商 $i$ 处采购商品 $j$ 的数量(决策变量)。

$q_{ij}$：供应商 $i$ 提交的商品 $j$ 中报废商品百分比。

$a_{ijt}$：供应商 $i$ 以折扣率 $r_{ijt}$ 供应商品 $j$ 的数量上限。

$r_{ijt}$：从第 $i$ 个供应商订购商品 $j$ 的数量达到相应的定额要求时，所给予的第 $t$ 个阶段的价格折扣率。

$cp_{ij}$：在不考虑折扣的情况下，向供应商 $i$ 订购商品 $j$ 的单位成本，为商品单价与运输成本之和。

$cq_{ij}$：由于从供应商 $i$ 处采购到不合格的商品 $j$ 造成的单位成本损失。

$u_{ij}$：从供应商 $i$ 处，能够获得商品 $j$ 的最大数量。

$d_{ij}$：供应商 $i$ 提交的商品 $j$ 中出现的商品延迟交货率。

$co_i$：从供应商 $i$ 处订货的订货成本。

$g_{ij}$：针对供应商品 $j$，供应商 $i$ 得到的评价等级。

$g_j$：针对供应商品 $j$，总部配送中心 Agent 要求其供应商应该具备的最低评价等级。

$f_{ij}$：针对供应商品 $j$，供应商 $i$ 所具有的供应配额柔性。

$f_j$：针对供应商品 $j$，总部配送中心 Agent 要求其供应商应该具备的最低配额柔性。

$s_{ij}$：针对供应商品 $j$，第 $i$ 个供应商能够提供的售后服务水平。

$s_j$：针对供应商品 $j$，总部配送中心 Agent 要求其供应商应该具备的最低售后服务水平。

$\alpha$：限制机会约束条件成立的概率大小的置信水平。

$y_{ij}, y_i$：中间变量，其值为 0 或 1。

3. 联合优化与协同决策模型

以成本、质量、服务水平 3 个准则为目标函数，考虑供应商提供数量折扣的优惠条件，构建供应商数量选择与订单分配联合多目标优化与协同决策模型如下。

成本目标，在考虑数量折扣的条件下，最小化商品运输费用、采购费用和由于采购不合格的商品造成的成本损失：

$$\min Z_1 = \sum_{i=1}^{n}\sum_{j=1}^{m}\sum_{t=1}^{T} cp_{ij}x_{ij}(r_{ijt}y_{ijt}) + \sum_{i=1}^{n}\sum_{j=1}^{m} q_{ij}x_{ij}cq_{ij} + \sum_{i=1}^{n} y_i co_i \quad (5-9)$$

质量目标，使采购商品中的废品数量最小化：

$$\min Z_2 = \sum_{i=1}^{n}\sum_{j=1}^{m} q_{ij}x_{ij} \quad (5-10)$$

服务水平目标，使采购商品中延迟交货的数量最小化：

$$\min Z_3 = \sum_{i=1}^{n}\sum_{j=1}^{m} d_{ij}x_{ij} \tag{5-11}$$

上述模型中，$i=1,2,\cdots,n$；$j=1,2,\cdots,m$。其中式(5-9)表示在考虑数量折扣的条件下，成本最小化(包括商品运输费用、采购费用和由于采购不合格的商品造成的成本损失)目标；式(5-10)针对质量目标，使采购商品中的废品率最小化；式(5-11)针对服务水平目标，使采购商品中延迟交货的数量最小化。

4. 考虑买方需求的供应商数量选择及订单分配的确定

在供应商数量选择与订单分配联合多目标优化与协同决策问题研究中，假设连锁零售企业总部配送中心 Agent 的商品需求为随机需求，并且服从正态分布，使买方选择供应商数量最少为目标函数，构建连锁零售企业总部配送中心 Agent 随机约束规划决策模型如下：

$$\min Z_{zx} = \sum_{i=1}^{n}\sum_{j=1}^{m} y_{ij} = \sum_{i=1}^{n} y_i \tag{5-12}$$

$$s.t.\begin{cases} pr\left[\sum_{i=1}^{n} x_{ij} \geqslant D_j\right] \geqslant \alpha \\ pr\left[\sum_{i=1}^{n} g_{ij}x_{ij} \geqslant g_jD_j\right] \geqslant \alpha \\ pr\left[\sum_{i=1}^{n} s_{ij}x_{ij} \geqslant s_jD_j\right] \geqslant \alpha \\ pr\left[\sum_{i=1}^{n} f_{ij}x_{ij} \geqslant f_jD_j\right] \geqslant \alpha \end{cases} \tag{5-13}$$

$$0 \leqslant x_{ij} \leqslant u_{ij} \quad \text{并且是整数} \tag{5-14}$$

$$\sum_{t=1}^{T} y_{ijt} \leqslant 1 \tag{5-15}$$

$$\sum_{j=1}^{m}\sum_{t=1}^{T} y_{ijt} \leqslant m y_i \tag{5-16}$$

$$\sum_{t=1}^{T} y_{ijt} a_{ijt-1} \leqslant x_{ij} \leqslant \sum_{t=1}^{T} y_{ijt} a_{ijt} \tag{5-17}$$

上述模型中，$i = 1,2,\cdots,n$；$j = 1,2,\cdots,m$。式(5－12)表示使买方选择供应商数量最少化的目标函数式；式(5－13)表示供应商满足商品需求、评价等级要求、售后服务要求和柔性配额需求的 4 个机会约束，$pr\{\cdot\}$ 表示 $\{\cdot\}$ 中事件以置信水平 $\alpha$ 成立的概率；式(5－14)是非负采购量约束和在供应商 $i$ 处采购商品 $j$ 的上限数量约束；式(5－15)表示总部配送中心 Agent 从供应商 $i$ 处采购商品 $j$ 时，最多只能以一个折扣阶段的优惠价格购买该商品；式(5－16)表示一个订单包含了在一个供应商处采购的所有种类商品；式(5－17)表示与某一折扣区间内优惠价格相匹配的采购量的上下限约束。

5. 模型中的不确定性

连锁零售企业总部配送中心 Agent 的商品需求为随机需求，并且服从正态分布，表现为式(5－13)机会约束中的 $D_j$。为了防止模型的求解过程过于复杂，导致模型的实用性和可操作性变差，本节根据事先给定的置信水平，把机会约束转化为它们各自的等价类，即把式(5－13)描述的随机约束规划决策模型中的机会约束转化为式(5－18)算法。

$$s.t.\begin{cases} \sum_{i=1}^{n} x_{ij} \geqslant \mu_j + \Phi^{-1}(\alpha)\sigma_j \\ \sum_{i=1}^{n} g_{ij}x_{ij} \geqslant g_j(\mu_j + \Phi^{-1}(\alpha)\sigma_j) \\ \sum_{i=1}^{n} s_{ij}x_{ij} \geqslant s_j(\mu_j + \Phi^{-1}(\alpha)\sigma_j) \\ \sum_{i=1}^{n} f_{ij}x_{ij} \geqslant f_j(\mu_j + \Phi^{-1}(\alpha)\sigma_j) \end{cases} \tag{5-18}$$

式中，$\Phi(C) = 1/\sqrt{2\times\pi}\int_{-\infty}^{t} \mathrm{e}^{-x^2/2}\mathrm{d}t = \alpha, \Phi^{-1}(\alpha) = C$ 是其反函数。

## 5.2 基于协同进化遗传算法的 Agent 群体间行为优化

在连锁零售企业精益物流供应链系统中，供应商数量选择与订单分配联合优化与协同决策问题是一个多目标的优化问题。传统的多目标优化方法将其转化为各目标加权之和，然后采用单目标的优化技术进行求解，[187] 但是在解决供应商数量选择与订单分配联合优化与协同决策问题时，成本目标、质量目标和服务水平目标之间是不可比较的，不能采用传统的多目标优化方法[188,189]进行求解。因此，本节研究高效、实用的多目标优化的理论及算法是非常有必要的。

多目标优化问题存在多个最优解的集合，称为 Pareto 最优解集，但是不存在唯一的全局最优解。[190,191]传统的模拟退火算法和数学规划法是以单点搜索为特征的串行算法，不能够采用 Pareto 最优概念对解进行评估。根据进化算法的内在特征，供应商数量选择与订单分配联合优化与协同决策多目标优化问题适合采用进化搜索：①进化算法实现了搜索的多向性和全局性，是基于种群的搜索方式，即通过重组操作充分利用解之间的相似性，能够在一次运行中获取多个 Paerot 最优解，近似多目标问题的 Pareto 最优解集。因此，进化算法非常适合用于求解多目标优化问题。②进化算法不需要许多数学知识，就可以处理所有类型的目标函数和约束。1993 年和 1994 年，非劣性分层遗传算法(NSGA)、小组决胜遗传算法(NPGA)、多目标遗传算法(MOGA)等不同的多目标进化算法相继出现，为多目标进化算法研究工作打下了良好的基础。目前，多目标进化算法已经成为进化算法的研究热点之一[192,193]。

### 5.2.1 问题描述

连锁零售企业精益物流供应链复杂适应系统是一个多目标的合作共生的 MAS，其供应商系统节点 Agent 的目标包括：成本目标、质量目标和服务水平目标。为了实现成本目标、质量目标和服务水平目标，供应商系统节点 Agent 群体与总部配送中心系统节点 Agent 群体之间必须相互合作，协同进化，共同发展，即实现系统节点 Agent 群体间的行为优化。

在共生型协同进化模式[194-196]中，群体中的个体与其他群体中的个体进行一系列的合作作用，但是对解决目标问题的贡献度不同[197]，因此其个体的适应度值取决于合作作用和贡献度的大小。多目标共生型协同进化遗传算法是把一个实际目标问题分解为几个子问题，并为每个子问题设计一个种群，根据个体适应度的不同计算方法构成了不同的进化算法，采用不同的进化算法来进化不同的种群。由不同种群构成的一个共生体对应实际目标问题的完整解，而每一个进化种群只对应目标问题的部分解。

在连锁零售企业精益物流供应链复杂适应系统中，为每个分目标设计一个种群，种群中个体的适应度值取决于合作作用和贡献度的大小，那么各个分目标就对应于完整解的部分解。不同的种群分别采用不同的进化算法来进化，通过对各个分目标种群中的个体的适应度评价来实现各个分目标之间的协同进化和共同发展，求得优化问题的完整解。因此，本节研究基于多目标共生型协同进化遗传算法的 Agent 群体间行为优化算法，求解供应商系统节点 Agent 群体与总部配送中心系统节点 Agent 群体之间的行为优化问题。

### 5.2.2 基于协同进化遗传算法的 Agent 群体间行为优化算法

在连锁零售企业精益物流供应链复杂适应系统中，每个种群实现一个分目标，各个种群协同进化、共同发展实现各个分目标。本书采用多目标共生型协同进化遗传算法，不同的种群分别采用不同的进化算法来进化，通过对各个分目标种群中的个体的适应度评价来实现各个分目标之间的协同进化和共同发展。下面详细讨论本书提出的基于多目标共生型协同进化遗传算法的 Agent 群体间行为优化算法，首先介绍一些多目标优化的基本概念。

**定义 5.1** 一个多目标优化问题包含一个包含 $k$ 个目标函数的集合、一个有 $m$ 个约束条件的集合和一个有 $n$ 个参数(决策变量)的集合。其中目标函数和约束条件是决策变量的函数。[198] 多目标优化问题的数学模型可以描述为

$$\begin{cases} \min(y) = f(x) = [f_1(x), f_2(x), \cdots, f_k(x)] \\ s.t.\ e(x) = [e_1(x), e_2(x), \cdots, e_m(x)] \leqslant 0 \end{cases} \tag{5-19}$$

式中 $x = (x_1, x_2, \cdots, x_n) \in X$——变量向量；

$y = (y_1, y_2, \cdots, y_k) \in Y$——目标向量；

$X$ 和 $Y$——决策空间和目标空间。

约束条件 $e(x) \leqslant 0$ 确定了可行解集。

**定义 5.2** 可行解集 $X_f$ 定义为满足约束条件 $e(x) \leqslant 0$ 的决策向量 $x$ 的集合[198]：

$$X_f = \{x \in X | e(x) \leqslant 0\} \tag{5-20}$$

$X_f$ 的映射，即目标空间可行区域，定义为 $Y_f = f(X_f) = \cup_{x \in X_f}\{f(x)\}$ 。

**定义 5.3** (目标向量比较)对于任意两个目标向量 $u$ 和 $v$ 有

$$\begin{cases} u = v \quad iff \quad \forall i \in \{1,2,\cdots,k\}, u_i = v_i \\ u \geqslant v \quad iff \quad \forall i \in \{1,2,\cdots,k\}, u_i \geqslant v_i \\ u > v \quad iff \quad u \geqslant v \wedge u \neq v, \text{即 } \forall i \in \{1,2,\cdots,k\}, u_i \geqslant v_i \\ \qquad\qquad \text{且 } \exists j \in \{1,2,\cdots,k\} \text{ 使得 } u_j > v_j \end{cases} \tag{5-21}$$

**定义 5.4** (Pareto 优超)对于任意两个决策向量 $a$ 和 $b$ ，二元关系 $>$、$\geq$ 和$\sim$定义如下：

$$\begin{cases} a > b \quad a \text{ 优超(Dominates) } b \quad iff \quad f(a) > f(b) \\ a \geq b \quad a \text{ 弱优超(Weakly Dominates) } b \quad iff \quad f(a) \geqslant f(b) \\ a \sim b \quad a \text{ 与 } b \text{ 无差异(Indifferent)} \quad iff \quad f(a) < f(b) \wedge f(b) < f(a) \end{cases} \tag{5-22}$$

**定义 5.5** 设集合 $A \subseteq X_f$，决策向量 $x \in X_f$ 称为相对于集合 $A$ 的非劣最优解，当且仅当

$$\nexists a \in A, \quad a > x \tag{5-23}$$

如果 $A = X_f$，则称 $x$ 为 Pareto 最优解。

**定义 5.6** 设集合 $A \subseteq X_f$，函数 $p(A)$ 表示为集合 $A$ 上的非劣最优解集[198]：

$$p(A) = \{a \in A \mid a \text{ 为相对集合 } A \text{ 的非劣解}\} \tag{5-24}$$

而对应的目标向量的集合 $f[p(A)]$ 称为相对于集合 $A$ 的非劣最优前端。称 $X_p = p(X_f)$ 为 Pareto 最优解集，称 $Y_p = f(X_p)$ 为 Pareto 前端。

**定义 5.7** 设集合 $A \subseteq X_f$，若：

（1）集合 $A$ 称为局部 Pareto 最优解集，当且仅当

$$\forall a \in A, \nexists x \in X_f, x > a \wedge \| x - a \| < \varepsilon \wedge \| f(x) - f(a) \| < \delta \tag{5-25}$$

（2）集合 $A$ 称为全局 Pareto 最优解集，当且仅当

$$\forall a \in A, \nexists x \in X_f, x > a \tag{5-26}$$

基于上述这些概念，定义多目标共生型协同进化遗传算法。

1. 适应度定义与选择机制

在多目标共生型协同进化遗传算法中，个体的适应度采用 Zitzler 提出的适应度赋值方法确定，最优个体利用外部集的方式选择、保留，外部集的大小采用拥挤距离进行调整，目的是为了获得具有良好均匀性和宽广性的 Pareto 最优解集。[198]

Zitzler 提出的个体适应度赋值方法如下。[199]

设当前种群 $P_t$ 的大小为 $N$。

（1）标识种群 $P_t$ 中的 Pareto 最优解集 $p(P_t)$，并计算任意 $i \in p(P_t)$ 的适应度。

$$S(i) = \frac{|\{j \mid j \in P_t \land i > j\}|}{N+1} \tag{5-27}$$

式中　$j$ —— $P_t$ 的任意个体。

（2）计算 $P_t$ 中每个个体 $j$ 的适应度。

$$F(j) = 1 + \sum_{i \in p(P_t), i>j} S(i) \tag{5-28}$$

相应的选择方法为：

① 随机从 $P_t$ 中选出两个个体 $i,j$；

② 如果 $F(i) < F(j)$，则令 $P_{t+1} \leftarrow P_{t+1} + \{i\}$，否则 $P_{t+1} \leftarrow P_{t+1} + \{j\}$。

为了达到保留最优解的目的，本节采用大小为 $\overline{N}$ 的外部集 $\overline{P_t}$（它保存到前 $t$ 代为止的 Pareto 最优解），从中随机选出一部分个体参与种群的选择。设当前的种群为 $P_t$，相对于种群 $P_t$ 的 Pareto 最优解集为 $O_t = p(P_t)$，并设当前的外部集为 $\overline{P_t}$，大小为 $\overline{N}$，则更新外部集的方法为：[198]

① 把 $O_t$ 复制到 $\overline{P_t}$ 以得到 $\overline{P'_t}$，即令 $\overline{P'_t} \leftarrow \overline{P_t} + O_t$；

② 找出 $\overline{P'_t}$ 中 Pareto 最优解作为 $t+1$ 代的外部集，即 $\overline{P_{t+1}} \leftarrow p(\overline{P'_t})$。

采用拥挤距离限制外部集的大小，为了防止外部集的无限制增大，具体方法是：[198]

设当前的外部集为 $\overline{P_t}$，其大小为 $\overline{M}(>\overline{N})$，$\overline{N}$ 为外部集大小的上限。参数 $i_{dist}$ 表示个体 $i$ 周围解的密度，称为拥挤距离，其值等于该个体按每个目标排序后其前后相邻两点间距离和的平均。最后根据拥挤距离从大到小排序，选取前 $\overline{N}$ 个作为下一代的外部集。[198]

2. Pareto 领域交叉算子

设当前的种群为 $P_t$，相对于种群 $P_t$ 的 Pareto 最优解集为 $O_t = p(P_t)$。设 $(x_1, x_2, \cdots, x_n) \in P_t$，从 $O_t$ 中随机选择一个个体 $(r_1, r_2, \cdots, r_n)$，按下式产生一个新的个体 $(z_1, z_2, \cdots, z_n)$ 取代 $(x_1, x_2, \cdots, x_n)$：

$$z_i = r_i + U(-1,1) \times (r_i - x_i) \quad (i = 1,2,\cdots,n) \qquad (5-29)$$

式中　$U(\cdot,\cdot)$ ——均匀分布的随机数。

由定义 5.5 和定义 5.6 可知，种群 $P_t$ 中的决策向量可分为 Pareto 最优解和其他解两个部分，相对应的目标向量也分为 Pareto 前端和非 Pareto 前端两部分。由定义 5.7 可知，在 $P_t$ 中 Pareto 最优解的附近可能存在更好的解，因此 Pareto 领域交叉算子相当于对 Pareto 最优解进行局部爬山操作。[198]

3. 合作算子

设有两个父代种群 $P_t^a = (x_1^a, x_2^a, \cdots, x_n^a)$ 和 $P_t^b = (x_1^b, x_2^b, \cdots, x_n^b)$，其 *Pareto* 最优解集分别为 $O_t^a$ 和 $O_t^b$，对于 $P_t^a$ 的任意个体 $(x_1^a, x_2^a, \cdots, x_n^a)$，随机在 $O_t^b$ 中选择一个个体 $(r_1^b, r_2^b, \cdots, r_n^b)$，按下式产生一个新个体 $(z_1^a, z_2^a, \cdots, z_n^a)$，[198]从而产生下一代种群 $P_{t+1}^a$。

$$z_i^a = r_i^b + U(-1,1) \times (r_i^b - x_i^a) \quad (i = 1,2,\cdots,n) \qquad (5-30)$$

同理，对于 $P_t^b$ 中的任意个体 $(x_1^b, x_2^b, \cdots, x_n^b)$，随机在 $O_t^a$ 中选择一个个体 $(r_1^a, r_2^a, \cdots, r_n^a)$，按下式产生一个新的个体 $(z_1^b, z_2^b, \cdots, z_n^b)$，从而产生下一代种群 $P_{t+1}^b$。

$$z_i^b = r_i^a + U(-1,1) \times (r_i^a - x_i^b) \quad (i = 1,2,\cdots,n) \qquad (5-31)$$

$P_t^a$ 和 $P_t^b$ 是两个独立进化的种群，相当于在决策空间的不同区域进行搜索，通过合作算子，两个种群互相交换信息，有利于扩大算法的搜索区域，而利用两个种群之间的差异能够保持这两个种群的多样性。同时，采用的信息交换方法是带有方向性的，并且在各自有潜力的区域进行搜索。[198]

根据上面定义的多目标优化的基本概念和多目标共生型协同进化遗传算法，本书提出的基于多目标共生型协同进化遗传算法的 Agent 群体间行为优化算法基本流程如图 5.1 所示。

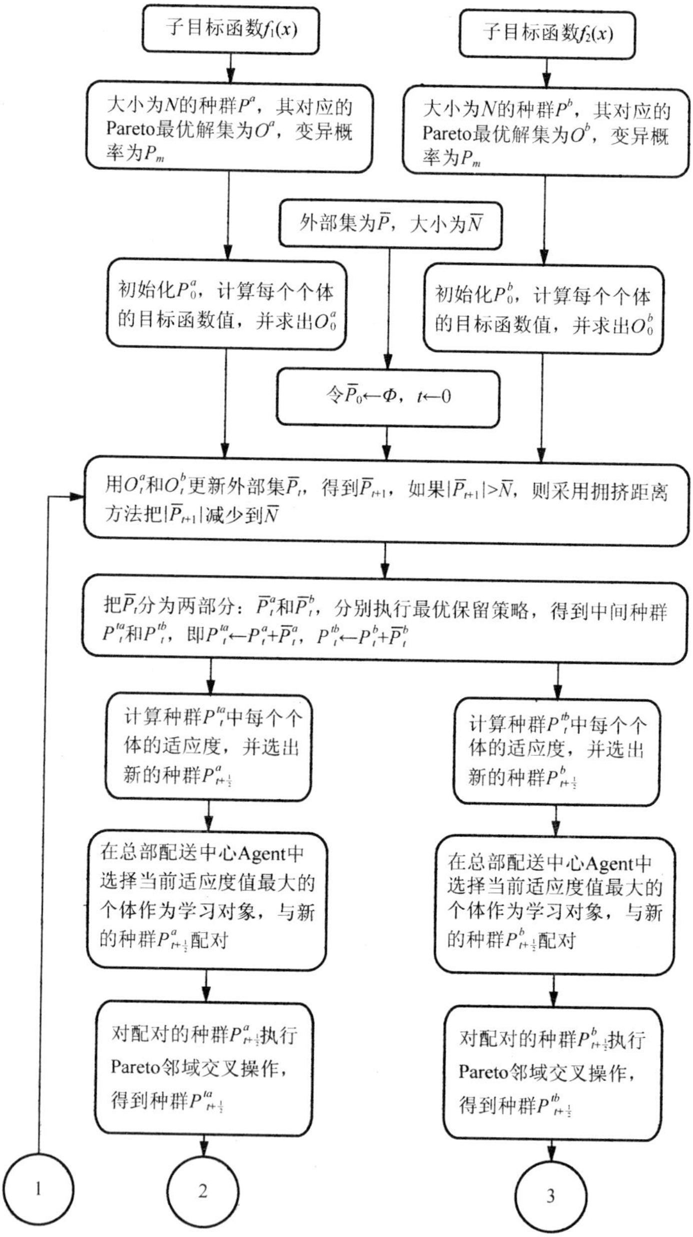


图 5.1　基于协同进化遗传算法的 Agent 群体间行为优化算法基本流程

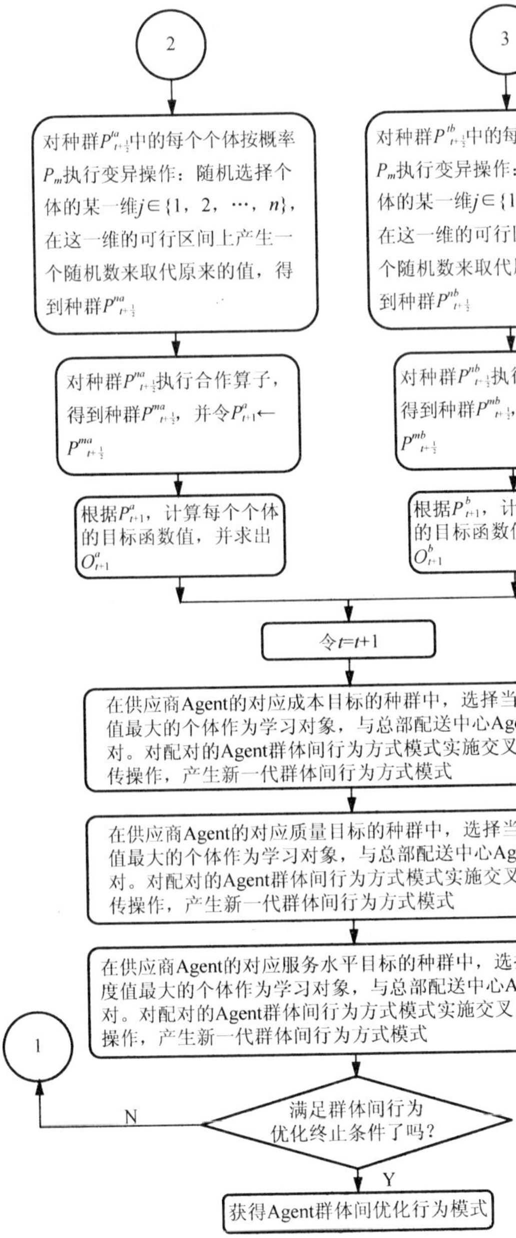


图 5.1　基于协同进化遗传算法的 Agent 群体间行为优化算法基本流程（续）

# 5.3 算例分析

## 5.3.1 无折扣采购联合优化与协同决策算例

### 1. 问题描述与基本假设

连锁零售企业总部配送中心 Agent 计划从 7 个供应商处采购 6 种商品，并且采购的所有同种商品都采用预先商定的统一价格，不考虑数量折扣。每种商品需求为随机需求，并且服从正态分布。假设多个供应商都能够同时提供彼此之间相互独立的多种商品，都不会发生商品供货短缺现象。表明每个供应商能够供应商品的能力、供应商品种类的范围及服务水平的各种参数值见表 5-1。反映连锁零售企业总部配送中心 Agent 对供应商供应商品能力与服务水平基本要求的参数值见表 5-2。种群规模为 60 条染色体，最大遗传代数为 200，决策变量的个数为 42。交叉概率为 0.60，变异概率为 0.006。供应商系统节点 Agent 群体与总部配送中心系统节点 Agent 群体之间的行为优化问题，采用图 5.1 所示的基于多目标共生型协同进化遗传算法的 Agent 群体间行为优化算法进行求解。

表 5-1 供应商供应商品能力与服务水平参数值

| 商品 | 供应商 | $cp_{ij}$/ ¥ | $d_{ij}$/% | $q_{ij}$/% | $f_{ij}$/% | $g_{ij}$/% | $s_{ij}$/% | $u_{ij}$/件 | $cq_{ij}$/ ¥ | $co_i$ / ¥ |
|---|---|---|---|---|---|---|---|---|---|---|
| 1 | 1 | 5.0000 | 18 | 4 | 2 | 88 | 90 | 20000 | 2.5000 | 1200 |
| | 2 | 5.1000 | 9 | 2 | 1 | 90 | 92 | 50000 | 2.6000 | 2000 |
| | 3 | 510.00 | 600 | 600 | 0 | 3 | 0 | 60 | 260.00 | 180000 |
| | 4 | 4.0000 | 6 | 7 | 2 | 89 | 93 | 30000 | 2.0000 | 1000 |
| | 5 | 3.0000 | 9 | 2 | 2 | 94 | 93 | 30000 | 1.5000 | 1500 |
| | 6 | 200.00 | 30 | 300 | 0 | 9 | 0 | 20 | 100.00 | 120000 |
| | 7 | 1.0000 | 1 | 9 | 1 | 96 | 96 | 10000 | 0.5000 | 1000 |

（续表）

| 商品 | 供应商 | $cp_{ij}$/¥ | $d_{ij}$/% | $q_{ij}$/% | $f_{ij}$/% | $g_{ij}$/% | $s_{ij}$/% | $u_{ij}$/件 | $cq_{ij}$/¥ | $co_i$/¥ |
|---|---|---|---|---|---|---|---|---|---|---|
| | 1 | 6.0000 | 6 | 6 | 1 | 93 | 97 | 50000 | 3.0000 | 1200 |
| | 2 | 8.0000 | 9 | 5 | 3 | 96 | 96 | 20000 | 4.0000 | 2000 |
| | 3 | 300.00 | 900 | 400 | 0 | 9 | 0 | 20 | 150.00 | 180000 |
| 2 | 4 | 2.2000 | 2 | 3 | 3 | 90 | 93 | 50000 | 1.1000 | 1000 |
| | 5 | 2.1000 | 10 | 4 | 2 | 86 | 92 | 40000 | 1.1000 | 1500 |
| | 6 | 100.00 | 300 | 100 | 0 | 5 | 0 | 10 | 500.00 | 120000 |
| | 7 | 9.0000 | 8 | 6 | 1 | 95 | 97 | 30000 | 4.5000 | 1000 |
| | 1 | 6.0000 | 5 | 8 | 6 | 83 | 90 | 60000 | 3.0000 | 1200 |
| | 2 | 4.0000 | 1 | 8 | 4 | 89 | 85 | 30000 | 2.0000 | 2000 |
| | 3 | 250.000 | 1000 | 300 | 0 | 8 | 0 | 20 | 130.00 | 180000 |
| 3 | 4 | 8.0000 | 8 | 3 | 2 | 96 | 94 | 20000 | 4.0000 | 1000 |
| | 5 | 2.5000 | 5 | 5 | 6 | 98 | 93 | 40000 | 1.3000 | 1500 |
| | 6 | 900.00 | 900 | 900 | 0 | 0 | 0 | 50 | 450.00 | 120000 |
| | 7 | 1.0000 | 4 | 7 | 6 | 88 | 96 | 60000 | 0.5000 | 1000 |
| | 1 | 3.0000 | 8 | 6 | 3 | 89 | 96 | 30000 | 1.5000 | 1200 |
| | 2 | 2.0000 | 1 | 6 | 4 | 93 | 83 | 40000 | 1.0000 | 2000 |
| | 3 | 430.000 | 600 | 400 | 0 | 0 | 0 | 10 | 220.00 | 180000 |
| 4 | 4 | 9.0000 | 3 | 3 | 2 | 93 | 97 | 20000 | 4.5000 | 1000 |
| | 5 | 7.0000 | 7 | 9 | 2 | 87 | 97 | 30000 | 3.5000 | 1500 |
| | 6 | 410.000 | 1200 | 400 | 0 | 6 | 0 | 60 | 210.00 | 120000 |
| | 7 | 4.0000 | 9 | 1 | 3 | 89 | 92 | 50000 | 2.0000 | 1000 |
| | 1 | 1.0000 | 4 | 9 | 6 | 95 | 93 | 40000 | 0.5000 | 1200 |
| | 2 | 3.0000 | 7 | 1 | 4 | 90 | 95 | 20000 | 1.5000 | 2000 |
| | 3 | 800.00 | 100 | 800 | 0 | 7 | 0 | 60 | 400.00 | 180000 |
| 5 | 4 | 1.6000 | 2 | 3 | 1 | 95 | 92 | 20000 | 0.8000 | 1000 |
| | 5 | 1.4000 | 10 | 7 | 5 | 90 | 93 | 40000 | 0.7000 | 1500 |
| | 6 | 800.00 | 800 | 900 | 0 | 3 | 0 | 60 | 400.00 | 120000 |
| | 7 | 8.0000 | 4 | 4 | 3 | 90 | 92 | 30000 | 4.0000 | 1000 |
| | 1 | 1.5000 | 3 | 2 | 5 | 90 | 97 | 20000 | 7.5000 | 1200 |
| | 2 | 1.5000 | 9 | 5 | 3 | 92 | 92 | 40000 | 7.5000 | 2000 |
| | 3 | 300.00 | 600 | 700 | 0 | 8 | 0 | 30 | 150.00 | 180000 |
| 6 | 4 | 6.0000 | 9 | 5 | 2 | 86 | 96 | 50000 | 3.0000 | 1000 |
| | 5 | 1.0000 | 3 | 2 | 3 | 89 | 94 | 60000 | 0.5000 | 1500 |
| | 6 | 160.00 | 1200 | 300 | 0 | 7 | 0 | 10 | 800.00 | 120000 |
| | 7 | 1.4000 | 5 | 2 | 2 | 93 | 93 | 20000 | 0.7000 | 1000 |

表5－2 要求供应商达到的供应商品能力与服务水平的基本参数值

| 商品 | $f_j$ /% | $g_j$ /% | $s_j$ /% | $\mu_j$ /件 | $\sigma_j$ /件 | $\alpha$ | $\Phi^{-1}(\alpha)$ |
|---|---|---|---|---|---|---|---|
| 1 | 2 | 92 | 92 | 6000 | 1000 | 0.9 | 1.28 |
| 2 | 2 | 92 | 94 | 3000 | 800 | 0.9 | 1.28 |
| 3 | 5 | 95 | 93 | 4500 | 800 | 0.9 | 1.28 |
| 4 | 4 | 93 | 93 | 7000 | 100 | 0.9 | 1.28 |
| 5 | 5 | 90 | 95 | 6000 | 1200 | 0.9 | 1.28 |
| 6 | 3 | 92 | 93 | 6000 | 850 | 0.9 | 1.28 |

2. 参数确定

$u_{ij}$：由采购管理人员根据供应商的承诺，并对供应商的综合实力进行评估后确定。

$co_i$：根据最新变动成本并参考前两年历史数据，由企业管理人员综合得出。

$g_{ij}$：来自第三方机构的评价数据。

$f_{ij}$：由企业采购管理人员综合权衡后设定，用通过供应商内部挖潜或使用外部资源使供应量能够向上浮动的最大百分比表示。

$cp_{ij}$：总部配送中心在与供应商签订合同时，商定的协议价格。

$d_{ij}$ 和 $q_{ij}$：来自前两年提交给总部配送中心的商品统计数据的平均值。

$s_{ij}$：以上一年供应商兑现售后服务的项目数占合同规定的总服务项目数的百分比表示。

3. 决策与优化结果

运用 MATLAB 7.0 和英国谢菲尔德大学开发的遗传算法工具箱实现基于多目标共生型协同进化遗传算法的 Agent 群体间行为优化算法，经过200次迭代后目标函数1（成本目标）的最优解及种群性能跟踪如图5.2所示；经过200次迭代后目标函数2（质量目标）的最优解及种群性能跟踪如图5.3所示；经过200次迭代后目标函数3（服务水平目标）的最优解及种群性能跟踪如图 5.4 所示；最优行为决策与优化参数见表 5－3。行为决策与优化参数为每种商品的供应商和相应的最优订货量配额。

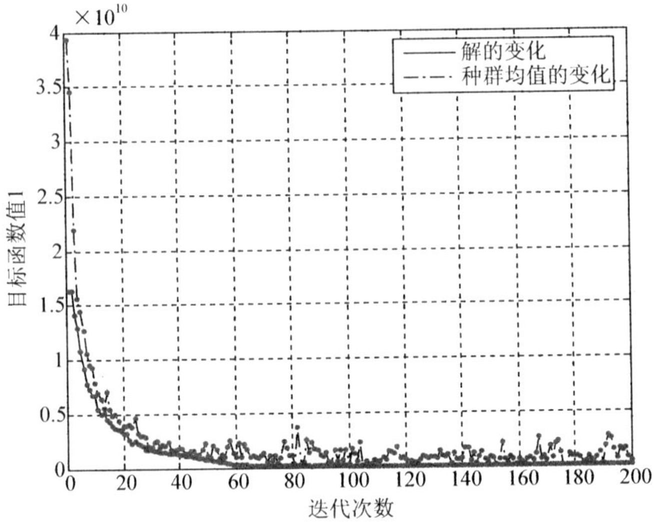


图 5.2　200 次迭代后目标函数 1 的最优解及种群性能跟踪

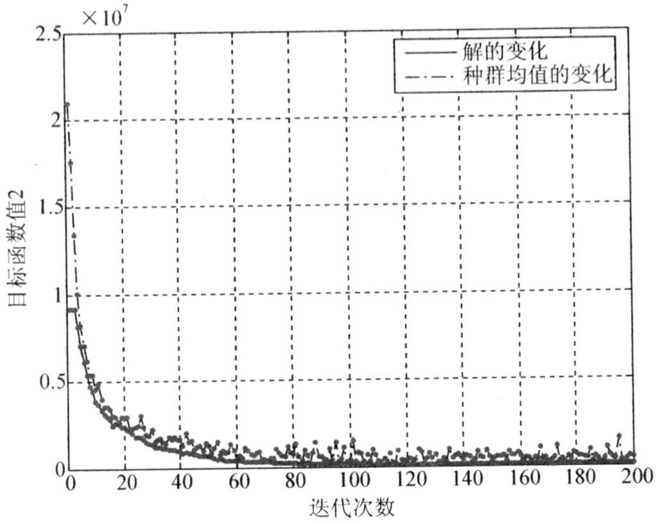


图 5.3　200 次迭代后目标函数 2 的最优解及种群性能跟踪

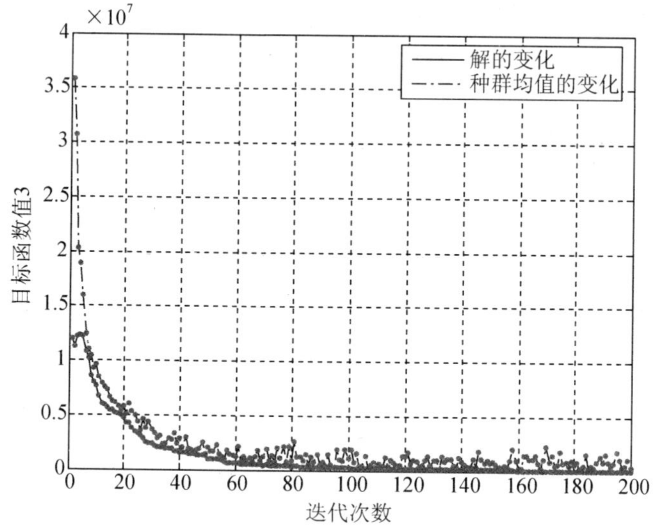


图 5.4　200 次迭代后目标函数 3 的最优解及种群性能跟踪

表 5-3　最优行为决策与优化参数

| 供应商 \ 商品 | 1 | 2 | 3 | 4 | 5 | 6 |
|---|---|---|---|---|---|---|
| 1 | 2000 | 293 | 592 | 1003 | 2971 | 2000 |
| 2 | 3903 | 607 | 910 | 4000 | 1098 | 4000 |
| 3 | 0 | 0 | 0 | 0 | 0 | 0 |
| 4 | 3000 | 800 | 1893 | 2000 | 2000 | 0 |
| 5 | 1065 | 996 | 1914 | 0 | 4000 | 422 |
| 6 | 0 | 0 | 0 | 0 | 0 | 0 |
| 7 | 0 | 1958 | 1532 | 500 | 300 | 2000 |

注：表中 $x_{ij}(i = 1,2,\cdots,7;\ j = 1,2,\cdots,6)$ 的单位是(件)。

目标函数 1 的最优解为 29411000 元，目标函数 2 的最优解为 88455 件，目标函数 3 的最优解为 116610 件。选择的供应商数量为 5 个。

从上述算例研究可以看出，每个供应商针对各种商品供应的评价等级、供应配额柔性和售后服务水平是影响分配给每个供应商订货量配额的主要因素。因此，可以得出如下结论：在具有随机需求特征、多目标、多种商品采购情况下，分配给每个供应商的最终订货量配额，取决于供应商自身具备的服务能力与水平。

### 5.3.2 有折扣采购联合优化与协同决策算例

#### 1. 问题描述与基本假设

连锁零售企业总部配送中心 Agent 计划从 7 个供应商处采购 6 种商品。所有供应商供应商品时都提供全部数量的折扣[200]优惠条件，即当订购数量属于某种折扣方式数量范围内时，采购的所有同种商品都采用事先商定的同一折扣价格。每种商品需求为随机需求[201]，并且服从正态分布。假设多个供应商都能够同时提供彼此之间相互独立的多种商品，且都不会发生商品供货短缺现象。表5－1 所示的各种参数值表示每个供应商能够供应商品种类的范围、供应商品的能力以及服务水平。反映连锁零售企业总部配送中心 Agent 对供应商供应商品能力与服务水平基本要求的参数值见表 5－2。设种群规模为 60 条染色体，最大遗传代数为 200，决策变量的个数为 42。交叉概率为 0.60，变异概率为 0.006。供应商系统节点 Agent 群体与总部配送中心系统节点 Agent 群体之间的行为优化问题，采用图 5.1 所示的基于多目标共生型协同进化遗传算法的 Agent 群体间行为优化算法进行求解。

此外，各供应商的价格折扣率分别由下列矩阵表示：

$$
\boldsymbol{r}_1 = \begin{bmatrix} 1 & 0.9 & 0.85 & 0.85 & 0.8 \\ 1 & 0.9 & 0.85 & 0.85 & 0.8 \\ 1 & 0.9 & 0.85 & 0.85 & 0.8 \\ 1 & 0.9 & 0.85 & 0.85 & 0.8 \\ 1 & 0.9 & 0.85 & 0.85 & 0.8 \\ 1 & 0.9 & 0.85 & 0.85 & 0.8 \end{bmatrix}
$$

$$r_2 = \begin{bmatrix} 1 & 0.9 & 0.9 & 0.9 & 0.85 \\ 1 & 0.9 & 0.9 & 0.9 & 0.85 \\ 1 & 1 & 0.9 & 0.9 & 0.8 \\ 1 & 1 & 0.9 & 0.9 & 0.85 \\ 1 & 0.9 & 0.9 & 0.9 & 0.85 \\ 1 & 1 & 0.9 & 0.9 & 0.8 \end{bmatrix}$$

$$r_3 = \begin{bmatrix} 1 & 1 & 1 & 1 & 1 \\ 1 & 1 & 1 & 1 & 1 \\ 1 & 1 & 1 & 1 & 1 \\ 1 & 1 & 1 & 1 & 1 \\ 1 & 1 & 1 & 1 & 1 \\ 1 & 1 & 1 & 1 & 1 \end{bmatrix}$$

$$r_4 = \begin{bmatrix} 1 & 0.95 & 0.9 & 0.9 & 0.8 \\ 1 & 0.95 & 0.9 & 0.9 & 0.8 \\ 1 & 0.95 & 0.9 & 0.9 & 0.8 \\ 1 & 1 & 0.9 & 0.9 & 0.8 \\ 1 & 1 & 0.9 & 0.9 & 0.8 \\ 1 & 1 & 0.9 & 0.9 & 0.8 \end{bmatrix}$$

$$r_5 = \begin{bmatrix} 1 & 1 & 0.9 & 0.85 & 0.8 \\ 1 & 1 & 0.9 & 0.85 & 0.8 \\ 1 & 0.95 & 0.9 & 0.9 & 0.8 \\ 1 & 1 & 0.9 & 0.85 & 0.8 \\ 1 & 1 & 0.95 & 0.85 & 0.8 \\ 1 & 1 & 0.95 & 0.85 & 0.8 \end{bmatrix}$$

$$r_6 = \begin{bmatrix} 1 & 1 & 1 & 1 & 1 \\ 1 & 1 & 1 & 1 & 1 \\ 1 & 1 & 1 & 1 & 1 \\ 1 & 1 & 1 & 1 & 1 \\ 1 & 1 & 1 & 1 & 1 \\ 1 & 1 & 1 & 1 & 1 \end{bmatrix}$$

$$
\boldsymbol{r}_7 = \begin{bmatrix} 1 & 0.95 & 0.95 & 0.9 & 0.9 \\ 1 & 0.95 & 0.95 & 0.9 & 0.9 \\ 1 & 0.95 & 0.95 & 0.9 & 0.9 \\ 1 & 0.95 & 0.95 & 0.9 & 0.9 \\ 1 & 0.95 & 0.95 & 0.9 & 0.9 \\ 1 & 0.95 & 0.95 & 0.9 & 0.9 \end{bmatrix}
$$

2. 参数确定

$co_i$：由企业管理人员参考前两年的历史数据并考虑最新的变动成本综合得出。

$cp_{ij}$：总部配送中心在与供应商签订合同时，商定的协议价格。

$u_{ij}$：由采购管理人员根据供应商的承诺，并对供应商的综合实力进行评估后确定。

$g_{ij}$：来自第三方机构的评价数据。

$f_{ij}$：由企业采购管理人员综合权衡后设定，用通过供应商内部挖潜或使用外部资源使供应量能够向上浮动的最大百分比表示。

$d_{ij}$ 和 $q_{ij}$：来自前两年的提交给总部配送中心的商品统计数据的平均值。

$s_{ij}$：以上一年供应商兑现售后服务的项目数占合同规定的总服务项目数的百分比表示。

3. 决策与优化结果

运用 MATLAB 7.0 和英国谢菲尔德大学开发的遗传算法工具箱实现基于多目标共生型协同进化遗传算法的 Agent 群体间行为优化算法，经过200次迭代后目标函数1（成本目标）的最优解及种群性能跟踪如图5.5 所示；经过200次迭代后目标函数2（质量目标）的最优解及种群性能跟踪如图5.6 所示；经过200次迭代后目标函数3（服务水平目标）的最优解及种群性能跟踪如图 5.7 所示；最优行为决策与优化参数见表 5 - 4。行为决策与优化参数为每种商品的供应商和相应的最优订货量配额。

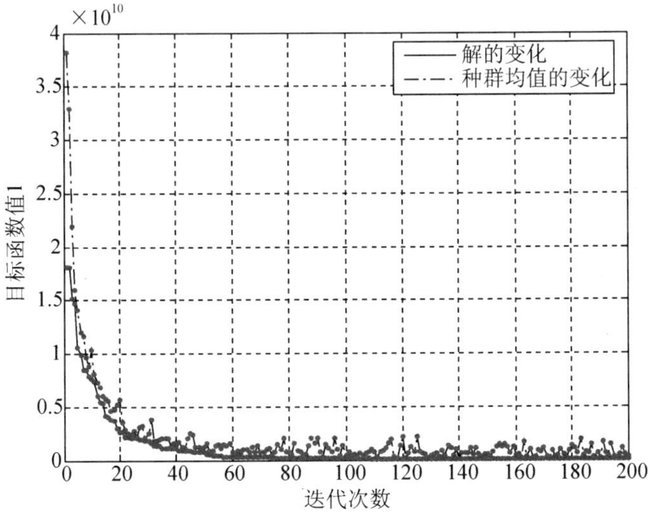


图 5.5　200 次迭代后目标函数 1 的最优解及种群性能跟踪

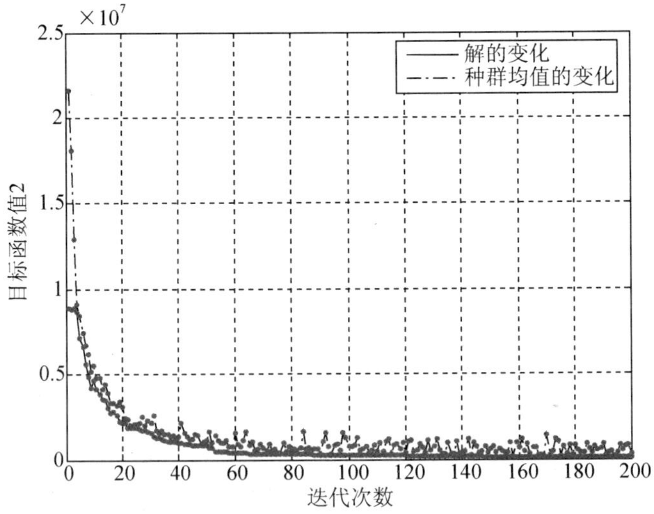


图 5.6　200 次迭代后目标函数 2 的最优解及种群性能跟踪

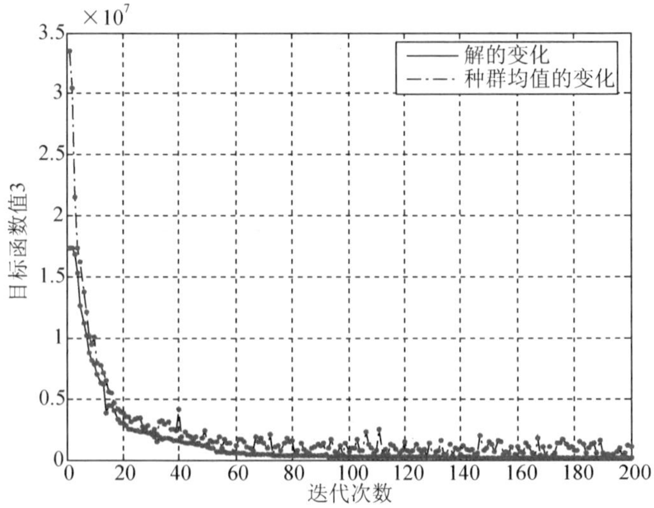


图 5.7　200 次迭代后目标函数 3 的最优解及种群性能跟踪

表 5-4　最优行为决策与优化参数

| 供应商 \ 商品 | 1 | 2 | 3 | 4 | 5 | 6 |
|---|---|---|---|---|---|---|
| 1 | 0 | 287 | 1782 | 300 | 400 | 2000 |
| 2 | 5000 | 759 | 1730 | 400 | 1892 | 0 |
| 3 | 0 | 0 | 0 | 0 | 0 | 0 |
| 4 | 3000 | 1127 | 1285 | 2000 | 2000 | 4706 |
| 5 | 529 | 368 | 0 | 300 | 400 | 0 |
| 6 | 0 | 0 | 0 | 0 | 0 | 0 |
| 7 | 0 | 1665 | 1555 | 5000 | 3000 | 2000 |

注：表中 $x_{ij}(i-1,2,\cdots,7;\ j=1,2,\cdots,6)$ 的单位是(件)。

目标函数 1 的最优解为 17847000 元，目标函数 2 的最优解为 86719 件，目标函数 3 的最优解为 112290 件。选择的供应商数量为 5 个。

从上述算例研究可以看出，每个供应商对各种商品供应的评价等级、供应配额柔性和售后服务水平是影响分配给每个供应商订货量配额的主要因素。因此，可以得出如下结论：在具有随机需求特征、多目标、多种商品采购情况下，分配给每个供应商的最终订货量配额取决于供应商自身具备的服务能力与水平。另外，在所有供应商供货时都提供数量折扣的优惠条件下，目标函数1（成本目标）的最优解值相对于所有供应商供货时都不提供数量折扣的条件下的目标函数1（成本目标）的最优解值明显减小。

## 5.4 本章小结

本章在随机性需求、多货源和多种商品采购的假设条件下，根据供应商有无提供增量价格折扣方式，以成本、质量、服务水平3个准则为目标函数，构建了相应的供应商数量选择与订单分配联合多目标优化与协同决策模型；以买方选择供应商数量最少为目标函数，构建了相应的连锁零售企业总部配送中心Agent的随机约束规划决策模型。对多准则、多种商品采购的供应商选择和订购量分配的优化决策问题进行了较深入的研究。

在连锁零售企业精益物流供应链复杂适应系统的系统节点Agent演化优化级，强调协同进化与合作，强调连锁零售企业精益物流供应链的各个成员企业的协调发展。因此，本章采用了基于多目标共生型协同进化遗传算法的Agent群体间行为优化算法，进行供应商系统节点Agent群体与总部配送中心系统节点Agent群体之间的行为优化问题求解；并深入地研究了连锁零售企业精益物流供应链复杂适应系统的多目标演化优化问题。

# 第6章　连锁零售企业精益物流供应链协同管理综合绩效评价

随着经济全球化和一体化的不断发展，市场主体的竞争不再是单一企业之间的竞争，而是供应链之间的竞争。因此，为了从容应对激烈的市场竞争，连锁零售企业精益物流供应链的协同管理与运作至关重要。连锁零售企业精益物流供应链协同管理是通过对连锁零售企业精益物流供应链系统的人力、物力、资金及信息等资源的规划、组织和控制来实现其目标。连锁零售企业精益物流供应链协同管理的效果如何，可以通过绩效评价[202]进行检验，它是协同管理的一个重要环节。所以探索用科学合理的方法对连锁零售企业精益物流供应链协同管理的绩效进行评价，为决策者提供决策参考，是一件非常有意义和重要的工作。

连锁零售企业精益物流供应链协同管理从管理层次的角度来看，包括战略层协同、战术层协同和执行层协同3个层次，本章首先在这3个层次上建立综合绩效评价指标体系，然后采用粗糙集理论[203,204]中启发式属性约简的方法，对建立的连锁零售企业精益物流供应链协同管理综合绩效评价指标体系进行约简，消除冗余指标，最后通过使用BP神经网络[205,206]的智能化运算，得到综合绩效评价值，从连锁零售企业精益物流供应链整体角度来评价连锁零售企业精益物流供应链协同管理的绩效。

# 6.1 协同管理综合绩效评价的基本内容

## 6.1.1 协同管理综合绩效评价的概念

根据 Longman 的解释，绩效是指正在进行的某种活动或者已经完成的某种活动取得的成绩。因此，绩效既可以看成是一个过程，也可以看成是该过程产生的结果。在管理绩效的综合评价中，绩效是量化的过程，即对过程和过程中活动的相关效果的量化。

从价值角度给出连锁零售企业精益物流供应链绩效的定义为：连锁零售企业精益物流供应链的各成员企业通过信息协调和共享，在供应链基础设施、人力资源和技术开发等内外资源的支持下，通过物流管理、市场营销、顾客服务、信息开发等活动增加和创造价值，连锁零售企业精益物流供应链各成员企业采取的各种活动增加或创造的价值，即为连锁零售企业精益物流供应链的绩效。

综合绩效评价指对以多属性体系结构描述的对象系统做出全局性、整体性的绩效评价。本书认为，所谓连锁零售企业精益物流供应链协同管理的综合绩效评价，就是围绕连锁零售企业精益物流供应链协同管理的各个层次，建立评价指标体系，通过选用恰当的评价方法，对连锁零售企业精益物流供应链运营过程中所表现出来的和产生的、可以度量的成绩效益或者最终结果进行综合绩效评价，最终得到连锁零售企业精益物流供应链协同管理的综合绩效评价结果。该结果可以帮助管理者和决策者对连锁零售企业精益物流供应链进行改进和修正。

## 6.1.2 协同管理综合绩效评价的原则

零售商主导型精益物流供应链协同管理综合绩效评价的原则是进行综合绩

效评价工作的指导思想和行动规范。该原则可以保证建立的评价框架及其指标体系科学、合理、全面、有效，满足当前对零售商主导型精益物流供应链协同管理综合绩效评价的实践需求。结合零售商主导型精益物流供应链的特点，本书给出了如下的连锁零售企业精益物流供应链协同管理综合绩效评价原则。

（1）评价体系应该体现连锁零售企业精益物流供应链的整体目标。该原则从供应链的整体角度出发，对供应链管理环境下连锁零售企业进行绩效评价时既要立足于本企业，又要面向外部环境，协调供应链成员企业之间的关系，还要着眼未来发展。因此，评价体系必须直接与连锁零售企业精益物流供应链的整体目标相联系，通过绩效评价和精益物流供应链管理的改进，使连锁零售企业精益物流供应链的整体目标得以实现。

（2）评价体系能够反映整个连锁零售企业精益物流供应链协同管理的运营情况。连锁零售企业精益物流供应链协同管理从管理层次的角度来看，包括战略层协同、战术层协同和执行层协同 3 个层次，因此，评价体系应该从连锁零售企业精益物流供应链整体角度来综合评价连锁零售企业精益物流供应链协同管理的绩效。

（3）在进行连锁零售企业精益物流供应链协同管理综合绩效评价时，既要重视对连锁零售企业精益物流供应链协同管理当前状况的静态评价，更要重视对连锁零售企业精益物流供应链协同管理未来发展趋势的动态评价。

（4）评价体系要能够反映连锁零售企业精益物流供应链各节点之间的关系，即采用能够反映供应商、连锁零售企业及客户之间关系的综合绩效评价指标，注重相互间的利益相关性。

（5）绩效评价体系应该从不同的纬度进行平衡评价，包括财务与非财务，定性与定量，内部评价和外部评价的平衡，并注意相互间的协调。对某个特定绩效指标的维持和改进，不应该以牺牲其他任何指标标准为代价，否则，任何绩效都是无法接受的。所以绩效评价体系应重视对企业长期利益和长远发展潜力的综合评价。

### 6.1.3 协同管理综合绩效评价的作用

为了能够评价连锁零售企业精益物流供应链的实施给成员企业群体带来的效益，方法之一就是对连锁零售企业精益物流供应链的运行情况进行必要的度量，并根据度量结果对连锁零售企业精益物流供应链的运行绩效进行评价。因此，连锁零售企业精益物流供应链协同管理综合绩效评价主要有以下 4 个方面的作用。

（1）用于对整个连锁零售企业精益物流供应链协同管理的运行效果做出评价：主要考虑供应链与供应链之间的竞争，为连锁零售企业精益物流供应链在市场中的生存、组建、运行和撤销的决策提供必要的客观依据。目的是通过综合绩效评价而获得对整个连锁零售企业精益物流供应链协同管理的运行状况的了解，找出连锁零售企业精益物流供应链协同管理运作方面的不足，及时调整和改进连锁零售企业精益物流供应链的结构、业务流程和运行状态。

（2）用于对连锁零售企业精益物流供应链上各个成员企业的运行效果做出评价：主要考虑连锁零售企业精益物流供应链对其成员企业的激励，吸引企业加盟，剔除不良企业。

（3）用于对连锁零售企业精益物流供应链内企业与企业之间的合作关系做出评价：主要考察连锁零售企业精益物流供应链的上游企业对下游企业提供的产品和服务的质量，从用户满意的角度评价上、下游企业之间的合作伙伴关系的好坏。

（4）除了用于对连锁零售企业精益物流供应链运作绩效的评价外，绩效评价结果还可以起到对连锁零售企业精益物流供应链成员企业的激励作用，包括核心连锁零售企业对非核心企业的激励，也包括供应商、连锁零售企业和客户之间的相互激励。

## 6.2 基于MAS的协同管理综合绩效评价系统

为了达到连锁零售企业精益物流供应链整体绩效评价的目标，根据连锁零售企业精益物流供应链复杂适应系统理论，本书创建了基于MAS的连锁零售企业精益物流供应链协同管理综合绩效评价系统，该系统提高了供应链协同管理综合绩效评价的智能性、协同性。

### 1. 综合绩效评价系统的Agent类别设计

根据连锁零售企业精益物流供应链复杂适应系统中MAS具有的功能特性，以及连锁零售企业精益物流供应链协同管理综合绩效评价系统的目的，本节在连锁零售企业精益物流供应链协同管理综合绩效评价Agent联邦中设计了以下5种类型的Agent。

（1）交互Agent：接受来自连锁零售企业精益物流供应链复杂适应系统对评价任务的要求，并传送给联邦管理Agent。另外，向系统输出学习Agent转来的评价结果。

（2）联邦管理Agent：对交互Agent传送来的评价任务进行转换、分析和分解，将不同类别的评价、决策任务分别传送给其他Agent，并负责联邦内多Agent之间的协调工作。

（3）功能Agent：提供所有Agent的名称和地址，建立同步通信和异步通信缓存区，支持联邦内Agent之间以及与其他Agent联邦的通信联系。

（4）评价Agent：根据联邦管理Agent传送来的评价任务，并从全局数据仓库系统中的综合绩效评价数据集市获取综合绩效评价指标数据，采用连锁零售企业精益物流供应链协同管理综合绩效评价模型对连锁零售企业精益物流供应链协同管理的绩效进行综合分析和评价，获得综合绩效评价结果，并将评价结果传送给学习Agent。因此，评价Agent具备判断评价任务和实施评价任务的功能，是协同管理综合绩效评价系统的主体。

（5）学习 Agent：对来自评价 Agent 的评价结果进行学习并优化，向交互 Agent 传送优化结果，同时将新结果作为新知识存储在知识库中，增加评价系统的智能性。

2. 综合绩效评价系统中 Agent 行为的设计

基于 MAS 的连锁零售企业精益物流供应链协同管理综合绩效评价系统从本质上反映了精益物流供应链整体绩效评价的目标。协同管理综合绩效评价的具体运作过程如下。

（1）首先将连锁零售企业精益物流供应链复杂适应系统的综合绩效评价要求传送给交互 Agent，然后通过联邦管理 Agent 将评价任务分解后传送给评价 Agent 和其他 Agent。

（2）联邦管理 Agent 将综合绩效评价任务传送给评价 Agent 后，评价 Agent 根据评价要求和需要，从全局数据仓库系统中的综合绩效评价数据集市获取综合绩效评价指标数据，采用连锁零售企业精益物流供应链协同管理综合绩效评价模型对连锁零售企业精益物流供应链协同管理的绩效进行综合分析和评价，获得综合绩效评价结果，并将评价结果传送给学习 Agent。

（3）评价 Agent 根据评价任务的要求和需要，可以通过功能 Agent 和交互 Agent 与其他 Agent 联邦建立通信联系，进行协同工作。

（4）学习 Agent 对来自评价 Agent 的评价结果进行优化，向交互 Agent 传送优化结果，评价结果由交互 Agent 输出给系统，完成评价任务。

3. 综合绩效评价系统的功能分析

在功能方面，基于 MAS 的连锁零售企业精益物流供应链协同管理综合绩效评价系统还具备以下特点。

（1）数据采集存储功能：数据采集存储采用数据仓库管理，可以保证对数据的实时存储和调用。

（2）评价指标体系：评价指标体系包括定性指标和定量指标。定性指标包括供应链柔性、商品及流程的革新能力、成员间协同合作能力和信息共享率等；定量指标包括供应链成本、供应链内伙伴利润率、顾客销售利润及增长率、库存周转率和顾客价值率等。评价指标体系通过 Internet 掌握国际、国内评价标准的变化，时时采集和更新。

（3）通信优化语言功能：采用 KQML 语言实现 Agent 之间数据和信息的交换，以及共享利用。

（4）学习优化功能：以鲁棒性原则为基础，不断优化评价解决方案。

## 6.3 精益物流供应链协同管理综合绩效评价模型

在欧美等工业发达国家和地区，绩效评价正逐步成为企业管理的一项重要工作内容。目前，在我国对于现代物流及其绩效评价的研究和应用尚处于起步阶段[207]，为了不断提高现代物流管理水平，在建立现代物流系统的同时，进行有关绩效评价的研究具有重要意义。

连锁零售企业精益物流供应链是一组通过产品流、资金流、信息流和服务流在上下游之间直接连接起来的联盟组织。以客户需求作为供应链价值流的起点，以商品物流拉动资金流、信息流和服务流流动，最后拉动供应商的供应，通过这种高效和有效地拉动，满足客户所需的商品或服务需求来降低成本，实现整个供应链的协同。而连锁零售企业精益物流供应链协同管理正是将供应商、连锁零售企业和顾客整合在一起，通过业务流程的优化整合和关键信息的分享来加强连锁零售企业内部与外部的价值链协作，进而达到连锁零售企业精益物流供应链整体利益最大化的目的。因此，对连锁零售企业精益物流供应链协同管理综合绩效评价的研究，应该注重从系统整合的高度，全方位、动态地反映出连锁零售企业精益物流供应链运行过程中的工作实况，对连锁零售企业精益物流供应链通过协同管理完成工作任务的过程和结果进行综合评价。

本节首先在连锁零售企业精益物流供应链的战略层协同、战术层协同和执行层协同3个层次上建立起综合绩效评价指标体系，然后采用粗糙集的启发式属性约简对综合绩效评价指标体系进行约简，最后通过使用BP神经网络的智能化运算，实现连锁零售企业精益物流供应链协同管理绩效的综合评价研究。

### 6.3.1 协同管理综合绩效评价指标体系

构建连锁零售企业精益物流供应链协同管理综合绩效评价指标体系的基本目的主要是：①有助于以连锁零售企业为核心的供应链上各个节点企业识别出影响整体运营绩效的关键指标[208]，进而能够有针对性地为其提供满意的产品和服务，避免了因盲目经营而造成企业资源的大量浪费。②有助于为客观、公正地评价连锁零售企业精益物流供应链的整体绩效提供依据和指导。③有助于持续改进和不断提高整条连锁零售企业精益物流供应链的运营绩效，从而创造更高的效率和效益，最终实现各节点企业的长期盈利。

连锁零售企业精益物流供应链协同管理综合绩效评价指标体系的建立，要遵循指标体系的目的性、科学性、系统性、经济性、发展性、可操作性和有效性等原则，并以连锁零售企业精益物流供应链管理理论为基础，以尽可能减少浪费、优化业务流程、增强价值链的价值创造能力为目标，从定性和定量两个方面来衡量建立综合绩效评价指标体系。

由于连锁零售企业精益物流供应链协同管理的复杂性，很难用单一的指标来对其进行评价，必须进行多角度、多透视点的评价，建立分层次的综合绩效评价指标体系。根据连锁零售企业精益物流供应链管理中决策活动的特点，连锁零售企业精益物流供应链协同管理从管理层次的角度来看，包括战略层协同、战术层协同和执行层协同3个层次，分析连锁零售企业精益物流供应链不同协同决策层次涉及的评价内容，明确各协同决策层次相关的绩效评价指标，从连锁零售企业精益物流供应链整体角度来评价连锁零售企业精益物流供应链协同管理的绩效。

1. 连锁零售企业精益物流供应链战略层协同管理绩效评价指标

战略层协同管理处于连锁零售企业精益物流供应链协同管理的最高层次，它主要是从战略的高度，明确和强化连锁零售企业精益物流供应链协同管理的思想，并进一步改进连锁零售企业精益物流供应链协同管理的策略和方法，增强整条连锁零售企业精益物流供应链的整体竞争能力，最优化解决连锁零售企业精益物流供应链协同中的各类问题。战略层协同管理主要包括连锁零售企业精益物流供应链的发展目标统一、合作机制和行为准则的设定、合作伙伴协同决策、运营过程的绩效评价、风险分担、收益共享等内容。

1）订单完成的总周期

订单完成的总周期包括：接受订单、从发运到顾客签单、从顾客签单到顾客收到商品等的时间，是评价整个连锁零售企业精益物流供应链对于顾客订单的总体反应时间。快速的响应周期反映出连锁零售企业精益物流供应链内部响应的便捷和流畅，通过对顾客的快速响应，提高顾客的价值。因此，需要不断发现并消除连锁零售企业精益物流供应链内部的时间冗余，尽可能减少订单的完成周期，达到提高顾客满意度的目的。

2）订单完美履行率

订单完美履行率是指在合适的时间、合适的地方、合适的环境和包装下，将合适的商品以合适的价格、正确的商品数量及使用说明提供给需要的顾客的完美程度。

3）现金周转时间

现金周转率是传统财务评价中的重要评价指标，是一个与连锁零售企业精益物流供应链的整个业务流程相关的关键指标。在连锁零售企业精益物流供应链运作过程中，它评价在原材料、产成品、库存、配送、零售和劳动力等业务操作中现金的周转状况。在连锁零售企业精益物流供应链系统中，为了达到更快的现金周转的目的，应该进一步提高商品流和信息流的集成度，更加强调合作伙伴之间的协同运作。

4）供应链资本收益率

该指标反映了连锁零售企业精益物流供应链协同管理过程中资产的盈利性绩效，决定了连锁零售企业精益物流供应链的资产投入能够产生的利润，计算公式如下：

$$供应链资本收益率 = \frac{股东的利润}{该期内使用的供应链的平均资产}$$

该式表明供应链资本收益率由股东的利润除以在此期间使用的连锁零售企业精益物流供应链的平均资产来计算，反映了使用其资产的增值性绩效的大小。该指标数值越高，说明资产的盈利能力越强。

5）成员间协同合作能力

它用来评价连锁零售企业精益物流供应链各节点企业间的协同合作能力，这种能力受企业文化、组织管理和员工素质等因素的影响。该指标考察当连锁零售企业精益物流供应链面临竞争的压力时，连锁零售企业精益物流供应链管理层协调精益物流供应链成员企业调整自己的战略适应新的竞争环境的能力大小。

6）供应链内伙伴利润率

连锁零售企业精益物流供应链内伙伴利润率是反映精益物流供应链财务状况的重要指标之一。通过测量连锁零售企业精益物流供应链中各成员伙伴的利润，能够有效地掌握和控制精益物流供应链收益在成员企业之间的分配情况，从而有效地促进连锁零售企业精益物流供应链整体绩效的提升。该指标反映了精益物流供应链各成员伙伴的利润分配平衡度，对这个指标的评价能够更有效地促进连锁零售企业精益物流供应链成员之间的协作关系。

7）准时交货率

该指标用一定时间内连锁零售企业精益物流供应链准时交货给顾客的次数与这段时间里总交货次数的比值来表示，即

$$准时交货率 = \frac{准时交货次数}{总交货次数} \times 100\%$$

它反映了连锁零售企业精益物流供应链中物流的协调能力，也是连锁零售企业精益物流供应链中物流是否通畅的一个衡量指标。

2. 连锁零售企业精益物流供应链战术层协同管理绩效评价指标

战术层协同管理是连锁零售企业精益物流供应链协同管理研究的中心问题，具体涉及以下内容：首先要对来年不同市场的需求进行预测，然后确定市场货源，通过库存协同决策决定库存水平，确定商品补充和库存政策、缺货应急策略，市场营销的时机和范围，以及顾客服务质量和水平等。显然，在连锁零售企业精益物流供应链运营过程中，战略层和战术层的协同决策问题是确保精益物流供应链稳定运营、提高整个连锁零售企业精益物流供应链协同管理绩效的最重要的因素。

1）供应链有效循环期率

该指标反映了连锁零售企业精益物流供应链协同运作过程中业务流程的无缝对接情况，连锁零售企业精益物流供应链有效循环期率为精益物流供应链增值活动总时间与响应时间的比值，即连锁零售企业精益物流供应链在完成顾客订单过程中有效的增值活动时间在运作总时间中的比率。其中精益物流供应链响应时间为顾客消费信息传递到内部管理部门的时间、终节点运输到最终顾客的平均提前期(或者订单完成提前期)等时间之和；连锁零售企业精益物流供应链增值活动总时间为精益物流供应链运作的相关部门增值活动的时间整合。

达到精益的供应链管理必须减少无谓的时间和空间的浪费，达到流畅的无缝连接，保证合作成员企业之间的信息共享以及合作机制的完备。该指标体现了减少连锁零售企业精益物流供应链协同运作过程中的非增值时间和流程浪费空间的大小，数值越高，说明供应链业务连接水平越紧密，非增值浪费越少。

2）商品及流程的革新能力

商品及流程的革新能力评价指标包括：对业务流程的革新能力和商品的更新换代能力。业务流程的革新能力主要是能够根据顾客个性化需求趋势，对业务流程做出相应的调整，业务流程的革新包括连锁零售企业精益物流供应链成员企业的优胜劣汰和流程重组。商品的更新换代能力主要包括专利申请数、新商品的数量以及商品研发技术储备情况等。

3）顾客保有率

核心顾客是连锁零售企业精益物流供应链利润持久的来源。通过保持特定的顾客群体是保持现有的顾客或增加市场分额最为方便的办法。该指标反映了连锁零售企业精益物流供应链协同运作过程中，终端顾客对商品及服务的满意程度和继续购买其商品及服务的趋势，采用一定时间内老顾客的人数与顾客总人数的比值来表示。该指标数值越高，说明连锁零售企业精益物流供应链协同运作过程中与终端顾客的关系越好，顾客的忠诚度越高，利润扩大的基础越健壮。

4）顾客价值率

顾客价值率是顾客对连锁零售企业精益物流供应链所提供服务的满意度与服务过程中发生的成本的一个权衡比较（价值比）。相对于服务质量或顾客满意度、质量或单价、商品或服务的品牌等单独因素，该指标更能反映连锁零售企业精益物流供应链服务的质量和效益，它是决定顾客是否选择商品或服务的重要因素。顾客价值率可以通过问卷调查形式来获得。

### 3. 连锁零售企业精益物流供应链执行层协同管理绩效评价指标

执行层协同管理主要是指完成供应、仓储、运输、销售等具体协同任务的执行工作，同时通过协同技术，为连锁零售企业精益物流供应链节点企业提供实时交互的共享与沟通平台，其主要目的是实现连锁零售企业精益物流供应链节点企业的同步运作与信息协同，同时增加端到端的透明度，提高协同决策的快速性和有效性。在连锁零售企业精益物流供应链执行层协同管理过程中，连锁零售企业要把订单分派给仓库或供应商，确定完成时间，开出货物清单，指定运送方式，拟订货物运输时间表，发出货物补充通知，获得销售收入等。执行层协同管理是连锁零售企业精益物流供应链实现协同管理的基础和关键，它为战略层协同管理和战术层协同管理提供有力的支持。

1）供应链成本

连锁零售企业精益物流供应链总成本考察的是精益物流供应链成本运

作的有效性和成本的集约性，它包括了计划、采购、库存、运输、销售及退货等流程涉及成本的各个方面的内容。该指标用于评价运作连锁零售企业精益物流供应链的所有活动所花费的总成本，并以精益物流供应链目标成本达到比率形式反映连锁零售企业精益物流供应链的整体绩效，即从精益物流供应链成本角度考虑连锁零售企业精益物流供应链的绩效。连锁零售企业精益物流供应链目标成本达到比率是指从单一商品和流程的角度分析其在质量、时间和柔性上的流程改进是否达到预定的目标成本。

2）顾客对供应链柔性响应的认同

该指标反映了顾客对个性化要求的自由度以及服务及时性的要求，用于评价顾客对连锁零售企业精益物流供应链提供服务的顾客化以及响应速度的满意度，即评价顾客是否能够自由地对订单的商品性能、包装等提出个性化的需求，顾客对这种个性化的要求能够及时得以实现的满意程度。

3）顾客销售利润及增长率

这个指标反映了连锁零售企业精益物流供应链商品单位时间内销售收入和利润率增长情况，主要表现财务绩效趋势，还反映了连锁零售企业精益物流供应链下游三方面的绩效：接受商品或服务的基数增加的情况；顾客的销售量单位时间内的增长情况；和对于特定顾客服务所获的收益随着合作关系的增进而进一步提高的情况。不断增加新的顾客，扩大销售量是实现新的利润增长点的主要方法。

4）库存周转率

该指标是指一定时期内的销售利润与平均库存占用资金的比率，反映了连锁零售企业精益物流供应链协同运作过程中成员企业间物流的速度，也反映了精益物流供应链协同运作过程中物流的协调程度及稳定性。该指标数值越高，说明连锁零售企业精益物流供应链协同运作过程中的库存周转及物流速度越高，物流的市场需求满足程度越显著，整体产品销售能力越强，存货资金占用数额越少。

5）信息共享率

连锁零售企业精益物流供应链整体信息化水平的高低，以及信息系统的重用和重构能力是评价连锁零售企业精益物流供应链未来发展绩效的重要方面。该指标反映了连锁零售企业精益物流供应链上的节点企业之间的信息共享水平，也是对精益物流供应链信息化水平的描述。连锁零售企业精益物流供应链的特点之一就是信息共享，这是维持精益物流供应链伙伴关系、降低重复劳动、减少浪费和节约成本的关键。连锁零售企业精益物流供应链协调与协作的基础是信息共享，信息系统是实现信息在精益物流供应链各成员企业之间准确、及时的流通这一目标的重要条件。信息共享的内容包括战略方向、需求预测、顾客目标和销售点数据等，以实现组织之间的集成。

反映连锁零售企业精益物流供应链协同管理绩效的指标可以分为两类：①正向指标(越大越好)；②逆向指标(越小越好)。

本书建立的连锁零售企业精益物流供应链协同管理综合绩效评价指标体系见表6－1。

表6－1　协同管理综合绩效评价指标体系

| 指标层次 | | | 目标 | 指标性质 | |
|---|---|---|---|---|---|
| 供应链综合绩效评价指标 | 战略层协同评价指标 | 订单完成的总周期 | 及时响应 | 逆向型 | 定量 |
| | | 订单完美履行率 | 浪费减少 | 正向型 | 定量 |
| | | 现金周转时间 | 现金流 | 逆向型 | 定量 |
| | | 供应链资本收益率 | 投资回报率 | 正向型 | 定量 |
| | | 成员间协同合作能力 | 协同管理能力 | 正向型 | 定性 |
| | | 供应链内伙伴利润率 | 利润率 | 正向型 | 定量 |
| | | 准时交货率 | 物流的协调能力 | 正向型 | 定量 |
| | 战术层协同评价指标 | 供应链有效循环期率 | 时间压缩 | 正向型 | 定量 |
| | | 商品及流程的革新能力 | 商品或流程的革新 | 正向型 | 定性 |
| | | 顾客保有率 | 改进商品和服务质量 | 正向型 | 定量 |
| | | 顾客价值率 | 增加顾客价值 | 正向型 | 定量 |
| | 执行层协同评价指标 | 供应链成本 | 成本最低 | 逆向型 | 定量 |
| | | 顾客对供应链柔性响应的认同 | 灵活响应 | 正向型 | 定性 |
| | | 顾客销售利润及增长率 | 收入增长 | 正向型 | 定量 |
| | | 库存周转率 | 运营效率 | 正向型 | 定量 |
| | | 信息共享率 | 信息管理 | 正向型 | 定性 |

### 6.3.2 综合绩效评价指标数据处理和基于粗糙集理论的离散化

连锁零售企业精益物流供应链协同管理综合绩效评价指标体系包括定性指标和定量指标。定性指标之间难以比较，定量指标之间存在着数量级和量纲的不同以及变化趋势的不同。为了使整个系统中的所有评价指标都具有可比性，首先应该将定性指标进行定量化处理，然后利用效应系数对连锁零售企业精益物流供应链协同管理综合绩效评价指标体系中的所有指标进行规范化和同趋势化处理，将它们量化为闭区间［0，1］上的无量纲的指标属性值。

对于正向型指标，效应系数计算公式为

$$F_j = \frac{X_j - X_{j\min}}{X_{j\max} - X_{j\min}} \tag{6-1}$$

对于逆向型指标，效应系数计算公式为

$$F_j = 1 - \frac{X_j - X_{j\min}}{X_{j\max} - X_{j\min}} \tag{6-2}$$

式中 $F_j$——目标值为 $X_j$ 的效应系数；

$X_{j\min}$——预先确定的第 $j$ 个指标的最小值；

$X_{j\max}$——预先确定的第 $j$ 个指标的最大值；

$j$——评价指标的序号。

由于粗糙集理论是基于集合论的，所以只能处理离散型的数据，[209, 210] 而连锁零售企业精益物流供应链协同管理综合绩效评价指标体系中的所有指标进行规范化和同趋势化处理后，指标数据仍然是连续型的。因此，必须将连续型的指标数据离散化。指标数据离散化的总原则是：属性离散归一化后的空间维数尽量小，即属性值的种类尽量少，信息丢失尽量少。本章将采用等距离划分算法，对指标数据进行离散化处理。

### 6.3.3 绩效决策表和分辨矩阵的设计

绩效决策表是在由样本、指标和实际结果构成的表格中填入离散化的指标值而构成的，然后根据绩效决策表构造体现粗糙集的启发式属性约简特点[211]的分辨矩阵(Discernibility Matrix)。分辨矩阵将绩效决策表中关于属性区分的信息浓缩进一个矩阵当中，用于绩效决策表的综合绩效评价指标的约简。利用分辨矩阵能够很容易地计算约简和核，因此，人们经常用分辨矩阵来表达知识。分辨矩阵的定义如下。

**定义 6.1** $S=(U,R,V,f)$ 为一信息系统，$R=C\cup D$ 为非空的属性集合，子集 $C=\{a_k,k=1,2,\cdots,m\}$ 为指标集，$D$ 为决策结果集，且 $C\cap D=\Phi$。$U$ 为论域，$x_i$ 为论域中的对象，$U=(x_1,x_2,\cdots,x_n)$。$a_k(x_j)$ 是样本 $x_j$ 在 $a_k$ 上的取值。该系统的分辨矩阵为 $M(S)=[m_{ij}]_{n\times n}$，其阶数与论域中的对象数量有关，即为 $n\times n$ 阶，其计算公式为：

$$M(S)=[m_{ij}]_{n\times n}=\begin{cases}\{a_k\in C\mid a_k(x_i)\neq a_k(x_j)\wedge D(x_i)\neq D(x_j)\}\\ \Phi,\ D(x_i)=D(x_j)\end{cases}i,j=1,2,\cdots,n \tag{6-3}$$

根据式(6－3)可以看出，分辨矩阵中的元素 $m_{ij}$ 是能够区别对象 $x_i$ 和 $x_j$ 的所有属性的集合。当 $x_i$ 和 $x_j$ 属于同一决策类时，分辨矩阵中的元素 $m_{ij}$ 取值为空集 $\Phi$。显然，分辨矩阵是一个关于主对角线对称的 $n$ 阶方阵。因此，在计算分辨矩阵时，只需要计算其上三角(或下三角)部分即可。

### 6.3.4 综合绩效评价指标的约简

决策者在制定决策时，常常不需要全部的条件属性，因此，对依据知识表达系统所建立的绩效决策表进行约简，即对综合绩效评价指标进行约简，保留必要的信息非常重要。从信息处理的观点看，绩效决策表的约简就是对现有的知识做一个过滤操作，在保留对象的分类能力不变的基础上，消除重复、冗余以及无用的知识，实现对知识的“压缩”和再提炼的过程。绩效决策表约简的原则[212]是：约简后的绩效决策表具有更少的条件属性（即综合绩效评价指标），但是要求约简后的绩效决策表与约简前的绩效决策表具有相同的功能。即通过对绩效决策表的约简，即对综合绩效评价指标的约简，在基于更少量的条件属性的条件下，可以解决同样的决策问题，并且能够获得同样要求的绩效评价结果。

本节将启发规则应用于约简过程，并且使用评价指标属性的重要性作为约束条件。启发式约简使用核作为计算约简的基点，按照评价指标属性的重要度从小到大逐个剔出，直到评价指标集合是一个约简为止，从而得到一个较优或满足要求的次优约简。

利用分辨矩阵，可以求解属性集合 $R$ 的约简与核。

对于每一个分辨矩阵 $M(S)$ 对应唯一的分辨函数（Discernibility Function），用 $f_{M(S)}$ 表示，它实际上是一个布尔函数，其定义如下。

**定义 6.2** 信息系统 $S$ 的分辨函数是一个具有 $m$ 元变量 $a_1,a_2,\cdots,a_m(a_i\in C,i=1,2,\cdots,m)$ 的布尔函数，它是（$\vee m_{ij}$）的合取，而（$\vee m_{ij}$）是分辨矩阵 $M(S)$ 中各元素 $m_{ij}$ 的析取，即

$$f_{M(S)}(a_1,a_2,\cdots,a_m)=\wedge\{\vee m_{ij}\mid 1\leqslant j<i\leqslant n,m_{ij}\neq\Phi\}\quad(6-4)$$

**定义 6.3** 分辨函数的合取范式中的每一个析取式对应一个约简。$C$ 的 $D$ 核就是分辨矩阵 $M(S)$ 中所有只有一个元素的矩阵项 $m_{ij}$ 的集合，即

$$Core_D^{(C)}=\{a_k\in R:m_{ij}=\{a_k\},1\leqslant i,j\leqslant n\}\quad(6-5)$$

从分辨矩阵的定义可以看出，评价指标对分类所起作用的大小，取决于该评价指标（条件属性）所在的分辨矩阵的元素（能够区别不属于同一决策类的不同样本的所有指标的集合）的长度，长度越短，该评价指标对分类所起的作用越大。另外，评价指标出现的频繁程度，也决定了指标的重要性，其频繁程度越高，指标的潜在区分能力就越大，指标的重要性越显著。因此，对评价指标进行排序时，应该同时考虑长度和出现的频率。在计算评价指标出现的频率时，按照加权的方法，加权的大小根据评价指标

出现在分辨矩阵中的长度确定，而不是简单的计数。因此，本书提出一种新的基于分辨矩阵的计算评价指标重要性的方法，即对于一个分辨矩阵 $M(S) = [m_{ij}]_{n\times n}$，相应的计算评价指标 $a_k$ 重要性的公式为

$$f(a_k) = \sum_{i=1}^{n}\sum_{j=1}^{n}\frac{\lambda_{ij}}{|m_{ij}|} \tag{6-6}$$

式中

$$\lambda_{ij} = \begin{cases} 0, a_k \notin m_{ij} \\ 1, a_k \in m_{ij} \end{cases}$$

$|m_{ij}|$ 是指 $m_{ij}$ 包含指标的个数。

### 6.3.5 构造综合绩效评价 BP 神经网络

综合绩效评价 BP 网络是一种多层前馈神经网络，包括输入层、输出层和隐含层。每层神经元之间无连接，而上下层之间实现全连接。当 BP 网络接受到一对学习样本后，从输入层经过隐含层向输出层传播神经元的激活值，输出层的各神经元对网络的输入进行快速响应。然后，从输出层经过隐含层到输入层，逐层修正各连接权值，减少各层的目标输出与实际输出之间的误差。通过不断进行这种误差逆的传播修正，不断提高了网络对输入模式响应的正确率。这种算法称为“误差逆传播算法”，即 BP 算法[213-216]。

输入层的神经元数是根据需要求解的问题和数据表示方式确定的，输出层的神经元数是根据需要求解问题的要求确定的。在连锁零售企业精益物流供应链协同管理综合绩效评价模型中，将约简后的综合绩效评价指标的个数作为综合绩效评价 BP 神经网络的输入层神经元的个数，而综合绩效评价模型的输出是综合绩效评价等级系数，即输出指标只有一个，所以在输出层设置 1 个神经元。Robert Hecht Nielson 已经证明，在任意精度和隐含层神经元数目足够多的条件下，可以用只含一个隐含层的 BP 网络结构来逼近一个在闭区间上连续的函数，即一个三层 BP 网络就可以完成任意的 $n$ 维到 $m$ 维的映射。因此，对于综合绩效评价 BP 神经网络的隐含层的数目，设计为一层，而综合绩效评价 BP 神经网络设计为三层。隐含层

的神经元数目选择是一个十分复杂的问题，问题的要求、输入/输出单元的数目都会直接影响隐含层神经元的数目。隐含层神经元数目太多会导致容错性差，也会导致学习时间过长、误差不一定最佳，不能识别以前没有接收到的样本。隐含层神经元数目太少，不可能将网络训练出来。综合绩效评价 BP 神经网络的隐含层神经元数目具体求法可以参考公式：

$$h = \sqrt{n + m} + a$$

式中 $h$—— 隐含层神经元数；

$n$—— 输入层神经元数；

$m$—— 输出层神经元数；

$a$——1 ～ 13 之间的常数。

有监督（有教师）学习算法是连锁零售企业精益物流供应链协同管理综合绩效评价 BP 神经网络采用的学习算法，权值的调整值是网络根据评价标准输出与实际输出之间的差值（误差信号）决定的。有教师学习算法（δ 学习规则）采用梯度法或最速下降法，其调节神经元权值的方式是：通过训练样本对 $(x,d)$ 训练权值 $w$，使神经元的输出误差 $E = \frac{1}{2}(d - y)^2 = \frac{1}{2}(d - f(w^T x))^2$ 达到最小。计算梯度矢量 $\nabla E_w = (d - y)f'(w^T x)x$，并令 $\Delta w(t) = - \nabla E_w$，即可得到如下权值修正公式：

$$\Delta w(t) = -(d - y)f'(w^T x)x$$

式中 $d$ ——绩效评价系数期望输出；

$y$ ——绩效评价系数实际输出；

$x$ ——评价指标。

神经元的初始权值一般取零附近的随机值。

综合绩效评价 BP 神经网络是根据误差信号来修正各单元权值的，BP 神经网络不断调整各层权值，直到网络输出的误差减少到综合绩效评价系统允许的范围。综合绩效评价 BP 神经网络学习算法流程如图 6.1 所示。

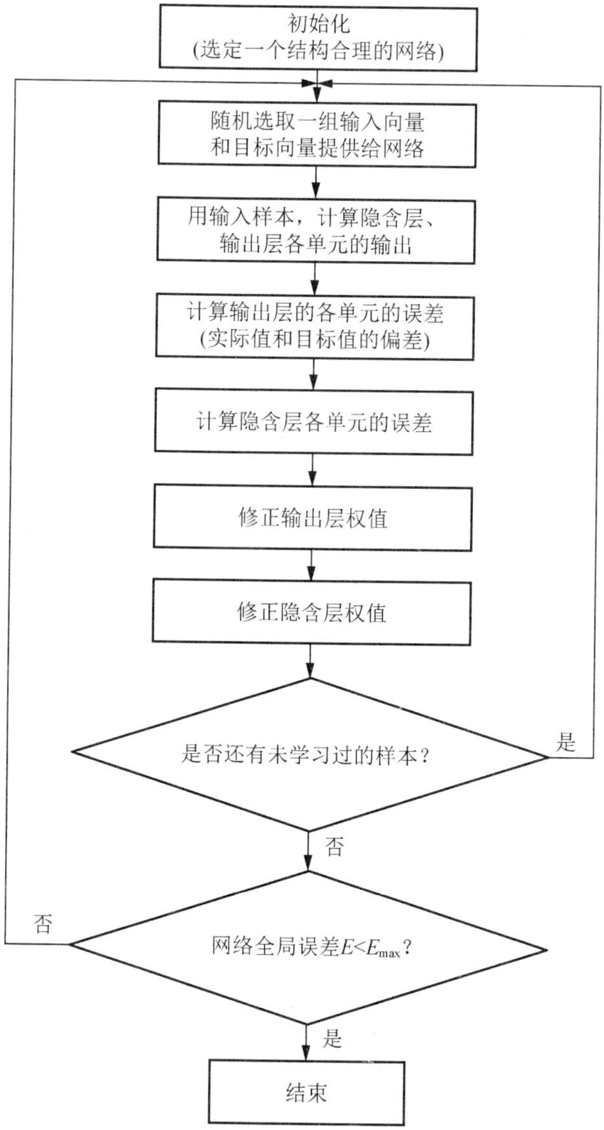


图 6.1　BP 神经网络学习算法的流程图

BP 神经网络训练完成以后，将约简后的综合绩效评价指标数据样本代入训练好的综合绩效评价 BP 神经网络，得出绩效评价系数实际输出值，并将其与绩效等级系数相对照，从而获得连锁零售企业精益物流供应链协同管理绩效的综合评价值。

## 6.4 算　例

### 1. 综合绩效评价指标数据处理和离散化

本节首先将连锁零售企业精益物流供应链协同管理综合绩效评价指标体系中的定性指标进行定量化处理，然后利用效应系数对绩效评价指标体系中的所有绩效评价指标进行规范化和同趋势化处理，将它们量化为闭区间［0，1］上的无量纲的指标属性值，得到的样本数据见表6－2。

用 $a_1, a_2, \cdots, a_{16}$ 依次代表供应链内伙伴利润率、现金周转时间、顾客销售利润及增长率、供应链资本收益率、库存周转率、顾客保有率、订单完成的总周期、顾客对供应链柔性响应的认同、顾客价值率、供应链有效循环期率、订单完美履行率、供应链成本、准时交货率、商品及流程的革新能力、成员间协同合作能力、信息共享率绩效评价指标。

绩效评价指标离散化处理采用等距离划分算法，取断点间隔为5，则绩效决策表中绩效评价指标属性值和归一化的绩效评价指标值的对应关系为：0对应0.000～0.200范围；1对应0.200～0.400范围；2对应0.400～0.600范围；3对应0.600～0.800范围；4对应0.800～1.000范围。绩效评价等级系数与决策属性 $D$ 的属性值的对应关系为："差"对应0～0.2范围；"较差"对应0.2～0.4范围；"一般"对应0.4～0.6范围；"较好"对应0.6～0.8范围；"好"对应0.8～1.0范围。

### 2. 绩效决策表和分辨矩阵设计

根据上述的离散化处理方法，对样本数据量化表中的样本数据进行离散化处理，由离散化处理的结果和约简不一致样本构成的连锁零售企业精益物流供应链绩效决策表见表6－3。

表 6-2　样本数据量化表

| 指标 | 样本 | | | | | | | | | | | | | | | | | |
|---|---|---|---|---|---|---|---|---|---|---|---|---|---|---|---|---|---|---|
| | 1 | 2 | 3 | 4 | 5 | 6 | 7 | 8 | 9 | 10 | 11 | 12 | 13 | 14 | 15 | 16 | 17 | 18 |
| 供应链内伙伴利润率 | 0. 535 | 0. 659 | 0. 529 | 1. 00 | 0. 410 | 0. 871 | 0. 32 | 0. 309 | 0. 915 | 0. 048 | 0. 191 | 0. 195 | 0. 00 | 1. 000 | 0. 861 | 0. 221 | 1. 000 | 0. 260 |
| 现金周转时间 | 0. 867 | 0. 071 | 0. 00 | 0. 94 | 0. 175 | 0. 180 | 0. 065 | 0. 465 | 0. 105 | 1. 000 | 0. 613 | 0. 071 | 0. 071 | 0. 995 | 0. 993 | 1. 000 | 0. 397 | 0. 349 |
| 顾客销售利润及增长率 | 0. 39 | 0. 849 | 0. 743 | 0. 501 | 0. 613 | 0. 889 | 0. 891 | 0. 981 | 0. 765 | 0. 97 | 1. 00 | 0. 963 | 0. 983 | 0. 948 | 0. 961 | 0. 925 | 0. 957 | 0. 813 |
| 供应链资本收益率 | 0. 03 | 0. 960 | 0. 940 | 0. 867 | 0. 925 | 0. 846 | 0. 654 | 0. 791 | 0. 993 | 0. 990 | 0. 981 | 1. 00 | 0. 994 | 0. 619 | 0. 695 | 0. 997 | 0. 963 | 1. 000 |
| 库存周转率 | 0. 952 | 1. 00 | 0. 853 | 0. 703 | 0. 873 | 0. 631 | 0. 679 | 0. 561 | 0. 763 | 0. 760 | 0. 907 | 0. 781 | 0. 093 | 0. 639 | 0. 641 | 0. 00 | 0. 369 | 0. 411 |
| 顾客保有率 | 1 | 1 | 1 | 1 | 1 | 1 | 1 | 1 | 1 | 1 | 1 | 1 | 1 | 1 | 1 | 1 | 1 | 1 |
| 订单完成的总周期 | 0. 634 | 0. 16 | 0. 776 | 0. 683 | 0. 667 | 0. 897 | 0. 998 | 0. 886 | 0. 028 | 0. 756 | 0. 006 | 0. 695 | 0. 708 | 0. 553 | 0. 508 | 1. 00 | 0. 866 | 0. 268 |
| 顾客对供应链柔性响应的认同 | 1. 00 | 0. 14 | 0. 086 | 0. 093 | 0. 096 | 0. 205 | 0. 05 | 0. 021 | 0. 005 | 0. 00 | 0. 081 | 0. 005 | 0. 104 | 0. 063 | 0. 063 | 0. 573 | 0. 005 | 0. 082 |
| 顾客价值率 | 1 | 1 | 1 | 1 | 1 | 1 | 1 | 1 | 1 | 1 | 1 | 1 | 1 | 1 | 1 | 1 | 1 | 1 |

续表

| 指标 | 样本 | | | | | | | | | | | | | | | | | |
|---|---|---|---|---|---|---|---|---|---|---|---|---|---|---|---|---|---|---|
| | 1 | 2 | 3 | 4 | 5 | 6 | 7 | 8 | 9 | 10 | 11 | 12 | 13 | 14 | 15 | 16 | 17 | 18 |
| 供应链有效循环期率 | 0.825 | 0.00 | 0.25 | 0.980 | 0.250 | 0.500 | 0.465 | 0.375 | 0.375 | 0.000 | 0.350 | 0.191 | 0.311 | 0.860 | 0.861 | 0.250 | 0.469 | 0.250 |
| 订单完美履行率 | 0.895 | 0.76 | 0.735 | 0.98 | 0.703 | 0.430 | 1.000 | 0.885 | 0.261 | 0.349 | 0.491 | 0.485 | 0.00 | 0.085 | 0.031 | 0.827 | 0.325 | 0.271 |
| 供应链成本 | 0.50 | 0.80 | 1.000 | 0.500 | 1.00 | 0.600 | 0.500 | 0.400 | 0.000 | 0.500 | 0.600 | 0.500 | 0.000 | 0.700 | 0.680 | 0.000 | 0.300 | 0.000 |
| 准时交货率 | 1.00 | 0.259 | 0.631 | 0.389 | 0.35 | 0.903 | 0.528 | 0.716 | 0.115 | 0.093 | 0.00 | 0.151 | 0.000 | 0.081 | 0.109 | 0.917 | 0.070 | 0.061 |
| 商品及流程的革新能力 | 1 | 1 | 1 | 1 | 1 | 1 | 1 | 1 | 1 | 1 | 1 | 1 | 1 | 1 | 1 | 1 | 1 | 1 |
| 成员间协同合作能力 | 0.609 | 0.60 | 0.698 | 0.703 | 0.693 | 1.00 | 0.463 | 0.221 | 0.223 | 0.00 | 0.223 | 0.227 | 0.525 | 0.00 | 0.030 | 0.315 | 0.229 | 0.225 |
| 信息共享率 | 0.511 | 0.561 | 0.938 | 0.533 | 0.475 | 1.00 | 0.527 | 0.611 | 0.644 | 0.00 | 0.248 | 0.239 | 0.411 | 0.00 | 0.027 | 0.000 | 0.600 | 0.000 |
| 实际评价结果 | 0.95 | 0.65 | 0.35 | 0.80 | 0.80 | 0.30 | 1.00 | 0.50 | 0.25 | 0.10 | 0.35 | 0.25 | 0.56 | 0.35 | 0 | 0.71 | 0.50 | 0.40 |

表 6－3　绩效决策表

| 样本 $U$ | 指标属性值 $C$ | | | | | | | | | | | | | | | | 决策属性 $D$ |
|---|---|---|---|---|---|---|---|---|---|---|---|---|---|---|---|---|---|
| | $a_1$ | $a_2$ | $a_3$ | $a_4$ | $a_5$ | $a_6$ | $a_7$ | $a_8$ | $a_9$ | $a_{10}$ | $a_{11}$ | $a_{12}$ | $a_{13}$ | $a_{14}$ | $a_{15}$ | $a_{16}$ | 绩效结果 |
| $x_1$ | 2 | 4 | 1 | 0 | 4 | 4 | 3 | 4 | 4 | 4 | 4 | 2 | 4 | 4 | 3 | 2 | 好 |
| $x_2$ | 3 | 0 | 4 | 4 | 4 | 4 | 0 | 0 | 4 | 0 | 3 | 3 | 1 | 4 | 2 | 2 | 较好 |
| $x_3$ | 2 | 0 | 3 | 4 | 4 | 4 | 3 | 0 | 4 | 1 | 3 | 4 | 3 | 4 | 3 | 4 | 较差 |
| $x_4$ | 4 | 4 | 2 | 4 | 3 | 4 | 3 | 0 | 4 | 4 | 4 | 2 | 1 | 4 | 3 | 2 | 较好 |
| $x_5$ | 2 | 0 | 3 | 4 | 4 | 4 | 3 | 0 | 4 | 1 | 3 | 4 | 1 | 4 | 3 | 2 | 好 |
| $x_6$ | 4 | 0 | 4 | 4 | 3 | 4 | 4 | 1 | 4 | 2 | 2 | 2 | 4 | 4 | 4 | 4 | 较差 |
| $x_7$ | 1 | 0 | 4 | 3 | 3 | 4 | 4 | 0 | 4 | 2 | 4 | 2 | 2 | 4 | 2 | 2 | 好 |
| $x_8$ | 1 | 2 | 4 | 3 | 2 | 4 | 4 | 0 | 4 | 1 | 4 | 1 | 3 | 4 | 1 | 3 | 一般 |
| $x_9$ | 4 | 0 | 3 | 4 | 3 | 4 | 0 | 0 | 4 | 1 | 1 | 0 | 0 | 4 | 1 | 3 | 较差 |
| $x_{10}$ | 0 | 4 | 4 | 4 | 3 | 4 | 3 | 0 | 4 | 0 | 1 | 2 | 0 | 4 | 0 | 0 | 差 |
| $x_{11}$ | 0 | 3 | 4 | 4 | 4 | 4 | 0 | 0 | 4 | 1 | 2 | 3 | 0 | 4 | 1 | 1 | 较差 |
| $x_{12}$ | 0 | 0 | 4 | 4 | 3 | 4 | 3 | 0 | 4 | 0 | 2 | 2 | 0 | 4 | 1 | 1 | 较差 |
| $x_{13}$ | 0 | 0 | 4 | 4 | 0 | 4 | 3 | 0 | 4 | 1 | 0 | 0 | 0 | 4 | 2 | 2 | 一般 |
| $x_{16}$ | 1 | 4 | 4 | 4 | 0 | 4 | 4 | 2 | 4 | 1 | 4 | 0 | 4 | 4 | 1 | 0 | 较好 |
| $x_{17}$ | 4 | 1 | 4 | 4 | 1 | 4 | 4 | 0 | 4 | 2 | 1 | 1 | 0 | 4 | 1 | 2 | 一般 |
| $x_{18}$ | 1 | 1 | 4 | 4 | 2 | 4 | 1 | 0 | 4 | 1 | 1 | 0 | 0 | 4 | 1 | 0 | 较差 |

根据连锁零售企业精益物流供应链绩效决策表和式(6－3)计算得到分辨矩阵，分辨矩阵对角线上的元素为1，下三角的元素除空集外，其他元素见附录（用符号1，2，…，16代表绩效评价指标 $a_1, a_2, \cdots, a_{16}$ ）。

### 3. 综合绩效评价指标权重的计算及约简

连锁零售企业精益物流供应链绩效决策表中共有1个决策属性，16个样本，16个绩效评价指标。根据分辨矩阵和式(6-4)~式(6-6)计算，连锁零售企业精益物流供应链绩效决策表的核属性为空，13个绩效评价指标的权重计算结果如下：

$f(a_1)=18.104$，$f(a_2)=12.851$，$f(a_3)=10.549$，$f(a_4)=7.546$，$f(a_5)=16.733$，$f(a_7)=14.715$，$f(a_8)=6.988$，$f(a_{10})=15.269$，$f(a_{11})=18.359$，$f(a_{12})=17.043$，$f(a_{13})=17.468$，$f(a_{15})=16.803$，$f(a_{16})=18.474$。

绩效评价指标的重要性从大到小依次为：信息共享率、订单完美履行率、供应链内伙伴利润率、准时交货率、供应链成本、成员间协同合作能力、库存周转率、供应链有效循环期率、订单完成的总周期、现金周转时间、顾客销售利润及增长率、供应链资本收益率、顾客对供应链柔性响应的认同。

$a_6$（顾客保有率）、$a_9$（顾客价值率）和$a_{14}$（商品及流程的革新能力）3个绩效评价指标的权重均为0，是冗余指标，在所有样本中未发生任何变化，就绩效改进方面没有决策参考价值，因此被约简掉了。

#### 4. 构造综合绩效评价BP神经网络

设计三层的综合绩效评价BP神经网络。经过指标约简后，综合绩效评价指标由16个减少为13个，因此，在输入层设置13个神经元。由于综合绩效评价等级系数是综合绩效评价BP神经网络的唯一输出指标，因此，在输出层设置1个神经元。隐含层的神经元数目设计为16个。在绩效评价指标的18个样本数据中，取样本1～5，7～9，11～15，17～18作为训练样本，样本16作为评价样本，样本6和10作为验证样本来验证网络训练的效果。

在训练网络之前，利用建立网络的命令newff在建立网络时直接对网络的权值和阀值进行初始化。由于输入数据在［0，1］之间，所以隐含层采用 Logsig 传递函数，输出层采用 Purelin 传递函数，并采用带有动量的梯度下降法(Traingdm)作为有教师学习算法，使用 MATLAB7 训练综合绩效评价 BP 神经网络。

输入训练样本 1～5，7～9，11～15，17～18 数据，训练综合绩效评价 BP 神经网络。如图 6.2 所示，设定目标值为 $10^{-2}$，网络训练过程如图 6.2 曲线所示，当训练到 4500 步时，系统显示“Performance goal met”，网络训练误差下降到目标值，网络停止训练。

样本 6 和 10 作为验证样本验证综合绩效评价 BP 神经网络的评价结果为 0.7919 和 0.6745。当不进行绩效评价指标约简时，则样本 6 和 10 作为验证样本验证综合绩效评价 BP 神经网络的评价结果为 0.8165 和 0.7512。

在综合绩效评价指标约简和未约简的条件下，BP 神经网络评价结果的误差见表 6－4 和表 6－5。

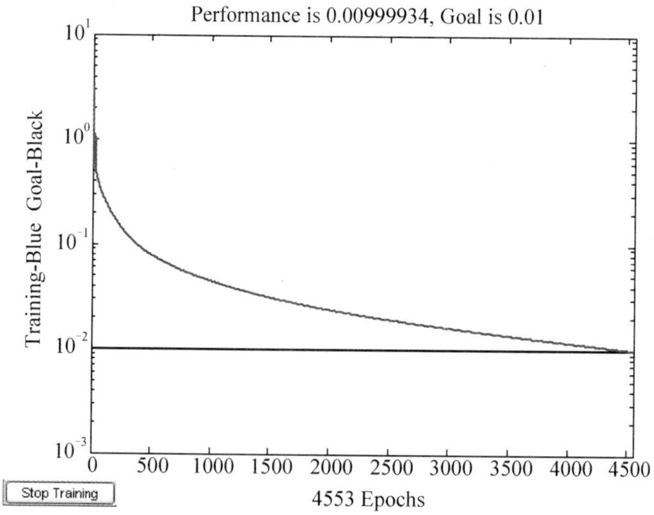


图 6.2　网络训练误差

表6-4 综合绩效评价指标约简后的评价结果误差

| 结果 \ 样本 | 验证样本6 | 验证样本10 |
|---|---|---|
| 实际结果 | 0.80 | 0.71 |
| 模拟结果 | 0.7919 | 0.6745 |
| 误差 | 1.01% | 5.0% |

表6-5 综合绩效评价指标未约简的评价结果误差

| 结果 \ 样本 | 验证样本6 | 验证样本10 |
|---|---|---|
| 实际结果 | 0.80 | 0.71 |
| 模拟结果 | 0.8165 | 0.7512 |
| 误差 | 2.06% | 5.8% |

从表6-4和表6-5可以看出，综合绩效评价指标约简和未约简的BP神经网络评价结果基本一致，而且综合绩效评价指标约简后BP神经网络评价结果的误差更小，这说明将粗糙集的启发性指标属性约简和BP神经网络相结合可以用于连锁零售企业精益物流供应链协同管理综合绩效评价，而且综合绩效评价结果的精度更高。

5. 连锁零售企业精益物流供应链协同管理综合绩效评价结果分析

将评价样本"16"的13个绩效评价指标输入到训练好的综合绩效评价BP神经网络中，结果为0.3874，与实际值0.40的误差为3.15%，连锁零售企业精益物流供应链的绩效属于等级"较差"，与实际结果相一致。如果不进行指标约简，将评价样本"16"的16个绩效评价指标输入到训练好的BP神经网络(未进行指标约简的BP神经网络)中，结果为0.4352，与实际值0.40的误差为8.8%，基本满足10%的误差要求。

## 6.5 本章小结

本章从分析连锁零售企业精益物流供应链协同管理综合绩效评价的概念、原则和作用入手，依据连锁零售企业精益物流供应链管理理论，创建了基于 MAS 的连锁零售企业精益物流供应链协同管理综合绩效评价系统，并且基于粗糙集的启发式属性约简和 BP 神经网络建立了连锁零售企业精益物流供应链协同管理综合绩效评价模型。首先，该综合绩效评价模型从战略层协同、战术层协同和执行层协同 3 个层次建立的连锁零售企业精益物流供应链协同管理综合绩效评价指标体系，要求既能够全面反应连锁零售企业精益物流供应链协同管理绩效的关键因素，又能够使用最少的关键指标来降低综合绩效评价的复杂性。因此，本章在连锁零售企业精益物流供应链协同管理综合绩效评价的研究中应用了粗糙集中关于论域、条件属性和决策属性的概念，并由综合绩效评价指标、期望绩效结果和样本（评价对象）构成了二维连锁零售企业精益物流供应链绩效决策表，并在此基础上，构造出了体现启发式属性约简特点的分辨矩阵，然后基于分辨矩阵对连锁零售企业精益物流供应链协同管理综合绩效评价指标体系进行约简，消除冗余指标，最后将约简的综合绩效评价指标训练样本输入到 BP 神经网络中进行网络训练，得到一个稳定的神经网络。当把评价样本输入到训练好的神经网络后，就可得到连锁零售企业精益物流供应链协同管理的综合绩效评价结果，从连锁零售企业精益物流供应链整体角度来评价精益物流供应链协同管理的绩效。通过算例研究，并且与未进行指标约简的神经网络的综合绩效评价结果进行对照分析，二者的预测结果基本一致，说明基于连锁零售企业精益物流供应链协同管理综合绩效评价模型的绩效评价方法是可行并且有效的。

# 第7章　总结与展望

## 7.1　总　　结

连锁零售企业精益物流供应链智能协同决策管理模式是当前我国零售业在实施精益物流供应链管理，以降低成本、追求利润最大化方面的具体应用。物流供应链管理作为连锁零售企业经营管理中的重要环节，需要将现代物流管理理论和技术的最新发展成果应用于连锁零售企业的物流供应链管理之中，以提升物流供应链在信息时代系统化管理趋势下的运作效率，促进物流供应链结构升级。精益物流供应链管理所涉及的问题和领域很多，本书主要以连锁零售企业为研究背景，就有关理论与应用关键问题进行了深入的研究；提出了连锁零售企业精益物流供应链复杂适应系统理论和基于核心零售企业的精益物流供应链管理理论，并结合连锁零售企业精益物流供应链的顾客需求拉动、强调协同本质思想，创建了连锁零售企业精益物流供应链智能协同决策管理模式，并对连锁零售企业精益物流供应链智能协同决策管理模式的绩效进行综合评价，促进了连锁零售企业精益物流供应链整体目标的实现。本书重点研究了以下4个方面的内容：连锁零售企业精益物流供应链管理理论体系的研究、基于MAS的连锁零售企业精益物流供应链智能协同决策体系的研究、MAS的演化优化模型的构建和连锁零售企业精益物流供应链协同管理综合绩效评价系统的构建。下面对以上4个方面的主要研究内容分别进行总结。

1. 连锁零售企业精益物流供应链管理理论体系的研究

本书从连锁零售企业精益物流供应链复杂适应系统的界定、宏观特性、基本特征和机制等方面对连锁零售企业精益物流供应链复杂适应系统进行了深入的分析和研究，提出了连锁零售企业精益物流供应链复杂适应系统理论，结合连锁零售企业精益物流供应链的顾客需求拉动、强调协同本质思想，创建了连锁零售企业精益物流供应链智能协同决策管理模式，并提出了基于核心零售企业的精益物流供应链管理理论。

2. 基于 MAS 的连锁零售企业精益物流供应链智能协同决策体系的研究

从分析连锁零售企业精益物流供应链协同决策管理中决策活动的特点入手，利用复杂适应系统研究方法，复杂适应系统的开放、动态、演化建模思想和基于 Multi-Agent 理论与技术的复杂系统建模方法，融合经济学研究中对人的行为方式的研究，并针对连锁零售企业精益物流供应链复杂适应系统多目标系统的特点，引入了生物协同进化思想，建立了连锁零售企业精益物流供应链复杂适应系统中 MAS 的理论和结构模型，创建了基于 MAS 的连锁零售企业精益物流供应链智能协同决策体系框架。在研究连锁零售企业精益物流供应链智能协同决策过程中决策信息获取与共享机制的基础上，建立了连锁零售企业精益物流供应链智能协同决策体系中数据仓库系统以及基于 Web 的分布式 OLAP 三层体系结构。

3. MAS 的演化优化模型的构建

从分析 Agent 的学习机制入手，采用遗传算法、细粒度模型遗传算法和多目标共生型协同进化遗传算法从微观个体行为级、群体行为级和群体间行为级 3 个级别建立了连锁零售企业精益物流供应链复杂适应系统中 MAS 的演化优化模型，创建了基于连锁零售企业精益物流供应链复杂适应系统涌现机理的协同决策机制。

在微观个体行为优化级，以顾客需求作为价值流动力，利用专家判定法和前驱性预测方法预测连锁零售分店的商品最优需求量，并应用遗传算法求解微观个体的行为优化问题。应用基于遗传算法的 Agent 行为优化算法，进行连锁零售分店独立需求库存量决策与库存优化控制。在微观个体交互作用级，借鉴细粒度模型遗传算法的遗传操作具有局部性的特点，模拟微观群体的交互作用的局部性，应用基于细粒度模型遗传算法的 Agent 群体行为优化算法，进行区域仓储独立需求库存量协同决策与库存优化控制，实现最低水平的供应链库存，从而获得最大的收益。在群体间协同进化作用级，强调协同进化与合作，强调连锁零售企业精益物流供应链的各个成员企业的协调发展。因此，本书应用基于多目标共生型协同进化遗传算法的 Agent 群体间行为优化算法，进行供应商数量选择与订单分配联合多目标优化与协同决策，解决供应商系统节点 Agent 群体与总部配送中心系统节点 Agent 群体之间的行为优化问题，深入地研究了连锁零售企业精益物流供应链复杂适应系统的多目标演化优化问题。

4. 连锁零售企业精益物流供应链协同管理综合绩效评价系统的构建

依据连锁零售企业精益物流供应链管理理论，创建了基于 MAS 的连锁零售企业精益物流供应链协同管理综合绩效评价系统，建立了基于粗糙集的启发式属性约简和 BP 神经网络的连锁零售企业精益物流供应链协同管理综合绩效评价模型。该综合绩效评价模型从战略层协同、战术层协同和执行层协同 3 个层次建立了连锁零售企业精益物流供应链协同管理综合绩效评价指标体系，包含了能够全面反应连锁零售企业精益物流供应链协同管理绩效的关键因素。然后，利用分辨矩阵对连锁零售企业精益物流供应链协同管理综合绩效评价指标体系进行约简，消除冗余指标，使用最少的关键指标来降低综合绩效评价的复杂性。综合绩效评价系统从整体角度对连锁零售企业精益物流供应链智能协同决策管理模式的绩效进行了综合评价，促进了连锁零售企业精益物流供应链整体目标的实现。

## 7.2 后续研究工作展望

精益物流供应链协同决策与优化问题是一个较新的研究方向。由于客户需求的快速多变和对时间敏感性的增强，必将要求精益物流供应链提供更快的响应能力和更高的内部协同运作能力，同时这些因素将会严重影响精益物流供应链的总体成本及市场竞争力。因而，这一研究方向目前已经成为供应链管理研究的热点。本书运用连锁零售企业精益物流供应链复杂适应系统理论和连锁零售企业精益物流供应链管理理论来实现连锁零售企业精益物流供应链的智能协同决策与优化，虽然已经取得了一些研究成果，但是，在连锁零售企业精益物流供应链协同决策与优化研究方面，还存在以下问题有待于进一步研究。

（1）基于精益物流供应链响应时间和成本的最小订货批量、价格与交货期多目标协同决策模型研究。

（2）基于精益物流供应链库存成本和运输成本集成多目标协同决策模型研究。

（3）基于缩短精益物流供应链多阶响应周期的库存协同决策模型研究。

（4）基于精益物流供应链响应时间监测、控制机制及优化模型研究。

作者将继续对上述领域做进一步探索研究，期望能够取得具有理论和实际应用价值的研究成果。

# 附录　分辨矩阵的元素

$m(2,1)=1\vee2\vee3\vee4\vee7\vee8\vee10\vee11\vee12\vee13\vee15$

$m(3,1)=2\vee3\vee4\vee8\vee10\vee11\vee12\vee13\vee16$

$m(4,1)=1\vee3\vee4\vee5\vee8\vee13$

$m(6,1)=1\vee2\vee3\vee4\vee5\vee7\vee8\vee10\vee11\vee15\vee16$

$m(8,1)=1\vee2\vee3\vee4\vee5\vee7\vee8\vee10\vee12\vee13\vee15\vee16$

$m(9,1)=1\vee2\vee3\vee4\vee5\vee7\vee8\vee10\vee11\vee12\vee13\vee15\vee16$

$m(10,1)=1\vee3\vee4\vee5\vee8\vee10\vee11\vee13\vee15\vee16$

$m(11,1)=1\vee2\vee3\vee4\vee7\vee8\vee10\vee11\vee12\vee13\vee15\vee16$

$m(12,1)=1\vee2\vee3\vee4\vee5\vee8\vee10\vee11\vee13\vee15\vee16$

$m(13,1)=1\vee2\vee3\vee4\vee5\vee8\vee10\vee11\vee12\vee13\vee15$

$m(16,1)=1\vee3\vee4\vee5\vee7\vee8\vee10\vee12\vee15\vee16$

$m(17,1)=1\vee2\vee3\vee4\vee5\vee7\vee8\vee10\vee11\vee12\vee13\vee15\vee16$

$m(18,1)=1\vee2\vee3\vee4\vee5\vee7\vee8\vee10\vee11\vee12\vee13\vee15\vee16$

$m(3,2)=1\vee3\vee7\vee10\vee12\vee13\vee15\vee16$

$m(5,2)=1\vee3\vee7\vee10\vee12\vee15$

$m(6,2)=1\vee5\vee7\vee8\vee10\vee11\vee12\vee13\vee15\vee16$

$m(7,2)=1\vee4\vee5\vee7\vee10\vee11\vee12\vee13$

$m(8,2)=1\vee2\vee4\vee5\vee7\vee10\vee11\vee12\vee13\vee15\vee16$

$m(9,2)=1\vee3\vee5\vee10\vee11\vee12\vee13\vee15\vee16$

$m(10,2)=1\vee2\vee5\vee7\vee11\vee12\vee13\vee15\vee16$

$m(11,2)=1\vee2\vee10\vee11\vee13\vee15\vee16$

$m(12,2)=1\vee5\vee7\vee11\vee12\vee13\vee15\vee16$

$m(13, 2) = 1 \vee 5 \vee 7 \vee 10 \vee 11 \vee 12 \vee 13$

$m(17, 2) = 1 \vee 2 \vee 5 \vee 7 \vee 10 \vee 11 \vee 12 \vee 13 \vee 15$

$m(18, 2) = 1 \vee 2 \vee 5 \vee 7 \vee 10 \vee 11 \vee 12 \vee 13 \vee 15 \vee 16$

$m(4, 3) = 1 \vee 2 \vee 3 \vee 5 \vee 10 \vee 11 \vee 12 \vee 13 \vee 16$

$m(5, 3) = 13 \vee 16$

$m(7, 3) = 1 \vee 3 \vee 4 \vee 5 \vee 7 \vee 10 \vee 11 \vee 12 \vee 13 \vee 15 \vee 16$

$m(8, 3) = 1 \vee 2 \vee 3 \vee 4 \vee 5 \vee 7 \vee 11 \vee 12 \vee 15 \vee 16$

$m(10, 3) = 1 \vee 2 \vee 3 \vee 5 \vee 10 \vee 11 \vee 12 \vee 13 \vee 15 \vee 16$

$m(13, 3) = 1 \vee 3 \vee 5 \vee 11 \vee 12 \vee 13 \vee 15 \vee 16$

$m(16, 3) = 1 \vee 2 \vee 3 \vee 5 \vee 7 \vee 8 \vee 11 \vee 12 \vee 13 \vee 15 \vee 16$

$m(17, 3) = 1 \vee 2 \vee 3 \vee 5 \vee 7 \vee 10 \vee 11 \vee 12 \vee 13 \vee 15 \vee 16$

$m(5, 4) = 1 \vee 2 \vee 3 \vee 5 \vee 10 \vee 11 \vee 12$

$m(6, 4) = 2 \vee 3 \vee 7 \vee 8 \vee 10 \vee 11 \vee 13 \vee 15 \vee 16$

$m(7, 4) = 1 \vee 2 \vee 3 \vee 4 \vee 7 \vee 10 \vee 13 \vee 15$

$m(8, 4) = 1 \vee 2 \vee 3 \vee 4 \vee 5 \vee 7 \vee 10 \vee 12 \vee 13 \vee 15 \vee 16$

$m(9, 4) = 2 \vee 3 \vee 7 \vee 10 \vee 11 \vee 12 \vee 13 \vee 15 \vee 16$

$m(10, 4) = 1 \vee 3 \vee 10 \vee 11 \vee 13 \vee 15 \vee 16$

$m(11, 4) = 1 \vee 2 \vee 3 \vee 5 \vee 7 \vee 10 \vee 11 \vee 12 \vee 13 \vee 15 \vee 16$

$m(12, 4) = 1 \vee 2 \vee 3 \vee 10 \vee 11 \vee 13 \vee 15 \vee 16$

$m(13, 4) = 1 \vee 2 \vee 3 \vee 5 \vee 10 \vee 11 \vee 12 \vee 13 \vee 15$

$m(17, 4) = 2 \vee 3 \vee 5 \vee 7 \vee 10 \vee 11 \vee 12 \vee 13 \vee 15$

$m(18, 4) = 1 \vee 2 \vee 3 \vee 5 \vee 7 \vee 10 \vee 11 \vee 12 \vee 13 \vee 15 \vee 16$

$m(6, 5) = 1 \vee 3 \vee 5 \vee 7 \vee 8 \vee 10 \vee 11 \vee 12 \vee 13 \vee 15 \vee 16$

$m(8, 5) = 1 \vee 2 \vee 3 \vee 4 \vee 5 \vee 7 \vee 11 \vee 12 \vee 13 \vee 15 \vee 16$

$m(9,5)=1\vee5\vee7\vee11\vee12\vee13\vee15\vee16$

$m(10,5)=1\vee2\vee3\vee5\vee10\vee11\vee12\vee13\vee15\vee16$

$m(11,5)=1\vee2\vee3\vee7\vee11\vee12\vee13\vee15\vee16$

$m(12,5)=1\vee3\vee5\vee10\vee11\vee12\vee13\vee15\vee16$

$m(13,5)=1\vee3\vee5\vee11\vee12\vee13\vee15$

$m(16,5)=1\vee2\vee3\vee5\vee7\vee8\vee11\vee12\vee13\vee15\vee16$

$m(17,5)=1\vee2\vee3\vee5\vee7\vee10\vee11\vee12\vee13\vee15$

$m(18,5)=1\vee2\vee3\vee5\vee7\vee11\vee12\vee13\vee15\vee16$

$m(7,6)=1\vee4\vee8\vee11\vee13\vee15\vee16$

$m(8,6)=1\vee2\vee4\vee5\vee8\vee10\vee11\vee12\vee13\vee15\vee16$

$m(10,6)=1\vee2\vee7\vee8\vee10\vee11\vee13\vee15\vee16$

$m(13,6)=1\vee5\vee7\vee8\vee10\vee11\vee12\vee13\vee15\vee16$

$m(16,6)=1\vee2\vee5\vee8\vee10\vee11\vee12\vee15\vee16$

$m(17,6)=2\vee5\vee8\vee11\vee12\vee13\vee15\vee16$

$m(8,7)=2\vee5\vee10\vee12\vee13\vee15\vee16$

$m(9,7)=1\vee3\vee4\vee7\vee10\vee11\vee12\vee13\vee15\vee16$

$m(10,7)=1\vee2\vee4\vee7\vee10\vee11\vee13\vee15\vee16$

$m(11,7)=1\vee2\vee4\vee5\vee7\vee10\vee11\vee12\vee13\vee15\vee16$

$m(12,7)=1\vee4\vee7\vee10\vee11\vee13\vee15\vee16$

$m(13,7)=1\vee4\vee5\vee7\vee10\vee11\vee12\vee13$

$m(16,7)=2\vee4\vee5\vee8\vee10\vee12\vee13\vee15\vee16$

$m(17,7)=1\vee2\vee4\vee5\vee11\vee12\vee13\vee15$

$m(18,7)=2\vee4\vee5\vee7\vee10\vee11\vee12\vee13\vee15\vee16$

$m(9,8)=1\vee2\vee3\vee4\vee5\vee7\vee11\vee12\vee13$

$m(10,8)=1\vee2\vee4\vee5\vee7\vee10\vee11\vee12\vee13\vee15\vee16$

$m(11, 8)=1\vee 2\vee 4\vee 5\vee 7\vee 11\vee 12\vee 13\vee 16$

$m(12, 8)=1\vee 2\vee 4\vee 5\vee 7\vee 10\vee 11\vee 12\vee 13\vee 16$

$m(16, 8)=2\vee 4\vee 5\vee 8\vee 12\vee 13\vee 16$

$m(18, 8)=2\vee 4\vee 7\vee 11\vee 12\vee 13\vee 16$

$m(10, 9)=1\vee 2\vee 3\vee 7\vee 10\vee 12\vee 15\vee 16$

$m(13, 9)=1\vee 3\vee 5\vee 7\vee 11\vee 15\vee 16$

$m(16, 9)=1\vee 2\vee 3\vee 5\vee 7\vee 8\vee 11\vee 13\vee 16$

$m(17, 9)=2\vee 3\vee 5\vee 7\vee 10\vee 12\vee 16$

$m(11, 10)=2\vee 5\vee 7\vee 10\vee 11\vee 12\vee 15\vee 16$

$m(12, 10)=2\vee 11\vee 15\vee 16$

$m(13, 10)=2\vee 5\vee 10\vee 11\vee 12\vee 15\vee 16$

$m(16, 10)=1\vee 5\vee 7\vee 8\vee 10\vee 11\vee 12\vee 13\vee 15$

$m(17, 10)=1\vee 2\vee 5\vee 7\vee 10\vee 12\vee 15\vee 16$

$m(18, 10)=1\vee 2\vee 5\vee 7\vee 10\vee 12\vee 15$

$m(13, 11)=2\vee 5\vee 7\vee 11\vee 12\vee 15\vee 16$

$m(16, 11)=1\vee 2\vee 5\vee 7\vee 8\vee 11\vee 12\vee 13\vee 16$

$m(17, 11)=1\vee 2\vee 5\vee 7\vee 11\vee 12\vee 16$

$m(13, 12)=\vee 5\vee 10\vee 11\vee 12\vee 15\vee 16$

$m(16, 12)=1\vee 2\vee 5\vee 7\vee 8\vee 10\vee 11\vee 12\vee 13\vee 16$

$m(17, 12)=1\vee 2\vee 5\vee 7\vee 10\vee 11\vee 12\vee 16$

$m(16, 13)=1\vee 2\vee 7\vee 8\vee 11\vee 13\vee 15\vee 16$

$m(18, 13)=1\vee 2\vee 5\vee 7\vee 11\vee 15\vee 16$

$m(17, 16) = 1 \vee 2 \vee 5 \vee 8 \vee 10 \vee 11 \vee 12 \vee 13 \vee 16$

$m(18, 16) = 2 \vee 5 \vee 7 \vee 8 \vee 11 \vee 13$

$m(18, 17) = 1 \vee 5 \vee 7 \vee 10 \vee 12 \vee 16$

# 参考文献

[1] 韩耀，晏维龙，杨俊涛．零售商主导型供应链研究综述[J]．北京工商大学学报：社会科学版，2009，24(5)：1－5.

[2] Donald J. Bowersox, Dvid J. Closs, M. Bixby Cooper. Supply chain logistics management[M]. Beijing: China Machine Press, Boston, Mass: McGraw-Hill Education(Asia), 2002.

[3] 刘春全，李仁刚．供应链管理研究现状综述[J]．华中农业大学学报：社会科学版，2008(2)：63－66，72.

[4] 周成波，刘秋生，陈书玉．中国精益物流发展分析与研究[J]．江苏商论，2006(9)：69－71.

[5] 潘爱华，仲波，沈寒友，等．精益物流[J]．交通科技与经济，2004(2)：68－69.

[6] 张红漓．基于动态联盟的敏捷供应链管理[J]．经济研究导刊，2010(12)：189－190.

[7] 邬跃．论精益物流系统[J]．中国流通经济，2001(5)：11－13.

[8] 许渊，刁兆峰．基于价值链理论的精益营销研究[D]．武汉：武汉理工大学，2005.

[9] Yasutaka Kainuma, Nobuhiko Tawara. Amultiple attribute utility theory approach to lean and green supply chain management[J]. International Journal of Production Economics, 2006, 101(1): 99－108.

[10] 李春富．发展精益物流提高企业竞争力[J]．江南大学学报，2004，3(4)：65－67.

[11] 杨波，谢科范．精益物流管理的理论和方法研究[D]．武汉：武汉理工大学，2002.

[12] 齐二石，王永升. 关于我国企业实施精益物流的探讨[J]. 现代管理科学，2010(4)：3－4.

[13] 约翰·H·霍兰. 隐秩序——适应性造就复杂性[M]. 上海：上海科学技术出版社，2000.

[14] 约翰·H·霍兰. 涌现[M]. 上海：上海科学技术出版社，2001.

[15] Surya D. Pathak，Jamison M. Day，Anand Nair，et al.. Complexity and adaptivity in supply networks：building supply network theory using a complex adaptive systems perspective [J]. Decision Sciences，2007，38(4)：547－580.

[16] 于景元，刘毅. 复杂性研究与系统科学[J]. 科学学研究，2002，20(5)：449－453.

[17] 陈理飞，史安娜，夏建伟. 复杂适应系统理论在管理领域的应用[J]. 科技管理研究，2007(8)：40－42.

[18] 张永安，李晨光. 复杂适应系统应用领域研究展望[J]. 管理评论，2010，22(5)：121－128.

[19] 孙璐，孙文琪. 用 CAS 理论分析供应链管理系统[J]. 商业研究，2006(2)：67－68.

[20] 白世贞，郑小京. 供应链复杂适应系统资源流涌现的研究[M]. 北京：科学出版社，2008.

[21] 黄天辰，韩京才. 基于 Agent 技术的复杂适应系统分析与建模[J]. 计算机仿真，2005，22(9)：58－60.

[22] 邓丽明，马俊. 复杂性科学理论在供应链管理中的应用研究[J]. 科技广场，2009(4)：6－7.

[23] 邹辉霞，何为. 复杂性科学在供应链管理中的应用[J]. 科技进步与对策，2003(21)：36－38.

[24] 毕新华，刘彦. 供应链协同管理研究述评[J]. 社会科学战线，2008(9)：231－233.

[25] 张翠华，任金玉，于海斌．供应链协同管理的研究进展[J]．系统工程，2005，23(4)：1－6.

[26] 王家盛，王玖河．我国企业供应链协同管理的策略研究[J]．燕山大学学报：哲学社会科学版，2008，9(2)：104－108.

[27] 吴绍艳．基于复杂系统理论的工程项目管理协同机制与方法研究[D]．天津：天津大学，2006.

[28] 徐琪，徐福缘．供需网的一个节点：供应链协同管理与决策[J]．系统工程理论与实践，2003(8)：31－35.

[29] 邹辉霞．供应链协同管理理论与方法[M]．北京：北京大学出版社，2007.

[30] 路永和，皱一秀，杨亮．供应链协同决策问题的探讨[J]．物流科技，2006，29(6)：116－119.

[31] 黄小原．供应链运作——协调、优化与控制[M]．北京：科学出版社，2007.

[32] J. Lin, T. Lin. Object-Oriented Conceptual Modeling for commitment-Based collaboration management in virtual enterprises[J]. Information and Software Technology, 2004, 46(4): 209－217.

[33] 王桂从，姜兆亮，李兆前．协同供应下的库存控制及供应商选择[J]．现代制造工程，2007(11)：26－28，40.

[34] 杨静，卢岚．基于协同补货期库存协调模型的扩展研究[J]．工业工程，2006，9(4)：24－26.

[35] V. Manthou, M. Vlachopoulou, D. Folinas. Virtual e-Chain (VeC) Model for supply chain collaboration[J]. International Journal of Production Economics, 2004, 87(3): 241－250.

[36] Qianli Xu, Xiao You, Lianfeng (Linda) Zhang, et al.. Modelling workflows and collaboration in virtual supply chains with nested modular

Petri nets[J]. International Journal of Computer Applications in Technology, 2009, 36(3/4): 208-232.

[37] Neubert G., Ouzrout Y., Bouras A.. Collaboration and integration through information technologies in supply chains[J]. International Journal of Technology Management, 2004, 28(2): 259-273.

[38] Xin Miao, Bao Xi. CAS-based social network analysis for collaborative management in the green supply chain network system [J]. International Journal of Networking and Virtual Organisations, 2007, 4(4): 446-458.

[39] M. Turkay, C. Oruc, K. Fujita, et al.. Multi-company collaborative supply chain management with economical and environmental considerations [J]. Computers & Chemical Engineering, 2004, 28(6/7): 985-992.

[40] Sridhar P., Sheikh-Bahaei S., Shan Xia, et al.. Multi-agent simulation using discrete event and soft-computing methodologies [C]. Systems, Man and Cyberneties, IEEE International Conference, 2003(2): 1711-1716.

[41] 柯海丰，吴明晖，应晶．基于中间件的领域软件开发方法[J]．计算机应用研究，2003(8)：54-56.

[42] Y. Fu, R. Piplani. Supply-side collaboration and its value in supply-chains[J]. European Journal of Operational Research, 2004, 152(1): 281-288.

[43] Erik Hofmann. Linking corporate strategy and supply chain management [J]. International Journal of Physical Distribution and Logistics Management, 2010, 40(4): 256-276.

[44] Marijn Janssen. The architecture and business value of a semi-cooperative, agent-based supply chain management system[J]. Electronic Commerce Research and Applications, 2005, 4(1/4): 315-328.

[45] Yainwhar Si, David Edmond, Marlon Dumas, et al.. Strategies in supply chain management for the trading agent competition[J]. Electronic Commerce Research and Applications, 2007, 6(4): 369-382.

[46] Joakim Eriksson, Niclas Finne, Sverker Janson. Evolution of a supply chain management game for the trading agent competition[J]. AI Communications, 2006, 19(1): 1-12.

[47] Heli Helaakoski, Paeivi Iskanius, Irina Peltomaa, et al.. Agent technology for supporting real-time supply chain management[J]. International Journal of agile systems and management, 2006, 1(4): 360-375.

[48] 陈志祥，马士华，陈荣秋. SCM 建模理论与方法研究[J]. 管理科学学报，1999，2(1)：67-71.

[49] 吴继伟，杨定鹏，萧蕴诗. 多智能体协作方法及其应用研究[J]. 控制与决策，2004，19(1)：216-218，222.

[50] 陈森发. 复杂系统建模理论与方法[M]. 南京：东南大学出版社，2005.

[51] Moonen H., Verduijn T., Becker J.. Agent technology in supply chains and networks an exploration of high potential future applications [C]. IEEE/WIC/ACM International Conference, 2004: 267-272.

[52] Xue Hong, Lu Wenchao, Guo Peiyuan. Research on supermarket customer classification based on agent ant colony algorithm [C]. Proceedings-2009 International Conference on Computational Intelligence and Software Engineering, CiSE 2009, December 11, 2009: 1103-1106.

[53] 薛红，聂规划. 基于关联规则分析的“购物篮分析”模型的研究[J]. 北京工商大学学报：社会科学版，2008(4)：1-5.

[54] Mori, K. Trend of autonomous decentralized systems [C]. Distributed Computing Systems, 10th IEEE International Workshop on Future Trends of, 2004: 213-216.

[55] Michael Dekhtyara, Alexander Dikovskyb. . On feasible cases of checking multi-agent systems behavior [J]. Theoretical Computer Science, 2003 (303): 63 - 81.

[56] Frey D., Woelk P., Stoekheim T., et al. Integrated multi-agent-based supply chain management Enabling Technologies: Infrastructure for Collaborative EnterPrises [C]. WET ICE 2003, Proeeedings, Twelfth IEEE International Workshops on: 24 - 29.

[57] 张定方，涂沁. 基于复杂性的企业集群供应链组织协同管理研究[J]. 江西社会科学，2010(3)：197 - 200.

[58] 薛红. 商业自动化技术[M]. 北京：中国轻工业出版社，2007.

[59] 薛红. 条码技术[M]. 北京：中国轻工业出版社，2007.

[60] 李海刚，吴启迪. 多 Agent 系统研究综述[J]. 同济大学学报，2003，31(6)：728 - 732.

[61] Koritarov, V. S. . Real-world market representation with agents[J]. Power and Energy Magazine, IEEE, 2004, 2(4): 39 - 46.

[62] 康彬彬，薛红，朱嘉琦. 基于 VPN 技术的连锁超市企业网的设计与实现[J]. 北京工商大学学报：自然科学版，2009，27(1)：51 - 55.

[63] 孟海洋，薛红，郭培源. 网上超市购物系统的设计与实现[J]. 北京工商大学学报：自然科学版，2008，26(6)：48 - 51.

[64] 薛红，孙晓明. 药品原料销售管理信息系统的构建[J]. 北京工商大学学报，2006，24(2)：42 - 45.

[65] 薛红. 二维条码在交通信息管理系统中的应用[J]. 北京工商大学学报：自然科学版，2006，24(4)：26 - 28.

[66] 薛红，殷俊芳. JPEG2000 压缩算法在车辆管理系统中的应用[J]. 微计算机信息，2007，23(3)：295 - 296，206.

[67] I. Dogan, J. W. Yoo, R. B. Chinnam. Design and analysis of agents for supply chain management: experiences from the trading agent competi-

tion[J]. International Journal of Modelling and Simulation, 2008, 28(4): 448-461.

[68] H. C. W. Lau, Y. K. Tse, G. T. S. Ho, et al.. Design of an agent-based system for improving supply chain strategy [J]. International Journal of Intelligent Systems Technologies and Applications, 2009, 6 (3/4): 198-214.

[69] Javad Soroor, Mohammad J. Tarokh. A wireless solution to smartly coordinate the supply processes via a web-based, real-time system [J]. VINE, 2006, 36(3): 304-340.

[70] 刘瑰，朱鸿宇，谢向辉，等. 数据网格中访问代理中间件的设计与实现[J]. 计算机工程，2007，33(18)：42-44.

[71] 袁方，王惠芳. 智能软件 Agent 的中间件模型[J]. 计算机工程，2002，28(8)：92-93，148.

[72] 林晓宇. 基于粒度策略的对象关系映射多 Agent 中间件[J]. 福建电脑，2010(1)：19-20.

[73] 臧雪柏，石景海，赵坤，等. 基于代理的资源请求中间件的实现[J]. 吉林大学学报：工学版，2008，38(1)：137-141.

[74] 龙湘明，杨放春，苏森. 组件模型(CCM)的多视点分析[J]. 计算机工程与应用，2003(36)：9-54.

[75] Vecchiola C., Coccoli M., Boccalatte, A.. Agent programming extensions relying on a component-based platform [C]. Information Reuse and Integration, IEEE International Conference on, 2003: 24-31.

[76] 郭银章，徐玉斌，曾建潮. 基于 CORBA/Web 技术的企业级信息系统集成[J]. 计算机工程与应用，2004，25(3)：350-352，389.

[77] Hara H., Fujita S., Sugawara, K.. Reusable software components based on an agent model [C]. Parallel and Distributed Systems: Workshops, Seventh International Conference on, 2000: 447-452.

[78] Incheon Paik, Akimoto H.. Ontology Querying and Its Software Component for Design Support in Supply Chains [C]. Information Technology and Applications, ICITA 2005. Third International Conference, 2005 (1): 179-184.

[79] Noh-sam Park, Gil-haeng Lee. Agent-based Web services middleware [C]. Global Telecommunications Conference, GLOBECOM'03, IEEE, 2003(6): 3186-3190.

[80] 黄京华，赵纯均，马晖. Agent在电子商务环境下的供应链中的应用研究[J]. 管理科学学报，2001，4(5)：58-64.

[81] 曹大军，徐良贤. 基于Agent的电子市场体系设计及其实现[J]. 计算机工程，2002，28(3)：24-26.

[82] Minghua He, Jennings, N. R., Ho-Fung Leung. On agent-mediated electronic commerce[J]. Knowledge and Data Engineering, IEEE Transactions, 2003, 15(4): 985-1003.

[83] Kurt C Wallnau, Scott A Hissam, Robert C Seacord. Building Systems from Commercial Components[M]. 北京：清华大学出版社，2002.

[84] Wagner Tom, Guralnik Valerie, Phelps, John.. TAEMS agents: enabling dynamic distributed supply chain management[J]. Electronic Commerce Research and Applications, Summer, 2003, 2(2): 114-132.

[85] Pant S., Sethi R., Bhandari, M.. Making sense of the e-supply chain landscape: an implementation framework[J]. International Journal of Information Management, 2003, 23(3): 201-221.

[86] 孙霞，吴自勤，黄昀. 分形原理及其应用[M]. 合肥：中国科学技术大学出版社，2003.

[87] 王成恩，郎一民. 动态系统结构与分形公司[J]. 计算机集成制造系统，1999(1)：47-50.

[88] 董红召，刘冬旭，陈鹰，等. 基于分形理论的企业网络联盟的研究

[J]. 浙江大学学报：工学版，2004，38(1)：11 - 16.

[89] Simsek B. , Albayrak S. . Living factory: back to Koestler in holonic manufacturing [C] . Industrial Informatics, INDIN, Proceedings, IEEE International Conference, 2003(8): 255 - 262.

[90] Ulieru, M. . The holonic enterprise: modeling holarchies as MAS to enable global collaboration [C] . Database and Expert Systems Applications, 13th International Workshop, 2002(9): 603 - 607.

[91] Xue Hong, Lu Wen-Chao. Research of customer churn prediction model in a supermarket [C] . 2011 International Conference on E-Business and E-Government, ICEE2011-Proceedings, May 6, 2011: 7123 - 7127.

[92] S. Ashraf, E. Muhammad, A. Al-Habaibeh. Self-learning control systems using identification-based adaptive iterative learning controller[J]. Journal of Mechanical Engineering Science, 2008, 222(7): 1177 - 1187.

[93] 舒彤，陈收，汪寿阳．供应链协同的供应商选择与销售预测[M]．长沙：湖南大学出版社，2009.

[94] JIE Hui, JI Jian-hua. Agent technology application in automating the coordination and decision-Making in supply chain [J]. Journal of shanghai jiaotong university, 2005, 10(4): 456 - 461.

[95] Ren Z. , Anumba C. J. Multi-agent systems in construction state of the art and prospects [J]. Automation in Construction, 2004, 13(3): 421 - 434.

[96] Caramanis M. C. , Anli, O. M. . Dynamic lead time modeling for JIT production planning [C] . Robotics and Automation, IEEE International Conference, 1999(2): 1450 - 1455.

[97] Palm, R. . Synchronization of decentralized multiple-model systems by market-based optimization[J]. Systems, Man and Cybernetics, Part B, IEEE Transactions, 2004, 34(1): 665 - 671.

[98] Giordano M., MartinelliF., Valigi P.. The effect of finite buffers on the optimal safety stock for unreliable systems[J]. Discrete Event Systems, Proceedings of Sixth International Workshop, 2002(10): 349-354.

[99] Ilkka Seilonen', Teppo Pirttioja', Pekka Appelqvis. distributed planning agents for intelligent process automation[J]. IEEE International Symposium on Computational Intelligence in Robotics and Automation, 2003: 1303-1308.

[100] K. Zimmer. Supply chain coordination with uncertain just-in-time delivery[J]. International Journal of Production Economics, 2002, 77(1): 1-15.

[101] Shervais S., Shannon T. T., Lendaris G. G.. Intelligent supply chain management using adaptive critic learning[J]. Systems, Man and Cybernetics, Part A, IEEE Transactions, 2003, 33(2): 235-244.

[102] Toshiya Kaihara, Susumu Fujii. Supply chain management for virtual enterprises with adaptive multi-agent mechanism[J]. International Journal of Manufacturing Technology and Management, 2008, 14(3/4): 299-310.

[103] Jiao Wenpin, Mei Hong. Automated adaptations to dynamic software architectures by using autonomous agents[J]. Engineering Applications of Artificial Intelligence, 2004, 17(7): 749-770.

[104] Yoon-Kwon Hwang, Kook-Jin Choi, Dae-Sun Hong. Self-Learning control of cooperative motion for humanoid robots[J]. International Journal of Control, Automation, and Systems, 2006, 4(6): 725-735.

[105] Jianxin (Roger) Jiao, Xiao You, Arun Kumar. An agent-based framework for collaborative negotiation in the global manufacturing supply chain network[J]. Robotics and Computer Integrated Manufacturing, 2006, 22(3): 239-255.

[106] S. Dutta, S. P. Sarmah, Miller. An analysis of supply chain coordination in a multi-agent market[J]. International Journal of Operational Research, 2009, 6(4): 475 - 499.

[107] E. H. Sabri, B. M. Beamon. A multi-objective approach to simultaneous strategic and operational planning in supply chain design[J]. Omega, 2000, 28(5): 581 - 598.

[108] Bernd Schold-Reiter, Hartmut Hohns. Knowledge-based order processing in supply chain management with multi-agent systems[J]. Industrie Management, 2003, 19(3): 26 - 29.

[109] Jiun-Shiung Lin, Chao Ou-Yang, Yeh-Chun Juan. Towards a standardised framework for a multi-agent system approach for cooperation in an original design manufacturing company[J]. International Journal of Computer Integrated Manufacturing, 2009, 22(6): 494 - 514.

[110] 周建频，杜文. 基于代理协商的制造业供应链自动物流[J]. 铁道运输与经济，2005，27(2)：20 - 23.

[111] 俞燕. 基于多代理系统的供应链协同机制研究[J]. 物流技术，2008，(1)：75 - 76，119.

[112] 侯新培，王要武，王海. 基于多 Agent 系统的建设供应链协同决策[J]. 系统管理学报，2008，17(5)：548 - 552，560.

[113] 赵天智，金以慧. 基于依赖关系的供应链优化协调[J]. 计算机集成制造系统，2004，10(8)：929 - 933.

[114] 纂方中，潘晓弘，程耀东，等. 敏捷供应链环境下多 Agent 协同机制研究[J]. 系统工程理论与实践，2003(2)：51 - 56.

[115] 高璐，毛波，王方. 基于 MAS 的企业供应链模型中谈判过程的研究[J]. 系统工程理论方法应用，2002，11(4)：304 - 310.

[116] 郭敏，王红卫. 合作型供应链的协调和激励机制研究[J]. 系统工程，2002，20(4)：49 - 53.

[117] M. BiChler, G. E. Kersten, S. Strecker. Towards a structured design of electronic negotiations[J]. Group Decision and Negotiation, 2003(12): 311-335.

[118] Ralf Neubert, Otmar Gorlitz, Tobias Teich. Automated negotiations of supply contracts for flexible production networks[J]. Int. J. Production Economics 2004(89): 175-187.

[119] Kwon, O. Byung, Lee Kun Chang. MACE: multi-agents coordination engine to resolve conflicts among functional units in an enterprise[J]. Expert Systems with Applications, 2002, 23(1): 9-21.

[120] Castelfranchi C., Falcone, R., Pezzulo, G.. Cooperating through a belief-based trust computation. Enabling Technologies: Infrastructure for Collaborative Enterprises, Proceedings[J]. Twelfth IEEE International Workshops, 2003(6): 263-268.

[121] 薛红，薛军．基于 Agent 的超市客户关系管理系统的研究[J]. 计算机工程与设计，2011，32(7)：2476-2481.

[122] Fink A.. Supply Chain coordination by means of automated negotiations [C]. System Sciences, Proceedings of the 37th Annual Hawaii International Conference, 2004(1): 70-79.

[123] Maione G., Naso D.. A genetic approach for adaptive multiagent control in heterarchical manufacturing systems[J]. Systems, Man and Cybernetics, Part A, IEEE Transactions, 2003, 33(5): 573-588.

[124] Minghua He, Jennings, N. R.. Designing a successful trading agent: a fuzzy set approach[J]. Fuzzy Systems, IEEE Transactions, 2004, 12(3): 389-411.

[125] Gerber A., Russ C., KlusCh M.. Supply web co-ordination by an agent-based trading network with integrated logistics services[J]. Electronic Commerce Research and Applications, 2003, 2(2): 133-146.

[126] Zimmer, Kirstin. Supply chain coordinationwith uncertain just-in-time delivery[J]. International Journal of Production Economics, 2002, 77(1): 1-15.

[127] Minner, Stefan. Multiple-supplier inventory models in supply chainmanagement: A review[J]. International Journal of Production Economics, 2003(81-82): 265-279.

[128] Tonino Hans, Bos Andre, de Weerdt, et al.. Coordination by revision in collective agent based systems[J]. Artificial Intelligence, 2002, 142(2): 121-145.

[129] Faratin P., Sierra C., Jennings, N. R.. Using similarity criteria to make issue trade-offs in automated negotiations[J]. Artificial Intelligence 2002, 142(2): 205-237.

[130] Chun Hon Wai, Wong Rebeeea Y. M.. N*-an agent-based negotiation a1gorithm for dynamic scheduling and rescheduling[J]. Advanced Engineering Informatics, 2003, 17(1): 1-22.

[131] Reilly, Kevin D.. Agent computing themes in biologically inspired models of learning and development[J]. International Journal of Developmental Neuroscience, 2002, 20(3-5): 269-285.

[132] Lun Ta, Yueting Chai, Yi Liu. Multi-agent-based architecture and mechanism for coordination and execution in agile supply chain operational management [C]. The 2005 IEEE International Conference, 2005: 400-403.

[133] Gaonkar R. S., Viswanadham N.. Strategic sourcing and collaborative planning in Internet-enabled supply chain networks producing multigeneration Products[J]. Automation Science and Engineering, IEEE Transactions, 2005, 2(1): 54-66.

[134] Henley S., Currer R., Scheuren, B., et al.. Autonomic logistics-the-support concept for the 21st century [C]. Aerospace Conference Proceedings, IEEE, 2000(6): 417-421.

[135] Karsai G., Bloor G., Doyle J.. Automating human based negotiation Processes for autonomic logistics [C]. Aerospace Conference Proceedings, IEEE, 2000(6): 147-153.

[136] Byer, B., Hess, A., Fila, L.. Writing a convincing cost benefit analysis to substantiate autonomic logistics [C]. Aerospace Conference, IEEE Proceedings, 2001(6): 3095-3103.

[137] Huhns M. N., Stephens L. M.. Automating supply chains[J]. Internet Computing, IEEE, 2001, 5(4): 90-93.

[138] Matos N., Sierra C., Jennings N. R.. Determining successful negotiation strategies: an evolutionary approach [C]. Multi Agent Systems, Proceedings. International Conference, 1998(7): 182-189.

[139] de Castro L. N., Immune, swarm, and evolutionary algorithms. Part I: basic models [C]. Neural Information Proceedings of the 9th International Conference, 2002(3): 1464-1468.

[140] de Castro L. N.. Immune, swarm, and evolutionary algorithms. Part II: philosophical comparisons [C]. Neural Information Proceedings of the 9th International Conference, 2002(3): 1469-1473.

[141] Bin Peng, Reynolds R. G.. Cultural algorithms: knowledge learning in dynamic environments[J]. Evolutionary Computation, CEC, Congress, 2004(2): 1751-1758.

[142] Rychtyckyj, N., Ostrowski D., Sehleis G., et al.. Using cultural algorithms in industry[J]. Swarm Intelligence Symposium, Proceedings of the 2003 IEEE, 2003(4): 187-192.

[143] David Johnston. A new view on lean: Five supply chain strategies that

improve business performance [J]. Material Handling Management, 2009, 64(6): 40-43.

[144] Ishiwaka Y., Sato T., Kakazu Y.. An approach to the pursuit problem on a heterogeneous multi-agent system using reinforcement 1earning[J]. Robotics and Autonomous Systems, 2003, 43(4): 245-256.

[145] H. M. Wee, Simon Wu. Lean supply chain and its effect on product cost and quality: a case study on Ford Motor Company[J]. Supply Chain Management, 2009, 14(5): 335-341.

[146] 高硕. 精益物流体系的构建[J]. 企业改革与管理, 2010(7): 34-35.

[147] 达世亮. 关于精益生产方式的再思考[J]. 汽车与配件, 2010, 37(4): 9-12.

[148] 薛红, 薛军. 连锁零售企业精益物流供应链机制研究[J]. 中国物流与采购, 2012(4): 68-69.

[149] 李杰. 精益生产影响因素及实施过程分析[J]. 市场周刊(理论研究), 2007(2): 22-23.

[150] 刘颖, 马汉武. 从减少复杂性角度研究精益企业[J]. 商业研究, 2005, 314(6): 48-50.

[151] 李冬, 明新国, 尤静, 等. 精益供应链管理技术框架研究[J]. 中国制造业信息化, 2009, 38(1): 1-4.

[152] 肖智军, 党新民, 刘胜军. 精益生产方式[M]. 北京: 海天出版社, 2002.

[153] 欧阳芳, 魏力, 杨震. 精益供应链运行机制的构建[J]. 物流技术与应用, 2010(4): 102-103.

[154] 安进. 精益供应链物流运作模式探讨[J]. 中国制造业信息化, 2006, 35(21): 6-8, 12.

[155] [美]杰弗里·P·温瑟尔. 精益供应链管理[M]. 王永贵, 译. 大连: 东北财经大学出版社, 2005.

[156] [英]理查德·拉明. 精益供应[M]. 高文海，译. 北京：商务印书馆，2003.

[157] 马柯航. 精益思想在供应链管理中的应用[J]. 企业管理，2009(7)：83－85.

[158] Hui Hu, Guangyu Zhu, Jinsheng Shen. A CAS Approach for the coordination and optimization problem in supply chains[J]. Materials Science Forum, 2007, 532/533(26): 1040－1043.

[159] 黄晓伟，何明升. 供应链资源协同的自组织演化模型研究[J]. 南京理工大学学报：自然科学版，2010，34(1)：35－39.

[160] Xue Hong, Guo Peiyuan, Zhang Huiyan, Kang Binbin. Study and Realization of Supplier Business Intelligence System for Chain Supermarket [C]. Proceedings-2009 International Conference on Computational Intelligence and Software Engineering, CiSE 2009, December 11, 2009: 2023－2026.

[161] Hong Xue, Zaiwen Liu, Haiyang Meng. Study and Realization of Supermarket BI System Based on Data Warehouse and Web Technique [C]. International Conference on Computer Science and Software Engineering, 2008(12): 482－485.

[162] Xue Hong, Nie Guihua, Liu Zaiwen. Data Mining Technique in Business Intelligence System for Supermarket [C]. The 5th International Conference on Innovation and Management, 2008(12): 1539－1544.

[163] Hong Xue, Zaiwen Liu. Research and Realization of Medicine Materials Sales BI System [C]. International Symposium on Distributed Computing and Applications to Business, Engineering and Science, 2006(10): 950－953.

[164] Xue Hong. Research on the DSS of the Sale in Supermarket Based on DW + OLAP + DM [C]. The 3rd International Conference on Innovation and

Management，2006(10)：1200－1203.

[165] 薛红，孟海洋．基于B/S模式的仓库管理系统设计[J]．北京工商大学学报，2006，24(1)：27－30.

[166] 薛红，翁贻方，曹利红，等．超市商业智能系统的数据仓库模型和联机分析研究[J]．冶金自动化，2008(32)：1029－1032.

[167] 薛红，孟海洋．数据仓库和Web技术在超市商业智能系统中的应用[J]．北京工商大学学报：自然科学版，2008，26(3)：40－42，48.

[168] 薛红，王敏．基于DW＋OLAP＋DM的超市销售决策支持系统[J]．计算机工程，2007，33(14)：66－68，81.

[169] 薛红，孙晓明．基于数据仓库和WEB的药品原料BI系统研究[J]．微计算机信息，2007，23 (2)：164－165，16.

[170] 李军红．浅析数据仓库、联机分析处理和数据挖掘[J]．科技信息，2007(6)：38－39.

[171] 郑焱．基于数据仓库的商业智能系统研究与实践[D]．南京：南京工业大学，2005.

[172] 杨善林．智能决策方法与智能决策支持系统[M]．北京：科学出版社，2005.

[173] 付蓬勃，吕永波，任远，等．供应链协同管理模式下的信息共享机制研究[J]．物流技术，2007，26(6)：88－90，93.

[174] [美]M. Tim Jones. 人工智能[M]．黄厚宽，尹传环，董兴业，译．北京：电子工业出版社，2010.

[175] Hong Xue，Ameng Zhou. Integrated Optimization of Independent Demand Stock Quantity for Branch of Chain Retail Enterprise [C] . 2011 International Conference on Information Science and Engineering，ICISE2011，Sept. 29th，2011(5)：3399－3402.

[176] 赵川，薛红．改进的WANN预测在库存控制中的应用[J]．计算机

仿真，2012，29(2)：171－174.

[177] 黄席樾，向长城，殷礼胜．现代智能算法理论及应用[M]．北京：科学出版社，2009.

[178] C. Y. Lam，S. L. Chan，W. H. Ip. Collaborative supply chain network using embedded genetic algorithms [J]. Industrial Management & Data Systems，2008，108(8)：1101－1110.

[179] 曾文飞，张英杰，颜玲．遗传算法的基本原理及其应用研究[J]．软件导刊，2009，8(9)：54－56.

[180] 玄光男，程润伟．遗传算法与工程优化[M]．北京：清华大学出版社，2004.

[181] 陈秋莲，王成栋．基于MATLAB遗传算法工具箱的优化计算实现[J]．现代电子技术，2007(2)：124－126，129.

[182] 雷英杰，张善文，李续武．MATLAB遗传算法工具箱及应用[M]．西安：西安电子科技大学出版社，2005.

[183] 唐志华，朱有团，卫国，等．一种新的基于遗传算法的OFDM系统跨层资源分配方案[J]．中国科学技术大学学报，2009，39(5)：466－472.

[184] Paul R.，Murphy Jr.. Contemporary Logistics. 当代物流学[M]．北京：中国人民大学出版社，2004.

[185] [美]Darren Dolcemascolo. 价值流管理——面向全局供应链的精益方法[M]．任建标，顾静怡，译．北京：中国财政经济出版社，2008.

[186] 赵临风．基于供应链运营环境下供应商伙伴关系的管理策略[J]．江苏商论，2008(6)：36－38.

[187] 李霞，刁英，项平．基于竞争力的企业合作伙伴选择的多目标决策[J]．武汉理工大学学报，2010，32(15)：174－177.

[188] 熊华姝．利用多目标决策研究零售业中供应商的选择问题[J]．物流科技，2009(6)：127－130.

[189] Ruengsak Kawtummachai, Nguyen Van Hop. Order allocation in a multiple-supplier environment [J]. International Journal of Production Economics, 2005, 93/94(1): 231 - 238.
[190] S. AFSHIN MANSOURI. Coordination of set-ups between two stages of a supply chain using multi-objective genetic algorithms[J]. International Journal of Production Research, 2005, 43(15): 3163 - 3180.
[191] 马祖军. 基于遗传算法的供应链联盟伙伴选择[J]. 系统工程理论与实践, 2003(9): 81 - 84.
[192] 陆杉. 论供应链协同效应[J]. 科技与管理, 2008, 10(6): 36 - 38.
[193] 庄亚明, 李晏野, 李金生, 等. 供应链协同研究综述[J]. 经济学动态, 2010(4): 86 - 89.
[194] Gye Hang Hong, Sang Chan Park, Dong Sik Jang, et al.. An effective supplier selection method for constructing a competitive supply-relationship [J]. Expert Systems with Applications, 2005, 28(4): 629 - 639.
[195] Amir Sanayei, S. Farid Mousavi, M. R. Abdi, et al.. An integrated group decision-making process for supplier selection and order allocation using multi-attribute utility theory and linear programming [J]. Journal of the Franklin Institute, 2008, 345(7): 731 - 747.
[196] Roghanian E., Sadjadi S. J., Aryanezhad M. B.. Aprobabilistic bi-level linear multi-objective programming problem to supply chain planning [J]. Applied Mathematics and Computation, 2007, 188(1): 786 - 800.
[197] 张萍, 陈幼平, 袁楚明, 等. 供应链协同决策及分布协同机制研究[J]. 制造业自动化, 2007, 29(11): 28 - 31.
[198] 刘静. 协同进化算法及其应用研究[D]. 西安: 西安电子科技大学, 2004.
[199] Zitzler E, Thiele L. Multiobjective evolutionary algorithms: A comparative case study and the strength Pareto approach [J]. IEEE Trans. Evolutionary Computation, 1999, 3(9): 257 - 271.

[200] 叶飞帆，程方启．面向产业集群内多供应商的订单分配模型研究[J]．宁波大学学报：理工版，2010，23(1)：73－79.

[201] Cheng-Liang Chen，Wen-Cheng Lee，Kasuganti. Multi-objective optimization of multi-echelon supply chain networks with uncertain product demands and prices [J]. Computers and Chemical Engineering，2004，28(6/7)：1131－1144.

[202] 周竹梅，代坤．物流绩效评价与管理[M]．北京：中国物质出版社，2009.

[203] 苗夺谦，李道国．粗糙集理论、算法与应用[M]．北京：清华大学出版社，2008.

[204] Zhi Xiao，Ling Chen，Bo Zhong. A model based on rough set theory combined with algebraic structure and its application：Bridges maintenance management evaluation [J]. Expert Systems with Application，2010，37(7)：5295－5299.

[205] 李晓峰，徐玖平．商业银行客户信用综合评估的 BP 神经网络模型的建立[J]．系统工程理论与实践，2010，24(2)：110－113.

[206] 叶春明，马慧民，李丹，等．BP 神经网络在供应链管理绩效指标评价中的应用研究[J]．工业工程与管理，2005(5)：35－38，43.

[207] 贾瑞霞，李云．供应链协同管理绩效评价体系的构建[J]．北方经济，2010(1)：28－29.

[208] 欧阳丽华．零售商主导型供应链绩效评价指标体系的构建[J]．中国集体经济，2010(7)：120－121.

[209] 苏健，高济．粗糙决策支持方法[J]．计算机学报，2003，26(6)：737－745.

[210] Z. Pawlak. Rough Sets，Decision Algorithms and Bayes' Theorem [J]. European Journal of Operational Research，2002，136(1)：181－189.

[211] TAGHI M. KHOSHGOFTAAR, LOFTON A. BULLARD, KEHAN CAO. Attribute selection using rough sets in software quality classification [J]. International Journal of Reliability, Quality and Safety Engineering, 2009, 16(1): 73-89.

[212] 陈久梅，康世瀛. 基于粗集理论的供应链协同效果评价[J]. 统计与决策，2007 (22): 170-172.

[213] 薛红，陆文超，聂规划. 基于 BP 神经网络的超市顾客满意度评价[J]. 商场现代化，2008，521(11): 29-31.

[214] 薛红，聂规划，万猛. 基于 BP 神经网络的超市财务风险预警研究[J]. 商场现代化，2007，520(11): 59-62.

[215] 陆文超，薛红，刘成伟，等. 基于 RBF 神经网络的超市客户保持预测模型研究[J]. 北京工商大学学报：自然科学版，2009，27(6): 45-48.

[216] 林丽红，李锦飞. 基于 BP 神经网络的供应链绩效评价模型[J]. 江苏大学学报：社会科学版，2005，7(3): 84-87.